最新

最新中华人民共和国法律配套解读与实例系列

15

中华人民共和国

民法典物权编

配套解读与实例

王仰光　编著

法律出版社
LAW PRESS·CHINA

北京

图书在版编目(CIP)数据

最新中华人民共和国民法典物权编配套解读与实例 / 王仰光编著. -- 北京 : 法律出版社, 2023
ISBN 978-7-5197-8099-9

Ⅰ. ①最… Ⅱ. ①王… Ⅲ. ①物权法-法律解释-中国②物权法-案例-中国 Ⅳ. ①D923.25

中国国家版本馆 CIP 数据核字(2023)第 142988 号

最新中华人民共和国民法典物权编
配套解读与实例
ZUIXIN ZHONGHUA RENMIN GONGHEGUO
MINFADIAN WUQUANBIAN PEITAO JIEDU YU SHILI

王仰光 编著

责任编辑 李争春 赵雪慧
装帧设计 李 瞻

出版发行 法律出版社
编辑统筹 法规出版分社
责任校对 张红蕊
责任印制 耿润瑜
经 销 新华书店

开本 710 毫米×1000 毫米 1/16
印张 22.25 **字数** 384 千
版本 2023 年 7 月第 1 版
印次 2023 年 7 月第 1 次印刷
印刷 三河市兴达印务有限公司

地址:北京市丰台区莲花池西里 7 号(100073)
网址:www.lawpress.com.cn
投稿邮箱:info@lawpress.com.cn
举报盗版邮箱:jbwq@lawpress.com.cn
销售电话:010-83938349
客服电话:010-83938350
咨询电话:010-63939796

书号:ISBN 978-7-5197-8099-9
定价:65.00 元
凡购买本社图书,如有印装错误,我社负责退换。电话:010-83938349

出 版 说 明

“最新中华人民共和国法律配套解读与实例系列”丛书由相关领域法律专家编写，收录法律标准文本，解读法律重点条文，并对与法律条文相配套的法律、法规、司法解释、审判政策和典型案例予以精要分析。丛书自2014年出版以来，得到了广大读者的关注与厚爱，读者对丛书的内容、编排体例给予了高度评价。2017年丛书全面修订，近年来，随着我国立法的完善与发展，国家出台或者修改了与丛书各个领域联系紧密的法律法规、部门规章及司法解释，如《社会保险法》《公司法》《劳动法》《刑事诉讼法》《民事诉讼法》《公安机关办理行政案件程序规定》《最高人民法院关于适用〈中华人民共和国公司法〉若干问题的规定（五）》《最高人民法院关于适用〈中华人民共和国行政诉讼法〉的解释》等，为了进一步适应新的形势需要，编者再次对本丛书进行了较为系统的修改和完善。

丛书此次修订，重点吸纳最新的配套规定，精选近年来最高人民法院公报案例、最高人民法院和最高人民检察院指导案例及典型案例，旨在提高案例的典型性和代表性，增强案例的针对性。同时，根据读者需求，增加了保险、监察、安全生产等领域的分册。

丛书编写以实用、易用为原则，汇编体例如下：

1. 法律适用提要。分册皆由该领域法律专家撰写适用提要，帮助读者对每一个立法背景、主要内容、注意事项有更全面深入的理解。

2. 重点法条注释。对重点法条进行条文解读，且每个条文都提炼条文主旨，帮助读者准确理解法条内容。

3. 配套法规解读。对与主体法重点条文配套的其他法律、法规、司法解释、审判政策进行解读，使观点更为鲜明、准确，语言更为通俗、精练，更便于读者理解和适用。

4. 关联法规索引。详细列出与主体法条文相关联的法规的名目，方便读者查询使用。

5. 典型案例精选。选取贴近日常生活的典型纠纷，以案说法、以案析法。

6. 附录相关法规。书末收录一些与本领域相关的法律、法规和司法解释，增强了法律法规的相关性和实效性。

需要说明的是，本丛书“适用提要”“条文主旨”“条文解读”“法规解读”等内容皆是编者为方便读者阅读、理解而编写，非国家正式颁布的法律文本，不具有法律效力。

总之，我们所有的付出都旨在提高本书的实用性，以满足广大读者更高的需求。书中不足之处还望读者在使用过程中不吝赐教，提出您的宝贵意见，以便本书继续修订完善。

法律出版社法规中心

2023 年 6 月

目　　录

中华人民共和国民法典

第二编　物　　权

中华人民共和国民法典

（2020年5月28日第十三届全国人民代表大会第三次会议通过
2020年5月28日中华人民共和国主席令第45号公布
自2021年1月1日起施行）

第二编　物　　权

第一分编　通　　则

分编介绍

本分编是物权编的通则，共三章，分别为一般规定，物权的设立、变更、转让和消灭，以及物权的保护。通则是关于物权的一般性规定，其内容统辖物权编各分编。

第一章　一 般 规 定

本章介绍

本章是《民法典》物权编第一分编“通则”的一般规定，明确了物权编的调整范围，阐述了物权编中物权平等保护原则和公示原则，并重申了国家坚持和完善我国基本经济制度和社会主义市场经济。只有将《民法典》中对于物权的概念、种类的规定以及物权法定原则等作体系化的理解,方能明确物权编的调整对象和适用原则。

第二百零五条 【物权编的调整范围】〔1〕本编调整因物的归属和利用产生的民事关系。

条文解读

本条规定了物权编的调整范围,即关于物的归属和利用关系所产生的民事关系。

从本条来看,其与《物权法》〔2〕第2条的规定相比,删除了原条款第2、3款的内容,没有对物和物权的概念进行界定。《民法典》第114、115条已经就物权的概念和物的概念进行了界定。根据《民法典》第115条的规定,物包括不动产和动产。法律规定权利作为物权客体的,依照其规定。《民法典》第114条第2款规定,物权是权利人依法对特定的物享有直接支配和排他的权利,包括所有权、用益物权和担保物权。上述对物和物权概念的界定,对理解和适用物权编发挥着重要的作用。物权编对因物的归属和利用所产生的民事关系进行调整,这意味着其既调整物的归属关系(所有权),也调整物的利用关系(用益物权和担保物权),但是多为物权实体法的内容。需要说明的是,《民法典》物权编虽然是规范物权关系的法律,但是因为物权关系牵涉社会生活的方方面面,在立法技术上难以在一部法律中规定所有的物权关系;〔3〕物权关系不仅涉及私法规范,而且随着社会的发展,伴随着诸多的公法规范,〔4〕物权编仅仅是规范物的归属和使用的私法基本问题。另外,随着物权的法律构成重心呈现出由“所有”向“使用”转移的趋势,〔5〕物的利用的形式和类型呈现出新的情形,但是因为《民法典》需要保持稳定性的需要,所以各国多根据经济发展的需要,制定特别法对此予以专门调整。我国也根据自己的实际情况,对于特殊种类的物权、不动产登记等问题,在《民法典》外以特别法如《土地管理

〔1〕 条文主旨为编者所加,下同。
〔2〕《物权法》已失效,后文不再赘述。
〔3〕 参见王泽鉴:《民法物权》,北京大学出版社2009年版,第1页。
〔4〕 参见[德]鲍尔、[德]施蒂尔纳:《德国物权法》(上册),张双根译,法律出版社2004年版,第5页。
〔5〕 参见[日]我妻荣:《我妻荣民法讲义Ⅱ:新订物权法》,罗丽译,中国法制出版社2008年版,第2页。

法》《农村土地承包法》等予以规定。

关联法规索引

《民法典》第 2、114、115 条

第二百零六条　【社会主义基本经济制度与社会主义市场经济】国家坚持和完善公有制为主体、多种所有制经济共同发展，按劳分配为主体、多种分配方式并存，社会主义市场经济体制等社会主义基本经济制度。

国家巩固和发展公有制经济，鼓励、支持和引导非公有制经济的发展。

国家实行社会主义市场经济，保障一切市场主体的平等法律地位和发展权利。

条文解读

本条强调了我国社会主义基本经济制度和发展社会主义市场经济。

《物权法》第 3 条规定了我国社会主义基本经济制度的内容，但是《民法典》物权编的内容与《物权法》相比，表述方式有所不同。党的十九届四中全会通过的《中共中央关于坚持和完善中国特色社会主义制度　推进国家治理体系和治理能力现代化若干重大问题的决定》对我国基本经济制度进行了新的表述，为了贯彻会议的精神，将该决定的内容写进了物权编。

根据本条规定，公有制为主体、多种所有制经济共同发展是我国的基本经济制度，反映了我国社会主义国家的本质特征；按劳分配为主体、多种分配方式并存是我国的分配制度。《民法典》规定了我国市场经济制度，为市场经济体制的完善提供了基础和法律保障。

我国实行社会主义市场经济。市场经济的精髓是平等，所以我国《民法典》物权编强调一切市场主体的平等法律地位和发展权利。这不仅是物权平等保护原则应有的含义之一，而且是《宪法》所确认的人人平等原则在物权编中的具体体现。[1]

---

〔1〕 参见《民法学》编写组编：《民法学》，高等教育出版社 2019 年版，第 139 页。

关联法规索引

《宪法》第 6 ~ 13、15 条

第二百零七条 【物权平等保护原则】国家、集体、私人的物权和其他权利人的物权受法律平等保护，任何组织或者个人不得侵犯。

条文解读

本条规定了物权平等保护原则。

民法是调整平等主体之间的财产关系和人身关系的法律，作为民事基本财产法，民法最基本的平等原则必然体现在物权编中。物权平等保护原则，不仅包括物权主体在内的一切市场主体法律地位平等，而且包括其适用规则的平等和保护的平等。根据该条规定，无论国家、集体、私人还是其他权利人的物权，不因主体的不同而适用不同的规则，均适用平等的规则解决其纠纷。这意味着，即使国家作为物权人与其他主体发生纠纷，也应作为主体请求人民法院明晰产权，确认物权的归属，而不是以行政管理者或者公共利益的代表身份优越于其他主体。[1] 另外，该条款也意味着各类物权主体享有平等的保护力度。[2]

与《物权法》相比，本条款在“保护”一词之前加上了“平等”二字，更加明确了平等保护的立法宗旨；另外，《物权法》用“任何单位和个人不得侵犯”，但是考虑到我国《民法典》在主体制度中确立了自然人、法人、非法人组织三类型的主体立方模式，将“单位”一词修改为“组织”。当然，物权的平等保护并不妨碍对国有资产的保护进行特别的规定。虽然国家、集体、私人三类主体的物权从逻辑上看似乎已经周延，但是我国目前的经济制度改革已经呈现出另外一种改革情形，如混合所有制的法人，此类法人显然无法用国家、集体和私人来涵盖，所以本条款用“其他权利人的物权”，来代指此类性质的法人或者非法人组织的物权。对此类主体的物权也应当和其他主体的物权一样给予平等保护。

---

〔1〕 参见王利明：《平等保护原则：中国物权法的鲜明特色》，载《法学家》2007 年第 1 期。

〔2〕 参见朱岩、高圣平、陈鑫：《中国物权法评注》，北京大学出版社 2007 年版，第 47 页。

配套法规及解读

《民法典》(2020年5月28日)

第三条　民事主体的人身权利、财产权利以及其他合法权益受法律保护，任何组织或者个人不得侵犯。

第四条　民事主体在民事活动中的法律地位一律平等。

第一百一十三条　民事主体的财产权利受法律平等保护。

※法规解读：明确民事主体在民事活动中的法律地位平等，而法律保护民事主体的人身权利、财产权利以及其他合法权益。

关联法规索引

《宪法》第13条；《民法典》第3、4、113条；《农民专业合作社法》第7条

第二百零八条　【物权公示原则】不动产物权的设立、变更、转让和消灭，应当依照法律规定登记。动产物权的设立和转让，应当依照法律规定交付。

条文解读

本条规定了物权公示原则。

物权公示，是指物权的变动应依法律规定的公示方法予以公开，表现其变动，才能发生一定的法律效果。[1] 换言之，物权公示是指物权的变动通常必须伴随着可以被公众从外界认识的某种表象。[2] 因为一旦这种得丧变更的表征由外部可以加以辨认，则第三人可以借此了解物权法律关系的变化，有利于减少交易成本，避免第三人遭受损害，保护交易的安全。[3] 这种可以由外部辨认的表征，就是物权变动的公示方法。对于不动产物权变动而言，登记制度已经成为近代以来不动

〔1〕 参见谢在全：《民法物权论》(上册)，中国政法大学出版社1999年版，第56页。

〔2〕 参见[日]我妻荣：《我妻荣民法讲义Ⅱ：新订物权法》，罗丽译，中国法制出版社2008年版，第43页。

〔3〕 参见王泽鉴：《民法物权：通则·所有权》(第1册)，中国政法大学出版社2001年版，第92页。

产物权的共同公示方法。动产物权变动的公示方法,一直以来为交付。[1] 随着交易的频繁发生,对于动产产生了证券化和登记这两种不同的公示方法来应对现实中动产交易频繁发生和价值重大的动产如航空器等的物权变动。当然,物权的公示方法由法律明确规定,而不能由当事人随意创设。我国《民法典》根据物的公示制度对此进行了明确,对于不动产,原则上采用了登记制度;动产原则上采用交付制度。

配套法规及解读

《民法典》(2020 年 5 月 28 日)

第一百一十六条 物权的种类和内容,由法律规定。

※法规解读:物权法定原则从原来的《物权法》总则部分前置到《民法典》总则编,但是物权法定原则依然属于物权编重要的原则,在物权编的适用中必须遵守这一原则。

---

〔1〕 参见谢在全:《民法物权论》(上册),中国政法大学出版社 1999 年版,第 57 页。

第二章　物权的设立、变更、转让和消灭

本章介绍

本章规定了基于法律行为的物权变动和非基于法律行为的物权变动这两种情形。基于法律行为的物权变动，原则上不动产以登记为生效要件，动产以交付为物权变动的要件。我国对不动产物权实行统一登记制度，不动产物权的设立、变更、转让和消灭，依照法律规定应当登记的，自记载于不动产登记簿时发生效力。当事人申请登记，根据不同登记事项提供权属证明和不动产界址、面积等必要材料，由不动产所在地的登记机构办理。登记机构履行查验申请人提供的权属证明和其他必要材料，就有关登记事项询问申请人，如实、及时登记有关事项等职责，必要时可以实地查看。不动产登记机关登记后，发给权利人不动产权属证书。不动产权属证书是权利人享有不动产物权的证明。不动产权属证书记载的事项，应当与不动产登记簿一致；记载不一致的，除有证据证明不动产登记簿确有错误外，以不动产登记簿为准。

我国规定了权利人、利害关系人查询、复制不动产登记资料制度，为了防止登记簿记载事项错误，我国法律规定了更正登记和异议登记制度；为保障将来实现物权，我国法律规定了预告登记制度。对于登记错误，我国法律规定了赔偿责任。当事人提供虚假材料申请登记，造成他人损害的，由提供虚假材料的当事人承担赔偿责任。因登记错误，造成他人损害的，登记机构应当承担赔偿责任。登记机构赔偿后，可以向造成登记错误的人追偿。

动产物权的设立和转让，自交付时发生效力，但是法律另有规定的除外。船舶、航空器和机动车等的物权的设立、变更、转让和消灭，未经登记，不得对抗善意第三人。对于观念交付，我国法律分别规定了简易交付、指示交付和占有改定制度。

非基于法律行为的物权变动，我国法律规定了三种物权变动情形及变动时间。人民法院、仲裁机构的法律文书或者人民政府的征收决定等，导致物权设立、变更、

转让或者消灭的,自法律文书或者征收决定等生效时发生效力;因继承取得物权的,自继承开始时发生效力;因合法建造、拆除房屋等事实行为设立或者消灭物权的,自事实行为成就时发生效力。非基于法律行为的物权变动,虽然其所有权的取得不需要进行登记,但是处分此类不动产物权,依照法律规定需要办理登记的,依然需要办理登记;未经登记,不发生物权效力。

第一节 不动产登记

第二百零九条 【不动产物权登记的效力】不动产物权的设立、变更、转让和消灭,经依法登记,发生效力;未经登记,不发生效力,但是法律另有规定的除外。

依法属于国家所有的自然资源,所有权可以不登记。

条文解读

本条明确了我国不动产物权登记的效力。

根据本条规定,我国不动产物权变动采取了登记要件主义的立法模式,登记是不动产物权变动的生效要件,未经登记,不动产物权不发生变动。[1] 这意味着除非法律有特别规定,未予登记的不动产物权设立、变更、转让和消灭行为,依法不具有物权变动效力。

"依法属于国家所有的自然资源"主要是指矿藏、水流、海域、城市土地、国有的森林、山岭、草原、滩涂等自然资源。这些资源的所有权已经明确由法律规定属于且专属于国家所有,法律规定比登记具有更强的公示力,且其所有权不得转让,即使不登记也不影响权利的归属和交易安全。不过,本款只是规定依法属于国家所有的自然资源的所有权可以不登记,对于在国家所有的土地、森林、海域等自然资源上设立的用益物权、担保物权,则仍须依登记生效。

〔1〕 参见《民法学》编写组编:《民法学》,高等教育出版社 2019 年版,第 143 页。

配套法规及解读

《民法典》(2020 年 5 月 28 日)

第二百二十九条　因人民法院、仲裁机构的法律文书或者人民政府的征收决定等,导致物权设立、变更、转让或者消灭的,自法律文书或者征收决定等生效时发生效力。

第二百三十条　因继承取得物权的,自继承开始时发生效力。

第二百三十一条　因合法建造、拆除房屋等事实行为设立或者消灭物权的,自事实行为成就时发生效力。

第三百三十三条第一款　土地承包经营权自土地承包经营权合同生效时设立。

第三百七十四条　地役权自地役权合同生效时设立。当事人要求登记的,可以向登记机构申请地役权登记;未经登记,不得不对抗善意第三人。

《不动产登记暂行条例》(2019 年 3 月 24 日修订)

第二条　本条例所称不动产登记,是指不动产登记机构依法将不动产权利归属和其他法定事项记载于不动产登记簿的行为。

本条例所称不动产,是指土地、海域以及房屋、林木等定着物。

※法规解读:第一,法律另有规定的情形除了本条第 2 款规定依法属于国家所有的自然资源不需要登记外,还包括因继承取得的物权,因合法建造、拆除房屋等事实行为设立或者消灭物权,以及因人民法院、仲裁机构的法律文书或者人民政府的征收决定等,导致物权设立、变更、转让或者消灭等基于非法律行为的物权变动、土地承包经营权及地役权自合同生效时设立。

第二,这一条例中对不动产及不动产登记的规定可以作为我们理解不动产和不动产登记这两个概念的基础。

关联法规索引

《不动产登记暂行条例》第 1 ~ 3 条;《土地管理法》第 11、12 条;《不动产登记暂行条例实施细则》第 2、5、24 ~ 28、105 ~ 108 条

第二百一十条 【不动产登记机构和不动产统一登记】 不动产登记，由不动产所在地的登记机构办理。

国家对不动产实行统一登记制度。统一登记的范围、登记机构和登记办法，由法律、行政法规规定。

条文解读

本条规定了不动产的登记机构和统一登记制度。

不动产登记由不动产所在地的县级以上人民政府确定的不动产登记机构办理。具体涉及的部门主要有自然资源主管部门、房产管理部门、农业农村主管部门、林业草原主管部门、海洋行政主管部门、地质矿产主管部门等。具体规则由《不动产登记暂行条例》《不动产登记暂行条例实施细则》《不动产登记操作规范（试行）》等各项法规、规章进行细化规范。

配套法规及解读

《不动产登记暂行条例》（2019年3月24日修订）

第三条 不动产首次登记、变更登记、转移登记、注销登记、更正登记、异议登记、预告登记、查封登记等，适用本条例。

第四条 国家实行不动产统一登记制度。

不动产登记遵循严格管理、稳定连续、方便群众的原则。

不动产权利人已经依法享有的不动产权利，不因登记机构和登记程序的改变而受到影响。

第六条 国务院国土资源主管部门负责指导、监督全国不动产登记工作。

县级以上地方人民政府应当确定一个部门为本行政区域的不动产登记机构，负责不动产登记工作，并接受上级人民政府不动产登记主管部门的指导、监督。

第七条 不动产登记由不动产所在地的县级人民政府不动产登记机构办理；直辖市、设区的市人民政府可以确定本级不动产登记机构统一办理所属各区的不动产登记。

跨县级行政区域的不动产登记，由所跨县级行政区域的不动产登记机构分别办理。不能分别办理的，由所跨县级行政区域的不动产登记机构协商办理；协商不成的，由共同的上一级人民政府不动产登记主管部门指定办理。

国务院确定的重点国有林区的森林、林木和林地，国务院批准项目用海、用岛，中央国家机关使用的国有土地等不动产登记，由国务院国土资源主管部门会同有关部门规定。

《不动产登记暂行条例实施细则》（2019年7月24日修正）

第三条　不动产登记机构依照《条例》第七条第二款的规定，协商办理或者接受指定办理跨县级行政区域不动产登记的，应当在登记完毕后将不动产登记簿记载的不动产权利人以及不动产坐落、界址、面积、用途、权利类型等登记结果告知不动产所跨区域的其他不动产登记机构。

第四条　国务院确定的重点国有林区的森林、林木和林地，由自然资源部受理并会同有关部门办理，依法向权利人核发不动产权属证书。

国务院批准的项目用海、用岛的登记，由自然资源部受理，依法向权利人核发不动产权属证书。

※法规解读：第一，我国实行不动产统一登记制度。不动产登记遵循严格管理、稳定连续、方便群众的原则。但是不动产权利人已经依法享有的不动产权利，不因登记机构和登记程序的改变而受到影响。

第二，县级以上地方人民政府应当确定一个部门为本行政区域的不动产登记机构，负责不动产登记工作，并接受上级人民政府不动产登记主管部门的指导、监督。不动产登记由不动产所在地的县级人民政府不动产登记机构办理；直辖市、设区的市人民政府可以确定本级不动产登记机构统一办理所属各区的不动产登记。

跨县级行政区域的不动产登记，由所跨县级行政区域的不动产登记机构分别办理。不能分别办理的，由所跨县级行政区域的不动产登记机构协商办理；协商不成的，由共同的上一级人民政府不动产登记主管部门指定办理。协商办理或者接受指定办理跨县级行政区域不动产登记的，应当在登记完毕后将不动产登记簿记载的不动产权利人以及不动产坐落、界址、面积、用途、权利类型等登记结果告知不动产所跨区域的其他不动产登记机构。

第三，国务院确定的重点国有林区的森林、林木和林地，由自然资源部受理并会同有关部门办理，依法向权利人核发不动产权属证书。国务院批准的项目用海、用岛的登记，由自然资源部受理，依法向权利人核发不动产权属证书。

第四，不动产登记包括不动产首次登记、变更登记、转移登记、注销登记、更正登记、异议登记、预告登记、查封登记等都需要办理相应的登记。其中首次登记、变更登记、转移登记与注销登记是根据不动产权利的变动形态对不动产登记进行的划分，可以统称为权利登记。更正登记、异议登记、预告登记与查封登记，则属于法律规定的其他类型的登记。

关联法规索引

《城市房地产管理法》第 61 条；《农村土地承包法》第 24 条；《草原法》第 11 条；《森林法》第 15 条；《土地管理法》第 12 条；《不动产登记暂行条例》第 4 ~7 条

典型案例

任某某与河南省安阳县人民政府、河南省安阳市安阳新区高庄镇人民政府不履行法定职责案[1]

※案例解读：不动产登记，由不动产所在地的登记机构办理。这一规定通常不会引起歧义。但是我国各地的行政区划有时会调整，在辖区变更后，物权人应当向原辖区人民政府还是变更后的人民政府申请补发权利证书，在实践中存有争议。根据《民法典》第 210 条的规定，物权人申请补发物权证书，应当向不动产所在地的登记机构申请办理。具体到农村土地承包经营权证的补发，物权人只能向土地所在地的农村土地行政区划内的行政机关申请。另外，不动产登记是由县政府确定的部门负责，镇政府作为乡镇政府并无发证的权力。

第二百一十一条 【不动产登记申请资料】当事人申请登记，应当根据不同登记事项提供权属证明和不动产界址、面积等必要材料。

---

〔1〕 参见最高人民法院行政裁定书，(2016)最高法行申 3495 号。

条文解读

本条规定了不动产登记时当事人应当提供必要材料的义务。

本条规定的权属证明资料包括权属证书、合同、法院或仲裁机构生效的法律文书、人民政府生效的决定等。不动产登记申请人申请不动产登记，应当填写登记申请书，并提交身份证明以及相关申请材料。申请材料应当提供原件。因特殊情况不能提供原件的，可以提供复印件，复印件应当与原件保持一致。

关联法规索引

《不动产登记暂行条例》第8条第3款，第14～16条；《不动产登记暂行条例实施细则》第2、9～14、19条

第二百一十二条 【登记机构的职责】 登记机构应当履行下列职责：

（一）查验申请人提供的权属证明和其他必要材料；

（二）就有关登记事项询问申请人；

（三）如实、及时登记有关事项；

（四）法律、行政法规规定的其他职责。

申请登记的不动产的有关情况需要进一步证明的，登记机构可以要求申请人补充材料，必要时可以实地查看。

条文解读

本条规定了不动产登记机构的职责和义务。

根据本条规定，当事人申请不动产登记时，不动产登记机构有如下职责：

（1）查验申请人提供的权属证明和其他必要材料。根据《不动产登记暂行条例》第18条和《不动产登记暂行条例实施细则》第15条的规定，登记机关除了要对申请人、委托代理人身份证明材料以及授权委托书与申请主体是否一致进行查验外，还需要查验如下内容：第一，不动产界址、空间界限、面积等权籍调查成果是否完备，权属是否清楚、界址是否清晰、面积是否准确；第二，权属来源材料或者登记原因文件与申请登记的内容是否一致；第三，登记申请是否违反法律、行政法规规

定，包括法律、行政法规规定的完税或者缴费凭证是否齐全。

（2）实地查看和调查职责。根据《不动产登记暂行条例》第 19 条和《不动产登记暂行条例实施细则》第 16 条的规定，出现下列情形时，不动产登记机构可以对申请登记的不动产进行实地查看：第一，房屋等建筑物、构筑物所有权首次登记，查看房屋坐落及其建造完成等情况。第二，在建建筑物抵押权登记，查看抵押的在建建筑物坐落及其建造等情况。第三，因不动产灭失导致的注销登记，查看不动产灭失等情况。对可能存在权属争议，或者可能涉及他人利害关系的登记申请，不动产登记机构可以向申请人、利害关系人或者有关单位进行调查。不动产登记机构进行实地查看或者调查时，申请人、被调查人应当予以配合。

（3）就有关登记事项询问申请人，但登记机构询问事项仅限于登记事项。

（4）如实、及时登记有关事项。

关联法规索引

《不动产登记暂行条例》第 17 ~ 21 条；《不动产登记暂行条例实施细则》第 15 ~ 17 条

典型案例

李某某、徐某某与禹城市房产管理中心行政登记案[1]

※案例解读：当事人申请不动产登记时，不动产登记机构有查验、询问以及必要时实地查看的义务和职责。但是我国不动产登记机关只承担形式审查义务，只有在需要查看的特殊情况下，才进行实质审查。因此不动产登记机构履行了必要的查验、询问，并在必要时进行了查看，即履行了自己的职责。在当事人提供虚假的材料，或者办理人并非身份证本人时，其损失由有过错的当事人承担，而不能向不动产登记机构进行求偿。

[1] 参见山东省德州市中级人民法院行政判决书，（2016）鲁 14 行终 53 号。

第二百一十三条　【登记机构不得从事的行为】 登记机构不得有下列行为：

（一）要求对不动产进行评估；

（二）以年检等名义进行重复登记；

（三）超出登记职责范围的其他行为。

条文解读

本条是对不动产登记机构的禁止性行为的规范。

登记机构不得对不动产进行评估。这是因为不动产登记是对不动产物权变动的一种公示，而评估是对其价值的确定，两者之间没有必然联系。另外，我国对不动产评估采取的是中介机构服务性评估，要求当事人必须评估才能进行登记，将增加当事人的费用。这一规定也是纠正某些登记机构在为当事人办理登记时强制性评估收费的错误做法。

登记机构不得以年检的名义要求重复登记。登记是一种公示，只有在不动产权属发生变动的情况下才有必要更正登记。

登记机构不得超出登记职责的范围进行登记。登记机构应当依据登记申请人的申请和相关法律法规的规定进行登记，不能超过其职责范围。

关联法规索引

《不动产登记暂行条例》第29、30、32条

第二百一十四条　【不动产物权变动的生效时间】 不动产物权的设立、变更、转让和消灭，依照法律规定应当登记的，自记载于不动产登记簿时发生效力。

条文解读

本条规定了不动产物权变动的生效时间。

本条规定强调三点：第一，依照法律规定应当登记的不动产物权，其设立、变更、转让和消灭，自记载于不动产登记簿时发生效力。在此需要强调的是，登记时间为物权变动时间，而非发生于不动产权属证书颁发之时。第二，不动产物权的设立、变更、转让和消灭是记载于不动产登记簿时发生效力。在此强调，是记载于不动产登记簿，而不是网签等。第三，本条规定的不动产物权的变动时间针对依照法律规定应当登记的不动产物权的变动，而对于依照法律规定不需要登记的物权，则并不适用该条款。

配套法规及解读

《最高人民法院关于适用〈中华人民共和国民法典〉物权编的解释（一）》（2020年12月29日）

第十七条第一款 民法典第三百一十一条第一款第一项所称的“受让人受让该不动产或者动产时”，是指依法完成不动产物权转移登记或者动产交付之时。

※法规解读：登记事项自记载于不动产登记簿时完成登记，不动产物权的变动必须办理移转登记。

关联法规索引

《民法典》第209条第1款；《不动产登记暂行条例》第21条第1款；《最高人民法院关于适用〈中华人民共和国公司法〉若干问题的规定（三）》第8条、第10条第1款

典型案例

海为公司与星禾公司、骏高公司案外人执行异议之诉案[1]

※案例解读：《商品房买卖合同》进行网签、备案，通常是房屋买卖合同的必经

〔1〕 参见最高人民法院民事裁定书，(2018)最高法民申429号。

步骤，这一行为属于房产管理部门的行政管理行为，并不是《民法典》物权编规定的物权变动行为。当事人进行网签、备案但未记载于不动产登记簿时，尚不发生不动产物权变动的效力。按照《最高人民法院关于人民法院办理执行异议和复议案件若干问题的规定》第 28 条规定，金钱债权执行中，买受人对登记在被执行人名下的不动产提出异议，符合下列情形且其权利能够排除执行的，人民法院应予支持：(1)在人民法院查封之前已签订合法有效的书面买卖合同；(2)在人民法院查封之前已合法占有该不动产；(3)已支付全部价款，或者已按照合同约定支付部分价款且将剩余价款按照人民法院的要求交付执行；(4)非因买受人自身原因未办理过户登记。如果不动产的买受人不符合这四个要件，其将无法取得优先于一般债权的效力获得保护。

第二百一十五条 【合同效力与物权变动区分】当事人之间订立有关设立、变更、转让和消灭不动产物权的合同，除法律另有规定或者当事人另有约定外，自合同成立时生效；未办理物权登记的，不影响合同效力。

条文解读

本条明确了合同效力与物权变动效力的区分原则。

不动产物权合同的效力与物权变动相互区分，当事人未办理物权登记的，不影响物权变动合同的效力。不动产物权变动合同自成立时生效，但是法律或者当事人可以对该合同的效力进行特别的约定。因此，在当事人之间就物权的变动达成合意后，对双方当事人产生拘束力，即使当事人没有办理不动产登记，任何一方不能因为物权没有发生变动，就不履行物权变动的合同，否则就构成违约，需要承担违约责任。另外，因为我国采取的是以登记为不动产变动的生效要件，所以当事人不能在合同中约定，不经登记发生物权变动的条款。

配套法规及解读

《民法典》(2020 年 5 月 28 日)

第五百零二条第一款 依法成立的合同，自成立时生效，但是法律另有规定或者当事人另有约定的除外。

※法规解读：除法律另有规定或者当事人另有约定外，依法成立的合同，自成立时生效。

第二百一十六条 【不动产登记簿的效力和管理】不动产登记簿是物权归属和内容的根据。

不动产登记簿由登记机构管理。

条文解读

本条规定了不动产登记簿的效力和管理机构。

不动产登记簿，是指由登记机构依据当事人的申请或者依职权将物权的归属和内容及相关事项记载于其上并予以保管、公示的特定簿册。[1] “不动产登记簿是物权归属和内容的根据。”确立了登记的权利具有正确推定的效力。因此，在发生产权争议时，首先应当以登记簿作为产权确认的依据，凡是记载于登记簿的权利人，就推定其为法律上的权利人；在土地登记簿中注销了一项权利，即可推定该项权利已经不再存在，此即为登记簿的推定作用。不动产登记簿中推定正确的作用，不限于所有权推定，也包括在不动产登记簿中已经登记的所有物权（用益物权和担保物权）的推定，还包括对已经注销权利不再存在的推定。[2] 对于善意第三人来说，登记簿记载的事实具有公信力。

不动产登记簿由登记机构专门管理。不动产登记机关以不动产登记簿为依据，为本管辖区域的全部不动产建立地籍。《不动产登记暂行条例》第 2 章第 8 ~ 13 条详细规定了不动产登记簿的记载事项、登记介质和保管制度等问题。

关联法规索引

《不动产登记暂行条例》第 8 ~ 13 条；《不动产登记暂行条例实施细则》第 5 ~ 7 条

---

〔1〕 参见《民法学》编写组编：《民法学》，高等教育出版社 2019 年版，第 143 页。

〔2〕 参见［德］M. 沃尔夫：《物权法》，吴越、李大雪译，法律出版社 2004 年版，第 220 页。

第二百一十七条　【不动产登记簿与不动产权属证书的关系】不动产权属证书是权利人享有该不动产物权的证明。不动产权属证书记载的事项，应当与不动产登记簿一致；记载不一致的，除有证据证明不动产登记簿确有错误外，以不动产登记簿为准。

条文解读

本条规定了不动产登记簿与不动产权属证书的关系。

不动产权属证书是登记机构根据不动产登记簿，填写并核发给权利人的记载物权归属和内容的文书。[1] 因此，通常情况下不动产权属证书与不动产登记簿记载一致；在特殊情况下，如权属证书填写错误或者证书造假等，会导致二者记载不一致。因为不动产权属证书是依据不动产登记簿填写的，所以除有证据证明不动产登记簿确有错误外，应以不动产登记簿登记的内容为准。

配套法规及解读

《最高人民法院关于适用〈中华人民共和国民法典〉物权编的解释（一）》（2020年12月29日）

第二条　当事人有证据证明不动产登记簿的记载与真实权利状态不符、其为该不动产物权的真实权利人，请求确认其享有物权的，应予支持。

※法规解读：不动产登记簿确有错误的处理。当事人有证据证明不动产登记簿的记载与真实权利状态不符、其为该不动产物权的真实权利人，可以向法院请求确认其享有物权。

关联法规索引

《最高人民法院关于适用〈中华人民共和国民法典〉有关担保制度的解释》第47条；《不动产登记暂行条例》第21条；《不动产登记暂行条例实施细则》第4、20～23条

---

〔1〕参见《不动产登记暂行条例实施细则》第20条。

第二百一十八条 【不动产登记资料的查询、复制】权利人、利害关系人可以申请查询、复制不动产登记资料,登记机构应当提供。

条文解读

本条规定了不动产登记资料的查询、复制制度。

因为不动产登记簿具有公信力,所以赋予相关主体查询、复制不动产登记资料的权利对其利益保护具有重要的意义。

(一)查询、复制不动产资料的主体

第一,不动产权利人。不动产权利人是指不动产物权的所有权人、用益物权人和担保物权人、继承人、受遗赠人等。清算组、破产管理人、财产代管人、监护人等[1]参照不动产权利人查询不动产权利人的不动产登记资料。

第二,利害关系人。利害关系人是指因买卖、互换、赠与、租赁、抵押不动产,因不动产存在民事纠纷且已经提起诉讼、仲裁等构成利害关系的人;对于有买卖、租赁、抵押不动产意向,或者拟就不动产提起诉讼或者仲裁等人被作为潜在的利害关系人。[2]

需要注意的是,不动产登记簿内容与实体法律关系相互一致是不动产登记簿具有公信力的重要的原因,允许相关主体查询不动产登记簿,对于保护当事人的利益较为重要,所以对利害关系人或者潜在的利害关系人应作广义的解释。这也是设置不动产登记簿的重要作用之一,其他国家如德国采取"任何陈述有其合法利益者"均可以查阅的规则。[3]

(二)查询、复制的内容

权利人、利害关系人可以申请查询、复制不动产登记资料。但是不同的权利主体行使的权利不同。[4] 权利人可以查询、复制不动产登记资料,即不动产登记簿等不动产登记结果和不动产登记原始资料。不动产原始资料包括不动产登记申请

---

〔1〕 参见《不动产登记资料查询暂行办法》第 18 条。

〔2〕 参见《不动产登记资料查询暂行办法》第 19、21 条,《不动产登记暂行条例实施细则》第 97 条。

〔3〕 参见[德]鲍尔、[德]施蒂尔纳:《德国物权法》(上册),张双根译,法律出版社 2004 年版,第 300 ~ 301 页。

〔4〕 参见《不动产登记暂行条例实施细则》第 97 条。

书、申请人身份材料、不动产权属来源、登记原因、不动产权籍调查成果等材料以及不动产登记机构审核材料。[1] 利害关系人只可以查询、复制不动产自然状况，权利人及其不动产查封、抵押、预告登记、异议登记等状况。

（三）不动产登记机构的义务

不动产登记机构具有向权利人和利害关系人提供查阅、复制登记资料便利的义务。

关联法规索引

《不动产登记暂行条例》第23、26～27条；《民用航空法》第12条第2款；《不动产登记资料查询暂行办法》；《不动产登记暂行条例实施细则》第94～102条

典型案例

周某某与福州市住房保障和房产管理局其他行政行为案[2]

※案例解读：不动产登记机构具有向有权查阅的权利人和利害关系人提供查阅、复制登记资料便利的义务。但是其义务的履行必须符合法律、法规的规定。在本案中，原告查询他人的房屋权属登记信息，但是未能提供《房屋权属登记信息查询暂行办法》中规定的相关资料，导致福州市房屋登记中心出具《不予受理决定书》。但是《房屋权属登记信息查询暂行办法》已被废除，按照现行《不动产登记资料查询暂行办法》的规定，在其提交本案中的材料后，已经可以作为利害关系人进行查询。但是需要注意，目前很多当事人提起信息公开的诉讼，这一行使权利的方式并不妥当，应当向自然资源局申请查询、复制相关不动产登记资料，在自然资源局不履行职责时，提起自然资源局不履行法定职责的行政诉讼。

〔1〕 参见《不动产登记暂行条例实施细则》第94条。

〔2〕 参见福建省福州市仓山区人民法院行政判决书，(2015)仓行初字第288号。

第二百一十九条 【不动产登记资料的合理使用】利害关系人不得公开、非法使用权利人的不动产登记资料。

条文解读

本条规定了不动产登记资料的合理使用。

本条为《民法典》的新增条款，原《物权法》没有对此进行规定，其借鉴了《不动产登记暂行条例》第28条的规定：“查询不动产登记资料的单位、个人应当向不动产登记机构说明查询目的，不得将查询获得的不动产登记资料用于其他目的；未经权利人同意，不得泄露查询获得的不动产登记资料。”不动产登记资料与权利人的个人信息和隐私密切相关，该条款为查询、复制不动产登记资料的不动产物权利害关系人增加了一项保密义务。利害关系人不得将查询获得的不动产登记资料进行公开，也不得将其作查询目的之外的其他用途。当然，因为这些资料通常仅仅涉及不动产权利人的个人利益，在不涉及国家秘密等公共利益和第三人利益的情况下，利害关系人可以在得到权利人的同意下予以公开或者用作他用。

关联法规索引

《不动产登记暂行条例》第28、32条；《不动产登记资料查询暂行办法》第25～27条

第二百二十条 【更正登记与异议登记】权利人、利害关系人认为不动产登记簿记载的事项错误的，可以申请更正登记。不动产登记簿记载的权利人书面同意更正或者有证据证明登记确有错误的，登记机构应当予以更正。

不动产登记簿记载的权利人不同意更正的，利害关系人可以申请异议登记。登记机构予以异议登记，申请人自异议登记之日起十五日内不提起诉讼的，异议登记失效。异议登记不当，造成权利人损害的，权利人可以向申请人请求损害赔偿。

条文解读

本条规定了不动产登记的更正登记与异议登记。

不动产登记簿具有权利正确性推定的效力，因此在登记簿记载内容与实际的权利关系相互脱节而导致不动产登记簿的内容不正确时，需要对登记簿予以更正。更正登记，是指对不动产登记簿上错误的登记事项进行更正的登记。作为排除不动产登记簿错误登记的纠正程序，更正登记的提出者通常是真正的权利人或利害关系人，其相对人通常是不动产登记簿上的“权利人”，因为现在登记簿上的“权利人”不是真正的权利人，所以真正的权利人或者利害关系人提出更正登记的请求。一般而言，在不动产登记簿上登记的“权利人”同意更正，或者有证据证明不动产登记簿存在不实，如法院生效的裁判文书证实登记不实等情况下，不动产登记机构应当进行更正登记。

异议登记，是指在利害关系人申请对不动产登记簿中记载的物权归属等事项进行更正，但不动产登记簿上的“权利人”不同意更正时，利害关系人可以申请异议登记来保护其权利。异议登记的提起必须符合以下要件：第一，权利人或者利害关系人初步证明不动产登记簿记载的不动产权利存在错误，因此提出更正登记的申请；第二，不动产登记簿上的现“权利人”不同意更正；第三，利害关系人向不动产登记机构提出异议登记。《不动产登记暂行条例实施细则》第 82 条第 2 款规定，利害关系人申请异议登记的，应当提交下列材料：(1)证实对登记的不动产权利有利害关系的材料；(2)证实不动产登记簿记载的事项错误的材料；(3)其他必要材料。异议登记的目的在于“冻结”不动产登记的公信力，使第三人了解登记的不动产权利的归属可能存在瑕疵，避免登记的不动产为第三人善意取得。但是不动产登记机构并不享有民事权利归属争议的裁判权。不动产真实权利人应以诉讼方式解决争议，《最高人民法院关于适用〈中华人民共和国民法典〉物权编的解释(一)》第 2 条规定：“当事人有证据证明不动产登记簿的记载与真实权利状态不符、其为该不动产物权的真实权利人，请求确认其享有物权的，应予支持。”所以异议登记后，真实权利人应当向法院提起确认物权的诉讼。为了避免异议登记给不动产物权交易造成的不稳定状态持续存在，给当事人的利益造成损害，异议登记仅具有临时性的效力。所以《民法典》规定，申请人自异议登记之日起 15 日内不提起诉讼的，异议登记失效。注意此处的失效仅就异议登记的效力而言，所以即使异议登记失效，也不能就据此确定当事人之间物权的归属，当事人依然可以就物权归属提起诉讼，并且异议登记失效也不影响人民法院对相关案件的实体审理。另外，为了维持不动产登记簿公信力，平衡双方当事人的利益，法律不仅规定了异议登记仅具有临时性的效力，而且规定，在异议登记不当，造成权利人损害时，权利人可以向异议登记的申请人请求损害赔偿。

需要强调的是，异议登记并不导致不动产登记簿的冻结，登记权利人仍可以对其权利进行处分，但是第三人无法善意取得该不动产。

配套法规及解读

《不动产登记暂行条例实施细则》(2019 年 7 月 24 日修正)

第七十九条 权利人、利害关系人认为不动产登记簿记载的事项有错误，可以申请更正登记。

权利人申请更正登记的，应当提交下列材料：

(一)不动产权属证书；

(二)证实登记确有错误的材料；

(三)其他必要材料。

利害关系人申请更正登记的，应当提交利害关系材料、证实不动产登记簿记载错误的材料以及其他必要材料。

第八十条 不动产权利人或者利害关系人申请更正登记，不动产登记机构认为不动产登记簿记载确有错误的，应当予以更正；但在错误登记之后已经办理了涉及不动产权利处分的登记、预告登记和查封登记的除外。

不动产权属证书或者不动产登记证明填制错误以及不动产登记机构在办理更正登记中，需要更正不动产权属证书或者不动产登记证明内容的，应当书面通知权利人换发，并把换发不动产权属证书或者不动产登记证明的事项记载于登记簿。

不动产登记簿记载无误的，不动产登记机构不予更正，并书面通知申请人。

第八十一条 不动产登记机构发现不动产登记簿记载的事项错误，应当通知当事人在 30 个工作日内办理更正登记。当事人逾期不办理的，不动产登记机构应当在公告 15 个工作日后，依法予以更正；但在错误登记之后已经办理了涉及不动产权利处分的登记、预告登记和查封登记的除外。

第八十二条 利害关系人认为不动产登记簿记载的事项错误，权利人不同意更正的，利害关系人可以申请异议登记。

利害关系人申请异议登记的，应当提交下列材料：

（一）证实对登记的不动产权利有利害关系的材料；

（二）证实不动产登记簿记载的事项错误的材料；

（三）其他必要材料。

第八十三条 不动产登记机构受理异议登记申请的，应当将异议事项记载于不动产登记簿，并向申请人出具异议登记证明。

异议登记申请人应当在异议登记之日起15日内，提交人民法院受理通知书、仲裁委员会受理通知书等提起诉讼、申请仲裁的材料；逾期不提交的，异议登记失效。

异议登记失效后，申请人就同一事项以同一理由再次申请异议登记的，不动产登记机构不予受理。

第八十四条 异议登记期间，不动产登记簿上记载的权利人以及第三人因处分权利申请登记的，不动产登记机构应当书面告知申请人该权利已经存在异议登记的有关事项。申请人申请继续办理的，应当予以办理，但申请人应当提供知悉异议登记存在并自担风险的书面承诺。

《最高人民法院关于适用〈中华人民共和国民法典〉物权编的解释（一）》（2020年12月29日）

第三条 异议登记因民法典第二百二十条第二款规定的事由失效后，当事人提起民事诉讼，请求确认物权归属的，应当依法受理。异议登记失效不影响人民法院对案件的实体审理。

※法规解读：第一，更正登记制度。更正登记有两种方式：

一是权利人、利害关系人申请更正登记。权利人、利害关系人认为不动产登记簿记载的事项有错误，可以申请更正登记。权利人申请更正登记的，应当提交不动产权属证书、证实登记确有错误的材料及其他必要材料；利害关系人申请更正登记的，应当提交利害关系材料、证实不动产登记簿记载错误的材料以及其他必要材料。

不动产权利人或者利害关系人申请更正登记，不动产登记机构认为不动产登记簿记载确有错误的,应当予以更正;但在错误登记之后已经办理了涉及不动产权利处分的登记、预告登记和查封登记的除外。

不动产权属证书或者不动产登记证明填制错误以及不动产登记机构在办理更正登记中,需要更正不动产权属证书或者不动产登记证明内容的,应当书面通知权利人换发,并把换发不动产权属证书或者不动产登记证明的事项记载于登记簿。

不动产登记簿记载无误的,不动产登记机构不予更正,并书面通知申请人。

二是不动产登记机构依据职权更正。不动产登记机构发现不动产登记簿记载的事项错误,应当通知当事人在30个工作日内办理更正登记。当事人逾期不办理的,不动产登记机构应当在公告15个工作日后,依法予以更正;但在错误登记之后已经办理了涉及不动产权利处分的登记、预告登记和查封登记的除外。

第二,异议登记制度。

异议登记的提起。利害关系人认为不动产登记簿记载的事项错误,权利人不同意更正的,利害关系人可以申请异议登记。利害关系人申请异议登记的,应当提交证实对登记的不动产权利有利害关系的材料、证实不动产登记簿记载的事项错误的材料及其他必要材料。

异议登记的受理。不动产登记机构受理异议登记申请的,应当将异议事项记载于不动产登记簿,并向申请人出具异议登记证明。

异议登记的失效。异议登记申请人应当在异议登记之日起15日内,提交人民法院受理通知书、仲裁委员会受理通知书等提起诉讼、申请仲裁的材料;逾期不提交的,异议登记失效。异议登记失效后,申请人就同一事项以同一理由再次申请异议登记的,不动产登记机构不予受理。

异议登记的效力。异议登记期间,不动产登记簿上记载的权利人以及第三人因处分权利申请登记的,不动产登记机构应当书面告知申请人该权利已经存在异议登记的有关事项。申请人申请继续办理的,应当予以办理,但申请人应当提供知悉异议登记存在并自担风险的书面承诺。异议登记失效后,当事人提起民事诉讼,请求确认物权归属的,应当依法受理。异议登记失效不影响人民法院对案件的实体审理。

关联法规索引

《不动产登记暂行条例》第3条;《最高人民法院关于适用〈中华人民共和国民法典〉物权编的解释(一)》第2、3条

第二百二十一条　【预告登记】当事人签订买卖房屋的协议或者签订其他不动产物权的协议,为保障将来实现物权,按照约定可以向登记机构申请预告登记。预告登记后,未经预告登记的权利人同意,处分该不动产的,不发生物权效力。

预告登记后,债权消灭或者自能够进行不动产登记之日起九十日内未申请登记的,预告登记失效。

条文解读

本条规定了不动产登记的预告登记制度。

预告登记,是指当事人为了保障将来发生不动产物权变动的债权请求权的实现,而向不动产登记机构申请办理的预先登记,其属于对将来物权变动的预告。在我国,预告登记主要适用于两种情形:第一,买卖房屋的协议,当事人签订买卖房屋的合同时,可以进行预告登记。第二,其他不动产物权变动的协议。预告登记本身并不导致物权变动,其不是物权变动的公示方法,该制度的目的是保护以物权变动为内容的请求权,免受债务人处分行为的妨害。预告登记后债务人仍可以对其权利进行处分,如其可以转移不动产所有权等物权,或者设定建设用地使用权、地役权、抵押权、居住权等其他物权,因为债务人的处分行为仍属于有效处分,所以其与第三人签订的合同并不因违反预告登记而无效。但是,如果处分不动产物权的行为,没有经过预告登记的权利人同意,即使该不动产由债务人为第三人办理了登记,该登记也应当更正;预告登记的权利人也有权要求更正登记。所以,在未经预告登记的权利人同意的情况下,即使债务人对不动产物权进行处分,因无法办理有效的登记,第三人也无法取得相应的物权,其只能向合同相对人进行求偿。

预告登记是基于债权的请求权而发生的,其具有从属性,所以在设定预告登记的债权消灭,如买卖不动产物权的协议被认定无效、被撤销或者预告登记的权利人

放弃债权时,预告登记失效。另外,预告登记为确保未来的制度,为了保障交易的顺利进行,需要尽快确定预告登记的权利的最终效力,对不动产预告登记的权利人而言,如果在能够进行不动产登记之日起三个月内未申请登记,预告登记失效。当然,预告登记保护的是权利人的权利,如果预告登记的权利人放弃预告登记,预告登记也失效。

需要强调的是,预告登记的失效并不意味着不动产买受人的本登记的登记请求权也同时失效。因此,即使预告登记失效,也不应当排除权利人依据不动产物权变动合同要求变更登记的权利。

配套法规及解读

《不动产登记暂行条例实施细则》(2019 年 7 月 24 日修正)

第八十五条 有下列情形之一的,当事人可以按照约定申请不动产预告登记:

(一)商品房等不动产预售的;

(二)不动产买卖、抵押的;

(三)以预购商品房设定抵押权的;

(四)法律、行政法规规定的其他情形。

预告登记生效期间,未经预告登记的权利人书面同意,处分该不动产权利申请登记的,不动产登记机构应当不予办理。

预告登记后,债权未消灭且自能够进行相应的不动产登记之日起 3 个月内,当事人申请不动产登记的,不动产登记机构应当按照预告登记事项办理相应的登记。

第八十六条 申请预购商品房的预告登记,应当提交下列材料:

(一)已备案的商品房预售合同;

(二)当事人关于预告登记的约定;

(三)其他必要材料。

预售人和预购人订立商品房买卖合同后,预售人未按照约定与预购人申请预告登记,预购人可以单方申请预告登记。

预购人单方申请预购商品房预告登记,预售人与预购人在商品房预售合同中对预告登记附有条件和期限的,预购人应当提交相应材料。

申请预告登记的商品房已经办理在建建筑物抵押权首次登记的,当事人应当一并申请在建建筑物抵押权注销登记,并提交不动产权属转移材料、不动产登记证明。不动产登记机构应当先办理在建建筑物抵押权注销登记,再办理预告登记。

第八十七条　申请不动产转移预告登记的,当事人应当提交下列材料:

(一)不动产转让合同;

(二)转让方的不动产权属证书;

(三)当事人关于预告登记的约定;

(四)其他必要材料。

第八十八条　抵押不动产,申请预告登记的,当事人应当提交下列材料:

(一)抵押合同与主债权合同;

(二)不动产权属证书;

(三)当事人关于预告登记的约定;

(四)其他必要材料。

第八十九条　预告登记未到期,有下列情形之一的,当事人可以持不动产登记证明、债权消灭或者权利人放弃预告登记的材料,以及法律、行政法规规定的其他必要材料申请注销预告登记:

(一)预告登记的权利人放弃预告登记的;

(二)债权消灭的;

(三)法律、行政法规规定的其他情形。

《最高人民法院关于适用〈中华人民共和国民法典〉物权编的解释(一)》(2020年12月29日)

第四条　未经预告登记的权利人同意,转让不动产所有权等物权,或者设立建设用地使用权、居住权、地役权、抵押权等其他物权的,应当依照民法典第二百二十一条第一款的规定,认定其不发生物权效力。

第五条　预告登记的买卖不动产物权的协议被认定无效、被撤销,或者预告登记的权利人放弃债权的,应当认定为民法典第二百二十一条第二款所称的“债权消灭”。

第十五条　具有下列情形之一的,应当认定不动产受让人知道转让人无处分权:

……

(二)预告登记有效期内,未经预告登记的权利人同意;

……

《最高人民法院关于适用〈中华人民共和国民法典〉有关担保制度的解释》(2020年12月31日)

第五十二条 当事人办理抵押预告登记后，预告登记权利人请求就抵押财产优先受偿，经审查存在尚未办理建筑物所有权首次登记、预告登记的财产与办理建筑物所有权首次登记时的财产不一致、抵押预告登记已经失效等情形，导致不具备办理抵押登记条件的，人民法院不予支持；经审查已经办理建筑物所有权首次登记，且不存在预告登记失效等情形的，人民法院应予支持，并应当认定抵押权自预告登记之日起设立。

当事人办理了抵押预告登记，抵押人破产，经审查抵押财产属于破产财产，预告登记权利人主张就抵押财产优先受偿的，人民法院应当在受理破产申请时抵押财产的价值范围内予以支持，但是在人民法院受理破产申请前一年内，债务人对没有财产担保的债务设立抵押预告登记的除外。

※法规解读：第一，预告登记适用的情形。在商品房等不动产预售，不动产买卖、抵押，以预购商品房设定抵押权，以及法律、行政法规规定的其他情形下，当事人可以按照约定申请不动产预告登记。

第二，当事人进行不同类型的预告登记，提交的资料不同。其中：

当事人申请预购商品房的预告登记，应当提交已备案的商品房预售合同、当事人关于预告登记的约定及其他必要材料。预售人和预购人订立商品房买卖合同后，预售人未按照约定与预购人申请预告登记，预购人可以单方申请预告登记。预购人单方申请预购商品房预告登记，预售人与预购人在商品房预售合同中对预告登记附有条件和期限的，预购人应当提交相应材料。

申请预告登记的商品房已经办理在建建筑物抵押权首次登记的，当事人应当一并申请在建建筑物抵押权注销登记，并提交不动产权属转移材料、不动产登记证明。不动产登记机构应当先办理在建建筑物抵押权注销登记，再办理预告登记。

申请不动产转移预告登记的，当事人应当提交不动产转让合同、转让方的不动产权属证书、当事人关于预告登记的约定及其他必要材料。

抵押不动产，申请预告登记的，当事人应当提交抵押合同与主债权合同、不动产权属证书、当事人关于预告登记的约定及其他必要材料。

第三，预告登记的效力。未经预告登记的权利人同意，转让不动产所有权等物权，或者设立建设用地使用权、居住权、地役权、抵押权等其他物权的，其不发生物权效力；未经预告登记的权利人书面同意，处分该不动产权利申请登记的，不动产登记机构应当不予办理。

当事人办理抵押预告登记后，预告登记权利人请求就抵押财产优先受偿，经审查已经办理建筑物所有权首次登记，且不存在预告登记失效等情形的，并应当认定抵押权自预告登记之日起设立。当事人办理了抵押预告登记，抵押人破产，经审查抵押财产属于破产财产，预告登记权利人可在受理破产申请时抵押财产的价值范围内主张就抵押财产优先受偿，但是在人民法院受理破产申请前一年内，债务人对没有财产担保的债务设立抵押预告登记的除外。

第四，预告登记的注销。预告登记未到期，预告登记的权利人放弃预告登记，债权消灭，以及有法律、行政法规规定的其他情形的，当事人可以持不动产登记证明、债权消灭或者权利人放弃预告登记的材料，以及法律、行政法规规定的其他必要材料申请注销预告登记。其中债权消灭是指预告登记的买卖不动产物权的协议被认定无效、被撤销，或者预告登记的权利人放弃债权。

第五，预告登记转为不动产登记。预告登记后，债权未消灭且自能够进行相应的不动产登记之日起 3 个月内，当事人申请不动产登记的，不动产登记机构应当按照预告登记事项办理相应的登记。

关联法规索引

《最高人民法院关于适用〈中华人民共和国民法典〉物权编的解释(一)》第 4、5 条，第 15 条第 1 款第 2 项；《最高人民法院关于适用〈中华人民共和国民法典〉有关担保制度的解释》第 52 条

典型案例

海华公司与中行凯旋支行购房借款合同纠纷案[1]

※案例解读：预告登记，是对将来物权变动的预告，其目的是保护债权请求权人免受物权所有权人处分行为的妨害，但是预告登记本身并不导致不动产物权的

---

〔1〕 参见浙江省杭州市中级人民法院民事判决书，(2009)浙杭商终字第 537 号。

设立或者变动。本案中，单某某并未办理预售商品房的产权登记，其未取得房屋产权，在此基础之上预售商品房抵押登记的性质是预告登记，并不是物权意义上的抵押。在此类案件中经常发生争议的问题是预售商品房登记备案是否属于正在建造的建筑物抵押？需要明确正在建造的建筑物抵押通常是建筑物的所有权人或者其他有权人可以对此设定抵押，而本案的单某某在设定登记时对该房屋并无所有权，仅对出卖人享有请求权，所以其无法设定物权意义的抵押。金融机构对于此类情形，需要买受人在取得房屋等标的物的物权时，重新登记物权意义上的抵押权。

第二百二十二条 【虚假登记与错误登记的责任】当事人提供虚假材料申请登记，造成他人损害的，应当承担赔偿责任。

因登记错误，造成他人损害的，登记机构应当承担赔偿责任。登记机构赔偿后，可以向造成登记错误的人追偿。

条文解读

本条规定了不动产虚假登记与错误登记的责任。

当事人提供虚假材料申请登记，是指登记申请人在申请不动产登记时，以故意伪造、篡改等方式提供虚假材料来骗取不动产登记机关的登记。以此种方式造成他人损害的，申请人应当承担赔偿责任。

如不动产登记机构没有尽到法律规定的职责，造成登记错误，给权利人造成损害，登记机构也应承担赔偿责任。

申请人提供虚假材料办理房屋登记，给他人造成损害，不动产登记机构未尽合理审慎职责的，登记机构和申请人应当根据其过错程度及其在损害发生中所起作用承担相应的赔偿责任。不动产登记机构工作人员与第三人恶意串通违法登记，侵犯他人合法权益的，不动产登记机构与第三人需要承担连带赔偿责任。

登记机构赔偿后，可以向有过错的当事人进行追偿。其追偿权的范围，应当根据造成损害有过错的各方各自的过错大小和原因的比例来确定。

当然，在不动产登记确有错误时，真正的权利人也可以向人民法院请求确认其物权。

关联法规索引

《民法典》第177~179、187条;《不动产登记暂行条例》第29~30条

第二百二十三条 【不动产登记的费用】不动产登记费按件收取,不得按照不动产的面积、体积或者价款的比例收取。

条文解读

本条规定了不动产登记的费用。

根据本条规定,不动产登记费应按件收取,即按不动产登记申请书的件数收费。在我国《物权法》制定之前对于不动产登记的费用问题,各地的做法不一,有的地方按照不动产面积,有的地方按不动产转让金额的比例,但是普遍的反映是收费较高。之后《物权法》确定了按件收费标准,并明确不动产登记费不得按照不动产的面积、体积或者价款的比例收取。这一制度在我国实践中的运行较为顺畅,《民法典》物权编承继了这一制度。

第二节 动产交付

第二百二十四条 【动产交付的效力】动产物权的设立和转让,自交付时发生效力,但是法律另有规定的除外。

条文解读

本条规定了动产交付的效力。

动产交付,是指依据权利人设立、变动物权的意思表示,将动产转移给物权受让人占有的行为。交付是动产物权变动的公示方法,只有受让人取得单独占有,而且出让方不再享有占有时,交付才算完成。在授权受让人单方面获取占有时,只有

当受让人收到实物,在法律上看交付才算完成。[1] 从交付时起,动产物权的设立和转让才发生效力。但法律对动产物权的变动有特别规定的,适用法律的特别规定。动产的交付可分为现实交付与观念交付两大类。现实交付是典型的动产交付,是指物权让与人将其对动产的直接管领力现实地转移给受让人,即占有的现实转移。观念交付,是指动产占有在观念上的移转而非现实移转,即在观念交付中交付本身并不导致动产直接占有的移转,具体包括简易交付、占有改定和指示交付这三种交付形态。《最高人民法院关于审理买卖合同纠纷案件适用法律问题的解释》第2条扩展了交付移转所有权规则,即标的物为无须以有形载体交付的电子信息产品,当事人对交付方式约定不明确,且依照《民法典》第510条的规定仍不能确定的,买受人收到约定的电子信息产品或者权利凭证即为交付。

配套法规及解读

《最高人民法院关于适用〈中华人民共和国民法典〉物权编的解释(一)》(2020年12月29日)

第十七条第二款 当事人以民法典第二百二十六条规定的方式交付动产的,转让动产民事法律行为生效时为动产交付之时;当事人以民法典第二百二十七条规定的方式交付动产的,转让人与受让人之间有关转让返还原物请求权的协议生效时为动产交付之时。

※法规解读:以简易交付的方式交付动产的,转让动产民事法律行为生效时为动产交付之时;当事人以指示交付方式交付动产的,转让人与受让人之间有关转让返还原物请求权的协议生效时为动产交付之时。

关联法规索引

《民法典》第208条;《最高人民法院关于审理买卖合同纠纷案件适用法律问题的解释》第6条

---

〔1〕 参见[德]曼弗雷德·沃尔夫:《物权法》,吴越、李大雪译,法律出版社2002年版,第238页。

典型案例

中国农业银行股份有限公司克山县支行、宋某某不当得利纠纷案[1]

※案例解读：货币作为种类物，具有不特定化的特征，但是货币作为一类特殊的动产，应当以交付、占有作为判断所有权的依据，即遵循占有即所有的原则。但是银行账户的所有权归属问题，即储户在银行开户，然后将钱存入银行账户，在这一过程中是否发生存入货币所有权的转移？对此存在不同的观点。但目前实务观点多认定，账户的所有权人为开立者，并不考虑开立者将货币从自己占有移交给银行工作人员的行为中是否包含了货币所有权的移转，即一般情况下，第三人依据银行账户名称判断存款的所有权人。《最高人民法院关于人民法院办理执行异议和复议案件若干问题的规定》第二十五条规定："对案外人的异议，人民法院应当按照下列标准判断其是否系权利人……（三）银行存款和存管在金融机构的有价证券，按照金融机构和登记结算机构登记的账户名称判断……"从规定中可以看出，法院认为银行账户是货币占有的一种表现形式，当货币存入该账户，发生移转占有时，根据遵循占有即所有的规则，该账户的开立者占有了该货币，取得该货币的所有权。如果第三人将款项存入某个账户，该款项则为银行账户的所有人所有。第三人如果是误汇，则在第三人与银行账户的所有人之间发生债权债务关系。

第二百二十五条 【特殊动产登记的效力】 船舶、航空器和机动车等的物权的设立、变更、转让和消灭，未经登记，不得对抗善意第三人。

条文解读

本条规定了特殊动产登记的效力。

特殊动产，是指船舶、航空器和机动车等动产。这类动产虽然仍适用交付转移标的物所有权的规则，但是因此类特殊动产通常具有较高的经济价值，其在空间上

[1] 参见黑龙江省高级人民法院民事裁定书，(2018)黑民再459号。

移动较为频繁，采用占有作为物权公示的方式可能导致标的物的占有人与物的所有权人不一致的情形，所以各国普遍规定了登记对抗主义的规则。我国在《海商法》《民用航空法》等法律法规中也确立此类特殊动产适用交付移转所有权，登记为对抗主义的规则。根据本条规定，有关船舶、航空器和机动车等物权的设立、变更、转让和消灭，在当事人达成协议，完成交付后，就可发生所有权的变动；在交付与登记发生冲突时，交付优先于登记。[1] 但是如果当事人不办理标的物变更登记，则此类标的物所有权的转让不能对抗善意第三人。交付后如未经登记，不得对抗善意的登记权利人。受让人在受让动产时，不知道转让人无处分权，且无重大过失的，应当认定其为善意。真实权利人主张受让人不构成善意的，应当承担举证证明责任。

需要明确的是，此类特殊动产的物权变动采登记对抗主义，并非意味着交付的效力优先于登记。相反，善意第三人制度主要的目的是保护交易，因此在此类动产的交易过程中，如果受让人已经支付合理价款并取得占有，虽未经登记，除法律另有规定外，转让人的债权人依然不属于善意第三人的范畴。

配套法规及解读

《最高人民法院关于适用〈中华人民共和国民法典〉物权编的解释（一）》（2020年12月29日）

第六条 转让人转让船舶、航空器和机动车等所有权，受让人已经支付合理价款并取得占有，虽未经登记，但转让人的债权人主张其为民法典第二百二十五条所称的“善意第三人”的，不予支持，法律另有规定的除外。

《最高人民法院关于审理买卖合同纠纷案件适用法律问题的解释》（2020年12月29日修正）

第七条 出卖人就同一船舶、航空器、机动车等特殊动产订立多重买卖合同，在买卖合同均有效的情况下，买受人均要求实际履行合同的，应当按照以下情形分别处理：

[1] 参见宋晓明、张勇健、王闯：《〈关于审理买卖合同纠纷案件适用法律问题的解释〉的理解与适用》，载《人民司法》2012年第15期。但是有学者认为，在该特殊动产一物数卖的情况下，登记应当优先于交付。参见王利明：《特殊动产物权变动的公示方法》，载《法学研究》2013年第4期。

（一）先行受领交付的买受人请求出卖人履行办理所有权转移登记手续等合同义务的，人民法院应予支持；

（二）均未受领交付，先行办理所有权转移登记手续的买受人请求出卖人履行交付标的物等合同义务的，人民法院应予支持；

（三）均未受领交付，也未办理所有权转移登记手续，依法成立在先合同的买受人请求出卖人履行交付标的物和办理所有权转移登记手续等合同义务的，人民法院应予支持；

（四）出卖人将标的物交付给买受人之一，又为其他买受人办理所有权转移登记，已受领交付的买受人请求将标的物所有权登记在自己名下的，人民法院应予支持。

※法规解读：同一船舶、航空器、机动车等特殊动产订立多重买卖合同，在买卖合同均有效的情况下，先行受领交付的买受人可以请求出卖人履行办理所有权转移登记手续等合同义务；均未受领交付，先行办理所有权转移登记手续的买受人享有请求出卖人履行交付标的物等的合同义务；均未受领交付，也未办理所有权转移登记手续，依法成立在先合同的买受人享有请求出卖人履行交付标的物和办理所有权转移登记手续等合同义务；出卖人将标的物交付给买受人之一，又为其他买受人办理所有权转移登记，已受领交付的买受人可以请求出卖人将标的物所有权登记在自己的名下。

关联法规索引

《海商法》第 3 条、第 9 条第 1 款、第 10、13、14 条；《渔港水域交通安全管理条例》第 12 条；《船舶登记条例》第 2 ~ 6 条；《民用航空法》第 5、11、12、14、16、33 条；《民用航空器权利登记条例》第 2 ~ 4、15、17 条；《最高人民法院关于适用〈中华人民共和国民法典〉物权编的解释（一）》第 6 条；《最高人民法院关于审理买卖合同纠纷案件适用法律问题的解释》第 7 条

第二百二十六条　【简易交付】动产物权设立和转让前，权利人已经占有该动产的，物权自民事法律行为生效时发生效力。

条文解读

本条规定了动产的简易交付。

简易交付,是指交易动产已经为受让人合法占有,转让人无须进行现实交付,双方达成物权转让合同,代替该动产现实移转占有的交付。在此类交付中,在物权转让合同生效时发生物权变动,而且法律对受让人的占有状态并无强制性的规定,其可以为直接占有,也可以为间接占有。另外,法律也不考虑受让人占有动产的原因。法律规定简易交付的原因是考虑交易的便捷与费用,解决受让人在物权变动前已经占有标的物的情形。因为在受让人已经占有动产的情形下进行现实交付,就需要由受让人将动产交付给让与人,然后让与人再交给受让人,这样过于烦琐,而且不经济。另外,有学者认为,简易交付并不是没有标的物的交付,而是在物权变动合意之前已经先进行了交付,所以在这一意义上将简易交付视为现实交付的一种情形。[1]

关联法规索引

《最高人民法院关于适用〈中华人民共和国民法典〉物权编的解释(一)》第17条第2款

典型案例

沈某某与刘某某车辆买卖合同纠纷案[2]

※案例解读:地方政府通常要求将运营车辆登记到公司名下才能运营,本案中的车辆即属于这种情况。问题在于,此类运营车辆通常是由第三人出钱购买,其与挂靠公司属于挂靠关系。所以此类车辆的转让,通常仅仅交付即可,而通常不会办理车辆的物权变动登记。因为如果将车辆进行物权变动登记,该车辆可能就无法投入运营,从而会影响到当事人的权益。但是法院在处理此类案件时,必须区分车

〔1〕 参见郭明瑞主编:《民法》,高等教育出版社2003年版,第240页。

〔2〕 参见吉林省辽源市中级人民法院民事判决书,(2017)吉04民终318号。

辆所有权人和车辆登记权利人之间的法律关系，不能仅依据车辆的登记信息判断车辆产权的归属，而应该根据车辆的交易合同进行判断。车辆为动产，自交付时发生所有权变动的效力，而登记仅仅是对抗第三人的要件。本案中，刘某某在与沈某某签订车辆买卖合同前已经实际占有了该车辆，双方已经完成简易交付。出卖人履行完自己的义务，有权要求买受人履行相应的义务。

第二百二十七条　【指示交付】动产物权设立和转让前，第三人占有该动产的，负有交付义务的人可以通过转让请求第三人返还原物的权利代替交付。

条文解读

本条规定了动产的指示交付。

指示交付，又称让与返还请求权或者返还请求权代位，是指在交易动产被第三人占有时，出让人与受让人达成动产物权转让的合同，出让人将其对第三人的返还请求权移转给受让人，从而代替现实交付的交付方式。指示交付中，让与人让与的返还请求权，在第三人为合法占有人时，让与的请求权的性质为债权的返还请求权；在第三人为无权占有人时，让与的请求权为物权的返还请求权。在此类动产转让中，因为第三人占有该标的物，所以必须通知第三人。当然，对于动产的现占有人而言，其法律地位并不因让与人与受让人的合同而受不利影响，其所享有的可以对抗让与人的权利也可以对抗受让人。如果动产物权业经证券化，物权的变动以交付证券来代替动产的交付。

关联法规索引

《最高人民法院关于适用〈中华人民共和国民法典〉物权编的解释（一）》第17条第2款

第二百二十八条　【占有改定】动产物权转让时，当事人又约定由出让人继续占有该动产的，物权自该约定生效时发生效力。

条文解读

本条规定了动产的占有改定。

占有改定,是指在动产交易中,出让人与受让人订立物权变动的合同后,根据当事人之间订立的合同,由出让人继续直接占有该动产,使受让人取得动产的间接占有,代替动产的实际交付的情形。占有改定的目的是使出让人继续占有并可利用该动产,实际上是动产标的物所有权发生转移,但是现实占有不转移。占有改定建立在将占有区分为直接占有和间接占有的基础上,让与人对标的物为直接占有、他住占有,〔1〕受让人对标的物为间接占有。占有改定代替动产现实交付免除了动产无谓的返还的麻烦,但是必须符合占有改定的要件。一般认为占有改定需具备以下条件:一是,当事人之间达成动产物权变动协议,该协议赋予受让人对让与人享有动产返还请求权;二是,除了达成物权变动协议,就该动产另外达成由让与人继续占有使用该动产的协议,即具有占有的媒介关系的存在。〔2〕

第三节　其 他 规 定

第二百二十九条　【法律文书或征收决定导致的物权变动】因人民法院、仲裁机构的法律文书或者人民政府的征收决定等,导致物权设立、变更、转让或者消灭的,自法律文书或者征收决定等生效时发生效力。

条文解读

本条规定了法律文书或征收决定导致的物权变动。

人民法院、仲裁委员会的法律文书导致物权变动,必须具备两个条件:第一,法院、仲裁委员会的生效法律文书必须针对物权的变动而作出;第二,生效的法律文书针对的是特定动产和不动产的归属。具体而言,导致物权设立、变更、转让或者消灭的人民法院、仲裁机构的法律文书是指人民法院、仲裁机构在分割共有不动产

---

〔1〕 参见[德]鲍尔、[德]施蒂尔纳:《德国物权法》(下册),申卫星、王洪亮译,法律出版社 2006 年版,第 365 ~366 页。

〔2〕 参见谢在全:《民法物权论》(上册),中国政法大学出版社 1999 年版,第 101 页。

或者动产等案件中作出并依法生效的改变原有物权关系的判决书、裁决书、调解书，以及人民法院在执行程序中作出的拍卖成交裁定书、变卖成交裁定书、以物抵债裁定书。

人民政府为了公共利益的需要，依照法律规定的权限和程序可以作出征收决定，征收集体所有的土地和其他民事主体的房屋及其他不动产，并给予相应补偿。

直接引起物权的变更或者消灭的法律文书和征收决定生效时，在当事人之间发生物权变动的效力。

配套法规及解读

《最高人民法院关于适用〈中华人民共和国民法典〉物权编的解释(一)》(2020年12月29日)

第七条　人民法院、仲裁机构在分割共有不动产或者动产等案件中作出并依法生效的改变原有物权关系的判决书、裁决书、调解书，以及人民法院在执行程序中作出的拍卖成交裁定书、变卖成交裁定书、以物抵债裁定书，应当认定为民法典第二百二十九条所称导致物权设立、变更、转让或者消灭的人民法院、仲裁机构的法律文书。

※法规解读：导致物权设立、变更、转让或者消灭的人民法院、仲裁机构的法律文书包括人民法院、仲裁机构在分割共有不动产或者动产等案件中作出并依法生效的改变原有物权关系的判决书、裁决书、调解书，以及人民法院在执行程序中作出的拍卖成交裁定书、变卖成交裁定书、以物抵债裁定书。

关联法规索引

《宪法》第13条第3款；《最高人民法院关于适用〈中华人民共和国民法典〉物权编的解释(一)》第7条；《不动产登记暂行条例实施细则》第19条

典型案例

毛某某与王某某执行异议之诉案[1]

※案例解读：因人民法院生效的法律文书，导致物权变更的，自法律文书生效时发生效力。本案中，王某某依据的是已经生效的人民法院民事调解书，且生效时间在法院执行查封争议房屋及车辆前，所以王某某依据民事调解书依法取得争议房屋及车辆的所有权。

第二百三十条 【因继承取得物权】因继承取得物权的，自继承开始时发生效力。

条文解读

本条规定了因继承导致的物权变动。

因被继承人死亡，除法律另有规定外，由继承人承受被继承人的物权。我国原《物权法》第29条规定："因继承或者受遗赠取得物权的，自继承或者受遗赠开始时发生效力。"虽然我国《民法典》将"受遗赠"删除，但是并不意味着"受遗赠"取得物权不在本条款的调整范围。本条款中的"继承"不仅包括法定继承和遗嘱继承，而且包括遗赠和遗赠扶养协议取得物权的情形。在法定继承中，在继承开始后，继承人取得被继承人的物权，成为新的物权人。遗嘱继承中，自遗嘱生效时发生物权变动的效力。就遗赠而言，在遗赠人死亡且受遗赠人接受遗赠时，受遗赠人获得物权。法律如此规定，是为了防止出现被继承人死亡后，其在法律上丧失主体资格，而遗产处于无主状态的情况。但如果继承人丧失继承权或者抛弃继承权，可以认为其自继承开始时就不享有所有权。遗产分割后继承人表示放弃继承的，其放弃的不是继承权，而是所有权。

---

〔1〕 参见河南省周口市中级人民法院民事判决书，(2017)豫16民终4962号。

关联法规索引

《民法典》第1121条第1款

第二百三十一条　【因事实行为发生物权变动】因合法建造、拆除房屋等事实行为设立或者消灭物权的，自事实行为成就时发生效力。

条文解读

本条规定了因事实行为导致的物权变动。

事实行为，是指事实上有此行为即可发生法律效果的行为，[1]即由法律直接赋予特定行为具备特定法律效果的行为。事实行为不受行为人是否具有行为能力以及意思表示的影响。常见发生物权变动效果的事实行为有合法建造、拆除房屋，生产、添附，以及先占等行为。

因事实行为而取得或者消灭不动产物权的，自事实行为完成时发生物权变动的效力。但是，基于事实行为而发生物权变动，必须符合法律规定的构成要件。当事人因合法建造取得房屋的所有权，必须有合法的建房手续，具有为自己建造房屋的意思且建成房屋；否则不能取得房屋的所有权。[2]

关联法规索引

《民法典》第129条

典型案例

陈某某、黄某某所有权确认纠纷案[3]

※案例解读：当事人对登记文书涉及的民事权利有异议，属于民事纠纷，无须

〔1〕参见王泽鉴：《民法概要》，北京大学出版社2009年版，第67页。
〔2〕参见《民法学》编写组编：《民法学》，高等教育出版社2019年版，第144页。
〔3〕参见四川省高级人民法院民事判决书，(2019)川民再142号。

通过相关行政机关解决国有土地权属问题。在本案中,原共有房屋被拆除后,被拆除部分房屋的所有人的所有权消灭。陈某某在重新建房及建成后就对重新修建房屋享有所有权。

但需要明确的是,合法建造房屋等事实行为确认的物权人,是指建设用地批准书和建设工程规划许可证的合法建造主体,只有在其从事该类事实行为时具有为自己建造房屋的意思才能成为建造后房屋的所有权人。因施工人是为他人建造房屋,其不能成为房屋的所有权人。因合法建造的事实行为设立物权的,自事实行为成就时即产生效力。事实物权并不以登记作为权利取得的要件。对事实物权而言,登记产生的是物权公示效力而非创设效力。

另外,法院基于事实行为对物权进行确认,其确认的是因合法建造行为原始取得的物权,不属于基于法律文书导致的物权变动,法院对此类案件的确权并不能作为办理不动产登记的依据。合法建造的房屋是否符合办理不动产登记的条件,由相关行政部门依法审查。

第二百三十二条 【处分非因民事法律行为享有的不动产物权】处分依照本节规定享有的不动产物权,依照法律规定需要办理登记的,未经登记,不发生物权效力。

条文解读

本条是关于非基于民事法律行为的不动产物权变动的规定。

非基于法律行为的物权变动,可以不经过设权登记即发生物权变动的效力。但是当事人处分相应的不动产,应当按照法律的规定办理登记后进行,否则该处分不发生物权效力。需要明确的是,此处所称的登记为宣示登记,并不具有创设物权的效力。但是本条款也不能进行简单的反面文义解释,将其理解为如果物权人不处分其不动产,即可永不办理登记。[1]

---

〔1〕 参见刘志歈:《民法物权编》,中国政法大学出版社2006年版,第37页。

配套法规及解读

《最高人民法院关于适用〈中华人民共和国民法典〉物权编的解释(一)》(2020年12月29日)

第八条　依据民法典第二百二十九条至第二百三十一条规定享有物权,但尚未完成动产交付或者不动产登记的权利人,依据民法典第二百三十五条至第二百三十八条的规定,请求保护其物权的,应予支持。

※法规解读:基于非法律行为取得物权的人,即使尚未完成动产交付或者不动产登记,依然可以请求法院保护自己的物权。

典型案例

临沭县临沭街道办事处益民居委居民委员会、姜某某物权纠纷案[1]

※案例解读:依据非法律行为的变动取得不动产后,虽然当事人可以无须办理相应的登记手续即享有不动产物权,但是如果物权人在处分依照法律规定需要办理登记的不动产时,就必须办理不动产登记,否则其处分行为不发生物权变动的效力,受让人无法取得不动产的物权。本案中,中国华融资产管理公司济南办事处作为该不动产的物权人,虽然有权委托山东齐鲁瑞丰拍卖有限公司对其进行拍卖,但是因为其拍卖前并没有办理不动产登记,其处分该标的物的行为不发生物权的效力,所以受让人姜某某不能成为涉案房屋和土地的合法权利人。

〔1〕 参见山东省高级人民法院民事判决书,(2018)鲁民再1076号。

第三章　物权的保护

本章介绍

本章主要规定了物权的保护制度。在物权受到侵害时，权利人可以采取和解、调解、仲裁、诉讼等多种方法来保护自己的合法利益。从本章的规定来看，并没有将物权的保护方法限于物权请求权，而是将物权保护方法和侵权保护方法一并进行规定。本章规定的物权的主要保护方法包括物权确认请求权、返还原物请求权、排除妨害请求权、恢复原状请求权、损害赔偿请求权；并进一步明确在物权受到损害后，权利人可以单独适用，也可以根据权利被侵害的情形合并适用物权保护的方法。

第二百三十三条　【物权纠纷解决方式】物权受到侵害的，权利人可以通过和解、调解、仲裁、诉讼等途径解决。

条文解读

本条规定了物权纠纷的解决方式。

民事纠纷常见的法律解决途径有和解、调解、仲裁、诉讼等。权利人的物权受到侵害时，可以通过上述多种途径获得救济。和解，是指纠纷双方当事人在自愿互谅的基础上，通过相互协商解决有关物权的争议。调解，是指纠纷双方当事人通过第三方的调解，如人民调解委员会或者司法机关、仲裁机关等的帮助，来解决有关物权的争议。仲裁，是指纠纷双方当事人事先或者在纠纷发生后书面约定，将纠纷提交专门的仲裁机构，由仲裁机构作出仲裁裁决。诉讼，是指纠纷发生后双方当事人将纠纷提交人民法院，由法院对纠纷作出裁决的纠纷解决方式。

关联法规索引

《宪法》第13条第1款；《民事诉讼法》第3、93、199～201条；《仲裁法》第2～6、9条；《人民调解法》第2、17条；《最高人民法院关于适用〈中华人民共和国民法典〉物权编的解释（一）》第1条；《农村土地承包法》第55条

第二百三十四条　【物权确认请求权】因物权的归属、内容发生争议的，利害关系人可以请求确认权利。

条文解读

本条规定了物权确认请求权。

物权确认请求权，是指在利害关系人就物权归属以及物权的内容发生争议时，其具有的向人民法院提起确认物权的归属和物权内容的权利。尽管传统物权请求权中，仅包括返还原物请求权、排查妨害请求权和消除危险请求权，但是我国从《物权法》开始，将物权确认请求权确定为保护物权的一种方法。从内容方面来看，物权确认请求权包括物权归属确认和物权内容确认两个方面。从行使的条件来看，第一，利害关系人必须提供初步的证据证明其应当享有相应的物权；第二，物权确认请求权的相对人为否定或者质疑其享有物权的当事人；第三，利害关系人必须向有权机关或者人民法院提出请求，并依据人民法院的确权作为确定权利的最终依据。物权确认请求权并不是一种实体权利，其行使不受诉讼时效或者除斥期间的限制。依诉的种类划分，物权确权之诉是确认之诉的一种，其并非一方当事人请求另一方为一定行为，而只是请求有权机构确认争议物权的归属和（或）内容。

关联法规索引

《最高人民法院关于适用〈中华人民共和国民法典〉物权编的解释（一）》第2条

典型案例

艺君业委会与中川公司物业管理用房所有权确认纠纷案[1]

※案例解读：当物权归属以及物权的内容发生争议时，利害关系人享有向人民法院提起物权确认诉讼的权利。但在城市的房地产管理中，行政机关的规划对利害关系人权利产生拘束力。对于属于行政许可行为的定点规划，土地使用人在特定期间内未对建筑物定点规划提出异议的，即对其产生拘束力。但是一旦这种定点规划对当事人的权利进行分配后，即使政府机关，未经权利人同意，也不能随意变更；否则当事人可以依据法律向人民法院提起诉讼来维护自己的权益。本案中，徐州西苑艺君花园（一期）全体业主依法对争议的物业管理用房享有共同所有权，艺君业委会根据授权，有权向人民法院提起诉讼，确认全体业主对该物业管理用房的共同所有权。

第二百三十五条 【返还原物请求权】无权占有不动产或者动产的，权利人可以请求返还原物。

条文解读

本条规定了返还原物请求权。

返还原物请求权，也称原物返还所有权，是指物权人对无权占有其不动产或动产的人，具有请求返还其占有的不动产或者动产的权利。返还原物请求权是由所有权派生的请求权，只要占有人为无权占有，权利人都可以行使该项请求权来恢复其物权的圆满状态。从该条款来看，返还原物请求权的行使条件为：第一，请求权人为所有权人或者其他物权人。请求权人享有相应物权是其行使返还原物请求权的基础，所以返还原物请求权的主体应为失去对物的占有的物权人，既包括所有权人，也包括他物权人。第二，相对人为现在占有人。现在占有人是指当前对占有的

---

〔1〕 参见江苏省徐州市泉山区人民法院民事判决书，（2012）泉民初字第1486号。

不动产或者动产享有事实上管领力的人。相对人包括直接占有人和间接占有人，但是不包括占有辅助人。从主体的类型划分，无权占有人既可以是自然人，也可以是法人或者非法人组织。第三，相对人的占有为无权占有。无权占有是指没有法律根据或者未经物权人许可而占有他人之物。至于无权占有属于自始无权占有，还是开始为有权占有嗣后无权占有，对于请求权人而言并无不同。只要请求权人在请求时占有人为无权占有，其就必须返还该占有物。第四，占有人占有的不动产或者动产仍然存在。返还原物请求权以占有物存在为前提，只有在占有物仍然存在的情况下，物权人才能行使返还原物请求权。占有物的不存在既包括事实上的不存在，如灭失；也包括法律上的不存在，如被第三人善意取得。[1]

返还原物请求权中占有物的返还，是指将占有物交由请求权人，由其享有事实上的支配。这一救济需要考虑到《民法典》第 196 条第 2 项的规定，即不动产物权和登记的动产物权的权利人请求返还财产不适用诉讼时效的规定。从反面解释，不登记的动产物权的权利人请求返还原物需要考虑到时效问题。另外，返还占有物的费用应该由无权占有人负担。

此外，《民法典》第 460 条规定了对占有物的返还请求权，但相对人既包括无权占有人，也包括有权占有人。在物权人的财产受到他人侵害的情况下，物权人既可以基于物权请求权获得保护，也可以根据占有物返还请求权来保护自己的权利。

关联法规索引

《民法典》第 53 条、第 179 条第 1 款第 4 项、第 196 条第 2 项

典型案例

王某甲与王某乙、张某某返还原物纠纷案[2]

※案例解读：无权占有动产或者不动产的，权利人可以请求无权占有人返还原物。本案中，原告作为单位员工享有集资建房资格，取得涉案房屋后在房屋管理局

---

〔1〕 参见郭明瑞、唐广良、房绍坤：《民商法原理（二）》，中国人民大学出版社 1999 年版，第 130 页。

〔2〕 参见甘肃省张家川回族自治县人民法院民事判决书，(2016)甘 0525 民初 179 号。

登记备案,取得房屋所有权证,依法对该房屋享有物权。被告没有直接证据证明与原告之间存在买卖关系,在原告要求被告返还房屋之时,被告对房屋的占有已变成无权占有,其应当将房屋及产权证书和钥匙返还给原告。

第二百三十六条 【排除妨害请求权】妨害物权或者可能妨害物权的,权利人可以请求排除妨害或者消除危险。

条文解读

本条实际上规定了排除妨害请求权和消除危险请求权两类请求权。

排除妨害请求权,是指当物权的享有和行使受到占有以外的方式的妨害时,物权人对妨害人享有请求排除其妨害的权利。消除危险请求权,即如果物权人的权利有遭受妨害危险的情况,物权人请求行为人消除有可能发生危险的权利。这两类请求权都可以使物权人的权利恢复到圆满状态。

排除妨害请求权的行使条件为:第一,请求权的主体为物权人,既包括所有权人,也包括他物权人;标的物依然由物权人占有。第二,相对人为妨害人。第三,必须存在妨害物权的行为。此处妨害是指以占有以外的方法侵害物权或妨碍物权人行使其物权的行为,妨害行为可以是可归责行为人的行为,也包括因不可抗力等造成的其他事件或者状态,但是不包括以占有的方式侵害物权,否则构成返还原物请求权。此外,妨害以妨害状态依然存在并且不合法或者超过正常容忍的限度为条件。物权人排除妨害的费用,应当由非法妨害人负担。

消除危险请求权的行使条件是:第一,请求权人为物权人,相对人为可能对物权造成妨害的人。第二,物权具有遭受损害的危险。该危险必须是可以合理预见并且确实存在的,而不能是当事人主观臆测的;该危险存在对他人财产造成损害的可能性,如果不存在这种可能性,也不能请求他人消除。危险发生后,应当由危险的形成人承担消除危险的责任。消除危险的费用由危险设施的物权人或者形成危险的人承担。

关联法规索引

《民法典》第 179 条第 1 款第 2 项、第 196 条第 1 项、第 1167 条

典型案例

张某与弘仁公司消除危险纠纷案[1]

※案例解读：在排除妨害或者消除危险的案件中，如果妨碍或者危险来源于一方当事人的不法行为，权利人要求排除该妨害或者消除相应的危险，通常没有太大的争议。但是如果危险来源合法，确实存在安全隐患，即使尚未对一方当事人造成损害，对于这种现实的危险，权利人仍然可以要求危险设施的权利人作出消除危险的行为。

第二百三十七条　【修理、重作、更换或者恢复原状请求权】造成不动产或者动产毁损的，权利人可以依法请求修理、重作、更换或者恢复原状。

条文解读

本条规定了恢复原状请求权。

恢复原状请求权，是指在不动产或动产遭受侵害但并未灭失时，如果能够通过修理、重作或者替换等方式恢复原状，物权人可以请求侵害人采用这些方法使物恢复到原有的状态的权利。修理，是指对不动产或者动产等物进行修补或者整理。重作，是指由原不动产或者动产的制作人重新制作。替换，是指在不能修理或者修理不能恢复标的物的价值时，可以采用替换的方式。但是必须明确，无论是修理、重作还是更换、恢复原状，虽然可以采取双方当事人进行协商的方式，但是往往是物权人为主导；如果物权人不同意修补，或者修理、重作或者替换、恢复原状的费用过高，加害人不愿意如此，则物权人只能采取损害赔偿的救济方式，而不能采取恢复原状的方法。

---

[1] 参见辽宁省铁岭市中级人民法院民事判决书，(2016)辽 12 民终 1848 号。

物权请求权中的恢复原状是基于物权请求权而产生的，是对侵害物权的救济，不同于合同违约责任中的修理、重作、更换。一般而言，对动产通常采取修理、重作、更换的方式，不动产一般是采取恢复原状方法。

一般而言，恢复原状通常需要考虑经济上的合理性。如果在经济上极不合理，修理或重作的成本太大，或者有可能损害物的价值，就没有必要采用恢复原状的方式，侵害人可以赔偿其对物造成的损失。物权人可以自主选择主张恢复原状或者赔偿损失，也可以同时主张。

关联法规索引

《民法典》第179条第1款第5、6项

第二百三十八条 【物权损害赔偿请求权】侵害物权，造成权利人损害的，权利人可以依法请求损害赔偿，也可以依法请求承担其他民事责任。

条文解读

本条规定了物权损害赔偿请求权。

损害赔偿请求权，是指在他人的非法行为侵害了物权，造成权利人财产毁损或灭失时，物权人所享有的请求加害人承担赔偿损失或者承担其他民事责任的权利。侵害他人财产的损失，按照损失发生时的市场价格或者其他合理方式计算。

关联法规索引

《民法典》第179条第1款第8项，第1182、1184条

第二百三十九条 【物权保护方式的单用与并用】本章规定的物权保护方式，可以单独适用，也可以根据权利被侵害的情形合并适用。

条文解读

本条规定了物权保护方式的单用和并用。

物权人的物权被侵害时,不仅可以单独采取本节规定的一种方式来保护其权利,还可以根据权利被侵害的情形合并适用。例如,当所有权人的物被他人非法占有且对物的价值造成损害时,所有权人可以向人民法院提起确权之诉,请求无权占有人返还原物,还可以请求无权占有人对标的物贬损的价值进行赔偿。

关联法规索引

《民法典》第 179 条第 2 款、第 187 条

第二分编　所　有　权

分编介绍

本分编是《民法典》物权编第二分编，主要规定了所有权制度。所有权确定了物的归属关系，是一切财产权的基础。本分编主要规定了国家所有权、集体所有权、私人所有权三种单一所有权，业主的建筑物区分所有权，共有权，相邻关系和所有权取得的特别规定。

第四章　一　般　规　定

本章介绍

本章是《民法典》物权编第二分编"所有权"的一般规定，明确了所有权的概念和权能，以及所有权人可以设立他物权，并强调了国家的专属所有权和耕地的保护制度，对于土地、地上建筑物的征收、征用进行了原则性规范。

第二百四十条　【所有权的概念和权能】所有权人对自己的不动产或者动产，依法享有占有、使用、收益和处分的权利。

条文解读

本条规定了所有权的概念和权能。

所有权又称自物权或者完全物权，是指所有权人按照自己的意志对其所有物进行占有、使用、收益和处分，并排斥他人干涉的权利。所有权是一种对物进行独占性支配的权利,所有权为自物权,是最完全的物权,具有恒久性和弹力性等特点。所有权是其他各种物权的基础,具有确定财产归属的作用,对建立和维护财产秩序具有重要的意义。

所有权的权能既包括对物的占有、使用、收益和处分的积极权能,又包括排除他人干涉的消极权能。占有权能,是指所有权人对财产的实际管领或控制的权利。占有通常不是行使所有权的目的,而是所有权人对物行使使用、收益或处分的前提。占有权能作为所有权的一项独立权能,在一定条件下可与所有权分离而属于非所有权人。当占有权能与所有权分离时,非所有人所享有的占有权能同样受法律保护。使用权能,是指所有权人按照物的性能和用途,在不毁损所有物的本体或者变更其性质的前提下对物加以利用,来满足生产、生活需要的权能。[1] 所有权人既可以自己使用,也可以授权他人使用。非所有权人可以依照法律的规定或与所有人的约定而取得使用权能。非法使用他人财产则需要承担相应的民事责任。收益权能,是权利人收取由原物产生出来的新增经济价值的权能。新增经济价值包括孳息和利润。孳息分为天然孳息和法定孳息。所有权人可以自己行使收益权能,也可以将自己财产的一部或全部收益权能转让给他人。处分权能,是指所有人有权对所有物进行法律或事实上的处置的权能。作为所有权权能的处分权能包括事实上的处分权能和法律上的处分权能。事实上的处分,是指对标的物进行实质上的变形、改造或者毁损等事实行为;法律上的处分,是指对标的物所有权加以转移、限制或者消灭等法律行为。处分权能只有所有权人才能享有,它是所有权中带有根本性的一项权能,非所有权人不得随意处分他人所有的财产。

典型案例

连某某诉臧某某排除妨害纠纷案[2]

※案例解读:所有权人可以依法对自己的财产享有占有、使用、收益和处分的权利。但是本案中出现了特殊的情况,房屋的买受方通过不动产登记已经取得涉

〔1〕 参见梁慧星、陈华彬编著:《物权法》(第3版),法律出版社2005年版,第121页。

〔2〕 参见连某某诉臧某某排除妨害纠纷案,载《最高人民法院公报》2015年第10期。上海市第一中级人民法院民事判决书,(2014)沪一中民二(民)终字第433号。

案的房屋所有权，但是现在房屋的现实占有人为有权占有，即在所有权与占有权能发生分离的情况下，如何处理二者可能发生的冲突，是保护房屋的所有权人还是合法占有人，一、二审法院对此认识不同。最高人民法院认为，在买受方已取得房屋产权而未实际占有的情况下，如果占有人对房屋的占有为合法占有，买受方可以根据买卖合同要求出卖人履行交付房屋的义务，在出卖人客观上无法交付房屋的情况下，要求其承担相应的违约责任。买受人基于物权请求权要求有权占有人迁出的，法院应作慎重审查。

第二百四十一条 【所有权人设立他物权】所有权人有权在自己的不动产或者动产上设立用益物权和担保物权。用益物权人、担保物权人行使权利，不得损害所有权人的权益。

条文解读

本条是关于所有权人设立他物权的规定。

他物权包括用益物权和担保物权。用益物权包括土地承包经营权、建设用地使用权、宅基地使用权、居住权、地役权；担保物权包括抵押权、质权、留置权。所有权人设立他物权就是将自己所享有的某些权能移交给他人享有，如所有权人将自己的使用、收益权能交给用益物权人。

设定他物权，是所有权人对自己的所有权进行的合法限制。但是，用益物权人、担保物权人在行使权利时，必须依据法律或者合同的约定，不得损害所有权人的权益。

关联法规索引

《土地管理法》第10、13条；《城市房地产管理法》第3、8条，第23条第1款；《森林法》第15～18条；《草原法》第10条；《矿产资源法》第3条；《水法》第7、48条；《渔业法》第11条；《海域使用管理法》第3、9、22、23条

第二百四十二条　【国家专属所有权】法律规定专属于国家所有的不动产和动产，任何组织或者个人不能取得所有权。

条文解读

本条规定了国家专属所有权。

根据宪法和法律的规定，有些财产只能作为国家所有权的客体，如矿藏、水流、海域、城市的土地、军事设施、野生动植物资源、无线电频谱资源等。这些财产只能为国家所有，而不能由任何组织或者个人拥有。之所以规定国家专有，是因为这些财产对于保障国家的经济命脉，维护资源和保护环境等公共利益具有十分重要的意义，应当由代表全体人民利益和意志的国家行使，国家所有权是全民所有制的法律表现。国家专属所有权也意味着，即使国家专属所有权的标的物被不法行为人非法处分，在法律上现占有人也无法根据善意取得制度和时效制度而取得所有权。

关联法规索引

《宪法》第9条第1款、第10条第1款；《民法典》第246～258条；《土地管理法》第9条；《矿产资源法》第3条；《煤炭法》第3条；《水法》第3条；《海域使用管理法》第3条

第二百四十三条　【征收】为了公共利益的需要，依照法律规定的权限和程序可以征收集体所有的土地和组织、个人的房屋以及其他不动产。

征收集体所有的土地，应当依法及时足额支付土地补偿费、安置补助费以及农村村民住宅、其他地上附着物和青苗等的补偿费用，并安排被征地农民的社会保障费用，保障被征地农民的生活，维护被征地农民的合法权益。

征收组织、个人的房屋以及其他不动产，应当依法给予征收补偿，维护被征收人的合法权益；征收个人住宅的，还应当保障被征收人的居住条件。

任何组织或者个人不得贪污、挪用、私分、截留、拖欠征收补偿费等费用。

条文解读

本条规定了征收制度。

征收,是指国家为了公共利益的需要,在依法作出补偿的前提下,利用公权力强制性地取得集体、单位或个人的财产所有权的行为。从物权法角度看,征收是一种引起物权变动的事实行为,既是集体或者个人所有权的丧失的一种方式,又涉及公权力与私权利的冲突,因此附有严格的法定条件。根据本条规定,征收必须满足以下条件:

第一,基于公共利益需要。政府从事征收行为,必须是为了公共利益的需求,而不是一般的建设需要。公共利益是法律法规规定的为了保障国家安全、促进国民经济和社会发展等的公共利益。当然,公共利益是一个开放的概念,会随着社会发展而不断发展。

第二,符合法定权限和法定程序。征收必须依照法律规定的权限和程序进行。

第三,依法作出公平合理的补偿。征收集体所有的土地,应当依法及时足额支付土地补偿费、安置补助费以及农村村民住宅、其他地上附着物和青苗等的补偿费用,并安排被征地农民的社会保障费用,还应当保障被征地农民的生活。征收组织、个人的房屋以及其他不动产,应当依法给予征收补偿,维护被征收人的合法权益;征收个人住宅的,还应当保障被征收人的居住条件。

针对现实生活中曾经出现的补偿不到位和侵占补偿费用的问题,本条第 4 款规定,任何单位或者个人不得贪污、挪用、私分、截留、拖欠征收补偿费等费用。

配套法规及解读

《土地管理法》(2019 年 8 月 26 日修正)

第四十五条 为了公共利益的需要,有下列情形之一,确需征收农民集体所有的土地的,可以依法实施征收:

(一)军事和外交需要用地的;

(二)由政府组织实施的能源、交通、水利、通信、邮政等基础设施建设需要用地的;

(三)由政府组织实施的科技、教育、文化、卫生、体育、生态环境和资源保护、防灾减灾、文物保护、社区综合服务、社会福利、市政公用、优抚安置、英烈保护等公共事业需要用地的；

（四）由政府组织实施的扶贫搬迁、保障性安居工程建设需要用地的；

（五）在土地利用总体规划确定的城镇建设用地范围内，经省级以上人民政府批准由县级以上地方人民政府组织实施的成片开发建设需要用地的；

（六）法律规定为公共利益需要可以征收农民集体所有的土地的其他情形。

前款规定的建设活动，应当符合国民经济和社会发展规划、土地利用总体规划、城乡规划和专项规划；第（四）项、第（五）项规定的建设活动，还应当纳入国民经济和社会发展年度计划；第（五）项规定的成片开发并应当符合国务院自然资源主管部门规定的标准。

《土地管理法实施条例》（2021 年 7 月 2 日修订）

第三十二条第一款、第二款　省、自治区、直辖市应当制定公布区片综合地价，确定征收农用地的土地补偿费、安置补助费标准，并制定土地补偿费、安置补助费分配办法。

地上附着物和青苗等的补偿费用，归其所有权人所有。

《最高人民法院关于审理涉及农村土地承包纠纷案件适用法律问题的解释》（2020 年 12 月 29 日修正）

第二十条　承包地被依法征收，承包方请求发包方给付已经收到的地上附着物和青苗的补偿费的，应予支持。

承包方已将土地经营权以出租、入股或者其他方式流转给第三人的，除当事人另有约定外，青苗补偿费归实际投入人所有，地上附着物补偿费归附着物所有人所有。

第二十一条　承包地被依法征收，放弃统一安置的家庭承包方，请求发包方给付已经收到的安置补助费的，应予支持。

第二十二条　农村集体经济组织或者村民委员会、村民小组，可以依照法律规定的民主议定程序，决定在本集体经济组织内部分配已经收到的土地补偿费。征地补偿安置方案确定时已经具有本集体经济组织成员资格的人，请求支付相应份额的，应予支持。但已报全国人大常委会、国务院备案的地方性法规、自治条例和单行条例、地方政府规章对土地补偿费在农村集体经济组织内部的分配办法另有规定的除外。

《最高人民法院关于审理涉及农村集体土地行政案件若干问题的规定》(2011年8月7日)

第十二条 征收农村集体土地时涉及被征收土地上的房屋及其他不动产,土地权利人可以请求依照物权法第四十二条第二款的规定给予补偿。

征收农村集体土地时未就被征收土地上的房屋及其他不动产进行安置补偿,补偿安置时房屋所在地已纳入城市规划区,土地权利人请求参照执行国有土地上房屋征收补偿标准的,人民法院一般应予支持,但应当扣除已经取得的土地补偿费。

《国有土地上房屋征收与补偿条例》(2011年1月21日)

第八条 为了保障国家安全、促进国民经济和社会发展等公共利益的需要,有下列情形之一,确需征收房屋的,由市、县级人民政府作出房屋征收决定:

(一)国防和外交的需要;

(二)由政府组织实施的能源、交通、水利等基础设施建设的需要;

(三)由政府组织实施的科技、教育、文化、卫生、体育、环境和资源保护、防灾减灾、文物保护、社会福利、市政公用等公共事业的需要;

(四)由政府组织实施的保障性安居工程建设的需要;

(五)由政府依照城乡规划法有关规定组织实施的对危房集中、基础设施落后等地段进行旧城区改建的需要;

(六)法律、行政法规规定的其他公共利益的需要。

第十二条 市、县级人民政府作出房屋征收决定前,应当按照有关规定进行社会稳定风险评估;房屋征收决定涉及被征收人数量较多的,应当经政府常务会议讨论决定。

作出房屋征收决定前,征收补偿费用应当足额到位、专户存储、专款专用。

第十三条 市、县级人民政府作出房屋征收决定后应当及时公告。公告应当载明征收补偿方案和行政复议、行政诉讼权利等事项。

市、县级人民政府及房屋征收部门应当做好房屋征收与补偿的宣传、解释工作。

房屋被依法征收的,国有土地使用权同时收回。

第十四条 被征收人对市、县级人民政府作出的房屋征收决定不服的,可以依法申请行政复议,也可以依法提起行政诉讼。

第十五条　房屋征收部门应当对房屋征收范围内房屋的权属、区位、用途、建筑面积等情况组织调查登记，被征收人应当予以配合。调查结果应当在房屋征收范围内向被征收人公布。

第十六条　房屋征收范围确定后，不得在房屋征收范围内实施新建、扩建、改建房屋和改变房屋用途等不当增加补偿费用的行为；违反规定实施的，不予补偿。

房屋征收部门应当将前款所列事项书面通知有关部门暂停办理相关手续。暂停办理相关手续的书面通知应当载明暂停期限。暂停期限最长不得超过1年。

第十七条　作出房屋征收决定的市、县级人民政府对被征收人给予的补偿包括：

（一）被征收房屋价值的补偿；

（二）因征收房屋造成的搬迁、临时安置的补偿；

（三）因征收房屋造成的停产停业损失的补偿。

市、县级人民政府应当制定补助和奖励办法，对被征收人给予补助和奖励。

第十八条　征收个人住宅，被征收人符合住房保障条件的，作出房屋征收决定的市、县级人民政府应当优先给予住房保障。具体办法由省、自治区、直辖市制定。

第十九条　对被征收房屋价值的补偿，不得低于房屋征收决定公告之日被征收房屋类似房地产的市场价格。被征收房屋的价值，由具有相应资质的房地产价格评估机构按照房屋征收评估办法评估确定。

对评估确定的被征收房屋价值有异议的，可以向房地产价格评估机构申请复核评估。对复核结果有异议的，可以向房地产价格评估专家委员会申请鉴定。

房屋征收评估办法由国务院住房城乡建设主管部门制定，制定过程中，应当向社会公开征求意见。

第二十条　房地产价格评估机构由被征收人协商选定；协商不成的，通过多数决定、随机选定等方式确定，具体办法由省、自治区、直辖市制定。

房地产价格评估机构应当独立、客观、公正地开展房屋征收评估工作，任何单位和个人不得干预。

第二十一条　被征收人可以选择货币补偿，也可以选择房屋产权调换。

被征收人选择房屋产权调换的，市、县级人民政府应当提供用于产权调换的房屋，并与被征收人计算、结清被征收房屋价值与用于产权调换房屋价值的差价。

因旧城区改建征收个人住宅，被征收人选择在改建地段进行房屋产权调换的，作出房屋征收决定的市、县级人民政府应当提供改建地段或者就近地段的房屋。

第二十二条 因征收房屋造成搬迁的，房屋征收部门应当向被征收人支付搬迁费；选择房屋产权调换的，产权调换房屋交付前，房屋征收部门应当向被征收人支付临时安置费或者提供周转用房。

第二十三条 对因征收房屋造成停产停业损失的补偿，根据房屋被征收前的效益、停产停业期限等因素确定。具体办法由省、自治区、直辖市制定。

第二十四条 市、县级人民政府及其有关部门应当依法加强对建设活动的监督管理，对违反城乡规划进行建设的，依法予以处理。

市、县级人民政府作出房屋征收决定前，应当组织有关部门依法对征收范围内未经登记的建筑进行调查、认定和处理。对认定为合法建筑和未超过批准期限的临时建筑的，应当给予补偿；对认定为违法建筑和超过批准期限的临时建筑的，不予补偿。

第二十五条 房屋征收部门与被征收人依照本条例的规定，就补偿方式、补偿金额和支付期限、用于产权调换房屋的地点和面积、搬迁费、临时安置费或者周转用房、停产停业损失、搬迁期限、过渡方式和过渡期限等事项，订立补偿协议。

补偿协议订立后，一方当事人不履行补偿协议约定的义务的，另一方当事人可以依法提起诉讼。

第二十六条 房屋征收部门与被征收人在征收补偿方案确定的签约期限内达不成补偿协议，或者被征收房屋所有权人不明确的，由房屋征收部门报请作出房屋征收决定的市、县级人民政府依照本条例的规定，按照征收补偿方案作出补偿决定，并在房屋征收范围内予以公告。

补偿决定应当公平，包括本条例第二十五条第一款规定的有关补偿协议的事项。

被征收人对补偿决定不服的，可以依法申请行政复议，也可以依法提起行政诉讼。

第二十七条 实施房屋征收应当先补偿、后搬迁。

作出房屋征收决定的市、县级人民政府对被征收人给予补偿后，被征收人应当在补偿协议约定或者补偿决定确定的搬迁期限内完成搬迁。

任何单位和个人不得采取暴力、威胁或者违反规定中断供水、供热、供气、供电和道路通行等非法方式迫使被征收人搬迁。禁止建设单位参与搬迁活动。

第二十八条　被征收人在法定期限内不申请行政复议或者不提起行政诉讼，在补偿决定规定的期限内又不搬迁的，由作出房屋征收决定的市、县级人民政府依法申请人民法院强制执行。

强制执行申请书应当附具补偿金额和专户存储账号、产权调换房屋和周转用房的地点和面积等材料。

※法规解读：第一，实施征收的理由。为了保障国家安全、促进国民经济和社会发展等公共利益的需要，可以征收农民集体所有的土地及国有土地上房屋。公共利益可以分为：军事和外交需要；[1]由政府组织实施的能源、交通、水利、通信、邮政等基础设施建设需要；由政府组织实施的科技、教育、文化、卫生、体育、生态环境和资源保护、防灾减灾、文物保护、社区综合服务、社会福利、市政公用、优抚安置、英烈保护等公共事业需要；由政府组织实施的扶贫搬迁、保障性安居工程建设需要；在土地利用总体规划确定的城镇建设用地范围内，经省级以上人民政府批准由县级以上地方人民政府组织实施的成片开发建设需要用地的；由政府依照《城乡规划法》有关规定组织实施的对危房集中、基础设施落后等地段进行旧城区改建的需要；法律规定为公共利益需要可以征收农民集体所有的土地的其他情形及法律、行政法规规定的其他公共利益的需要。

其中，建设活动，应当符合国民经济和社会发展规划、土地利用总体规划、城乡规划和专项规划，扶贫搬迁、保障性安居工程、成片开发等建设活动，还应当纳入国民经济和社会发展年度计划；成片开发应当符合国务院自然资源主管部门规定的标准。保障性安居工程建设、旧城区改建，应当纳入市、县级国民经济和社会发展年度计划。

第二，征收补偿问题。

1. 土地征收问题。征收土地应当给予公平、合理的补偿，保障被征地农民原有生活水平不降低、长远生计有保障。征收土地应当依法及时足额支付土地补偿费、安置补助费以及农村村民住宅、其他地上附着物和青苗等的补偿费用，并安排被征地农民的社会保障费用。

(1)土地补偿费给农村集体。农村集体经济组织或者村民委员会、村民小组，

---

〔1〕《国有土地上房屋征收与补偿条例》第8条用语为"国防和外交"，应将此处的"国防"和"军事"理解为同义词。

可以依照法律规定的民主议定程序,决定在本集体经济组织内部分配已经收到的土地补偿费。征地补偿安置方案确定时已经具有本集体经济组织成员资格的人享有相应的份额。但已报全国人大常委会、国务院备案的地方性法规、自治条例和单行条例、地方政府规章对土地补偿费在农村集体经济组织内部的分配办法另有规定的除外。

(2)安置补助费用于安置承包地被征收的家庭承包户。承包地被依法征收,家庭承包方放弃统一安置的,发包方要将已经收到的安置补助费给该家庭承包户。

(3)地上附着物和青苗的补偿费给承包方。承包方已将土地经营权以出租、入股或者其他方式流转给第三人的,除当事人另有约定外,青苗补偿费归实际投入人所有,地上附着物补偿费归附着物所有人所有。

(4)征收农用地的土地补偿费、安置补助费标准由省、自治区、直辖市通过制定公布区片综合地价确定。制定区片综合地价应当综合考虑土地原用途、土地资源条件、土地产值、土地区位、土地供求关系、人口以及经济社会发展水平等因素,并至少每三年调整或者重新公布一次。征收农用地以外的其他土地、地上附着物和青苗等的补偿标准,由省、自治区、直辖市制定。对其中的农村村民住宅,应当按照先补偿后搬迁、居住条件有改善的原则,尊重农村村民意愿,采取重新安排宅基地建房、提供安置房或者货币补偿等方式给予公平、合理的补偿,并对因征收造成的搬迁、临时安置等费用予以补偿,保障农村村民居住的权利和合法的住房财产权益。县级以上地方人民政府应当将被征地农民纳入相应的养老等社会保障体系。被征地农民的社会保障费用主要用于符合条件的被征地农民的养老保险等社会保险缴费补贴。被征地农民社会保障费用的筹集、管理和使用办法,由省、自治区、直辖市制定。

(5)征收农村集体土地时涉及被征收土地上的房屋及其他不动产,土地权利人可以请求依照相关法律的规定给予补偿。征收农村集体土地时未就被征收土地上的房屋及其他不动产进行安置补偿,补偿安置时房屋所在地已纳入城市规划区,土地权利人可以请求参照执行国有土地上房屋征收补偿标准,但应当扣除已经取得的土地补偿费。

2. 国有土地上房屋的征收补偿。作出房屋征收决定的市、县级人民政府对被征收人给予的补偿包括被征收房屋价值的补偿,因征收房屋造成的搬迁、临时安置的补偿,以及因征收房屋造成的停产停业损失的补偿。实施房屋征收应当先补偿、后搬迁。

(1)征收个人住宅,被征收人符合住房保障条件的,作出房屋征收决定的市、县级人民政府应当优先给予住房保障。具体办法由省、自治区、直辖市制定。

(2)对被征收房屋价值的补偿,不得低于房屋征收决定公告之日被征收房屋类似房地产的市场价格。被征收房屋的价值,由具有相应资质的房地产价格评估机构按照房屋征收评估办法评估确定。对评估确定的被征收房屋价值有异议的,可以向房地产价格评估机构申请复核评估。对复核结果有异议的,可以向房地产价格评估专家委员会申请鉴定。房屋征收评估办法由国务院住房城乡建设主管部门制定,制定过程中,应当向社会公开征求意见。房地产价格评估机构由被征收人协商选定;协商不成的,通过多数决定、随机选定等方式确定,具体办法由省、自治区、直辖市制定。房地产价格评估机构应当独立、客观、公正地开展房屋征收评估工作,任何单位和个人不得干预。被征收人既可以选择货币补偿,也可以选择房屋产权调换。被征收人选择房屋产权调换的,市、县级人民政府应当提供用于产权调换的房屋,并与被征收人计算、结清被征收房屋价值与用于产权调换房屋价值的差价。因旧城区改建征收个人住宅,被征收人选择在改建地段进行房屋产权调换的,作出房屋征收决定的市、县级人民政府应当提供改建地段或者就近地段的房屋。

(3)因征收房屋造成搬迁的,房屋征收部门应当向被征收人支付搬迁费;选择房屋产权调换的,产权调换房屋交付前,房屋征收部门应当向被征收人支付临时安置费或者提供周转用房。

(4)对因征收房屋造成停产停业损失的补偿,根据房屋被征收前的效益、停产停业期限等因素确定。具体办法由省、自治区、直辖市制定。

(5)市、县级人民政府作出房屋征收决定前,应当组织有关部门依法对征收范围内未经登记的建筑进行调查、认定和处理。对认定为合法建筑和未超过批准期限的临时建筑的,应当给予补偿;对认定为违法建筑和超过批准期限的临时建筑的,不予补偿。

关联法规索引

《宪法》第10条第3款、第13条;《立法法》第11条;《民法典》第117、327、358条;《刑法》第381、410条;《土地管理法》第2、46~51、79、80条;《城市房地产管理法》第6、9条;《农村土地承包法》第17条;《森林法》第21条;《草原法》第38、39、63条;《农业法》第71条;《渔业法》第14条;《煤炭法》第18条;《铁路法》第36条;《国防法》第51条;《军事设施保护法》第14条;《电力法》第16条

典型案例

安业公司诉太原市人民政府收回国有土地使用权决定案[1]

※案例解读:政府征收组织、个人的房屋以及其他不动产,应当依法给予征收补偿。征收补偿应当遵循及时补偿和公平补偿原则。补偿问题未依法定程序解决前,被征收人有权拒绝交出房屋和土地。具体到本案中,太原市人民政府收回安业公司拥有土地使用权的749.5平方米土地时,既未听取安业公司的陈述申辩,也未对安业公司进行任何补偿,不符合征收的相关程序和规定,故应撤销太原市人民政府收回安业集团国有土地使用权的违法行政行为。

第二百四十四条 【耕地保护】国家对耕地实行特殊保护,严格限制农用地转为建设用地,控制建设用地总量。不得违反法律规定的权限和程序征收集体所有的土地。

条文解读

本条是关于耕地保护的规定。

我国的国情是人多地少,耕地资源稀缺,耕地后备资源严重不足,人地矛盾突出。在当前的国情下,我国对耕地实行特殊保护的国家政策,保护并合理利用耕地是保障我国长远发展、经济平稳、社会安定的必然要求。我国对土地资源实行严格的用途管制制度和基本农田保护制度,从用途变更禁止和建设用地总量控制两个方面来保护耕地。政府征收时,不得违反法律规定的权限和程序征收集体所有的土地。

---

〔1〕 参见安业公司诉太原市人民政府收回国有土地使用权决定案,载《最高人民法院公报》2017年第1期(总第243期)。最高人民法院行政判决书,(2016)最高法行再80号。

关联法规索引

《土地管理法》第3、4、30～44、75～77条；《农村土地承包法》第11条；《煤炭法》第18条

典型案例

城南社区居委会与斗某某、韦某某等确认合同无效纠纷案[1]

※案例解读：国家对耕地实行特殊保护，严格限制农用地转为建设用地，控制建设用地总量，不得违反法律规定的权限和程序征收集体所有的土地。本案中，城南社区居委会征用斗某某、韦某某的耕地用于筹建办公楼的协议，涉及农用地转为建设用地的问题，根据我国《土地管理法》第44、46条的规定，建设占用土地，涉及农用地转为建设用地的，应当办理农用地转用审批手续。国家征收土地的，依照法定程序批准后，由县级以上地方人民政府予以公告并组织实施。我国《农村土地承包法》第4条规定，农村土地承包后，土地的所有权性质不变。因此，本案中，不仅征用的主体和程序方面存在违法问题，而且目的是用于非农建设，所以该协议因违反法律的强制性规定而无效。

第二百四十五条　【征用】因抢险救灾、疫情防控等紧急需要，依照法律规定的权限和程序可以征用组织、个人的不动产或者动产。被征用的不动产或者动产使用后，应当返还被征用人。组织、个人的不动产或者动产被征用或者征用后毁损、灭失的，应当给予补偿。

条文解读

本条规定了征用制度。

征用，是国家因战争、抢险救灾、疫情防控等紧急需要，依照法律规定的权限和

[1] 参见广西壮族自治区河池市中级人民法院民事判决书，(2015)河市民二终字第159号。

程序,强制使用单位、个人的财产。征用是对单位和个人财产所有权进行限制的一种方式。对于被征用的不动产或者动产的所有权人予以保护,应当注意以下问题:第一,征用权的行使需要特殊的前提。通常是发生在国家面临战争、抢险救灾、疫情防控等事关公共利益的紧急需要,政府无法及时通过正常的市场购买行为来解决的情况下。第二,征用是通过行政命令强制使用,不必得到所有权人的同意。第三,征用只是限制了组织、个人财产的所有权,但并不发生所有权变动的后果。紧急情况结束后,被征用的不动产或动产价值仍然存在时,应将该不动产或者动产返还给所有权人;如果被征用的不动产或者动产发生毁损、灭失,国家应当给予补偿。第四,征用权的行使应当依据法律规定的权限和程序。本条是从民事角度对征用作出的原则性规定,征用的具体问题由相关的法律、行政法规作出了详细规定。

另外,因为征用是基于公共利益在紧急情况下作出的,具有正当性和合法性,不是违法行为,所以即使在征用过程中造成了财产的毁损、灭失,也不应依据侵权责任的有关规定来作出赔偿,而是由国家依法给予补偿。

关联法规索引

《宪法》第10条第3款、第13条;《立法法》第11条;《民法典》第117、327条;《刑法》第381、410条;《土地管理法》第2、57条;《土地管理法实施条例》第21条;《农村土地承包法》第17条;《森林法》第21条;《草原法》第38、39条;《农业法》第71条;《渔业法》第14条;《电力法》第16条;《煤炭法》第18条;《传染病防治法》第45条;《防震减灾法》第61条;《防洪法》第45条;《突发事件应对法》第12条;《药品管理法》第92条;《戒严法》第17条;《国防法》第51条;《国防交通法》第7条;《国防动员法》第54~59条;《反间谍法》第44条;《国家情报法》第17条;《反恐怖主义法》第78条;《军事设施保护法》第14条

第五章　国家所有权和集体所有权、私人所有权

本章介绍

本章是《民法典》物权编第二分编“所有权”中的一章。本章主要规定了国家所有权、集体所有权和私人所有权这三种所有权形式。以所有权的主体作为分类标准沿革了我国物权立法的做法，这种分类方法反映了我国生产资料所有制以公有制为主体、多种所有制经济共同发展条件下财产所有制的性质和特点，各类主体所能享有的财产的范围及利用原则。

第二百四十六条　【国有财产的范围、国家所有的性质和国家所有权的行使】法律规定属于国家所有的财产，属于国家所有即全民所有。

国有财产由国务院代表国家行使所有权。法律另有规定的，依照其规定。

条文解读

本条规定了国有财产的范围、国家所有的性质和国家所有权的行使。

国家所有权是国家代表全体人民行使的、对全民所有的财产进行占有、使用、收益和处分的权利。国家所有在世界各国都是一种重要的财产形式。在我国，国家所有权是全民所有制在法律上的表现，其目的是满足广大人民的物质和文化生活的需要。国家所有权具有特殊性，其主体是国家，国家是全民财产的唯一所有权人。国家所有权的客体具有广泛性和专有性，本条仅对国有财产的范围作了概括性的规定，即“法律规定属于国家所有的财产”，本章第 247 ~ 254 条对国家所有的财产作了列举规定。国家所有权的取得方式具有特殊性，国家既可以直接根据宪法、法律的规定而取得专属财产所有权，也可以通过国有化、税收、没收、罚款和罚金、征收等强制手段将私人财产收归国有。

国有财产由国务院代表国家行使所有权。国务院,即中央人民政府,是最高国家权力机关的执行机关,可以实际地从事国有财产的管理行为,代表国家行使国家所有权。同时,依照相关法律的规定,也可以由地方人民政府等部门代为行使有关权利。

关联法规索引

《宪法》第9条;《森林法》第14条;《草原法》第9条;《土地管理法》第2、5、6条;《矿产资源法》第3、11条;《煤炭法》第12条;《水法》第3条;《海岛保护法》第4条;《海域使用管理法》第3条;《渔业法》第6、7条;《农业法》第71条;《野生动物保护法》第3条;《企业国有资产法》第2~4条

第二百四十七条 【矿藏、水流、海域的国家所有权】 矿藏、水流、海域属于国家所有。

条文解读

本条规定了矿藏、水流、海域的国家所有权。

矿藏,主要指矿产资源。矿产资源属于国家所有,包括地表或者地下的矿产资源,而且矿产资源的所有权,不因其所依附的土地的所有权或者使用权的不同而改变。国务院代表国家行使矿产资源的所有权。国务院授权自然资源主管部门对全国矿产资源分配实施统一管理。

水流,包括地表水和地下水。水资源属于国家所有,所有权由国务院代表国家行使。我国的水资源在时间和地区分布上很不平衡,国家保障我国水资源的合理开发、节约保护和可持续利用。

海域,指我国内水、领海的水面、水体、海床和底土。海域属于国家所有,国务院代表国家行使海域所有权。任何单位或者个人不得侵占、买卖或者以其他形式非法转让海域。单位和个人使用海域,必须依法取得海域使用权。

关联法规索引

《宪法》第9条;《煤炭法》第3条;《矿产资源法》第3条第1款;《矿产资源法实施细则》第3条;《水法》第3条;《海域使用管理法》第3条;《领海及毗连区法》第2条;《最高人民法院关于审理矿业权纠纷案件适用法律若干问题的解释》

典型案例

天盛翔公司与盛鑫公司、天隆公司合同纠纷案〔1〕

※案例解读:矿藏、水流、海域属于国家所有。对于当事人没有开采权的矿藏,在未经国家批准的情况下,其合同效力问题往往引起当事人的争议,对此最高人民法院对此问题进行了专门的规范。根据《最高人民法院关于审理矿业权纠纷案件适用法律若干问题的解释》的规定,矿业权合同效力分为以下情形:第一,县级以上人民政府自然资源主管部门作为出让人与受让人签订的矿业权出让合同,除法律、行政法规另有规定的情形外,自依法成立之日起生效。第二,其他主体的矿业权转让合同的效力。当事人未取得矿产资源勘查许可证、采矿许可证,签订合同将矿产资源交由他人勘查开采的合同无效。矿业权转让申请须经自然资源主管部门批准,但是当事人不得仅以矿业权转让申请未经自然资源主管部门批准为由主张转让合同无效。第三,矿业权租赁、承包合同的效力。矿业权租赁、承包合同自依法成立之日具有法律效力。矿业权租赁、承包合同约定矿业权人仅收取租金、承包费,放弃矿山管理,不履行安全生产、生态环境修复等法定义务,不承担相应法律责任的,人民法院应依法认定合同无效。第四,矿产资源勘查开采合同的效力。矿业权人与他人合作进行矿产资源勘查开采所签订的合同自依法成立之日具有法律效力。但当事人约定在自然保护区、风景名胜区、重点生态功能区、生态环境敏感区和脆弱区等区域内勘查开采矿产资源,违反法律、行政法规的强制性规定或者损害环境公共利益的合同无效。具体到本案中,天隆公司没有金矿开采权,签订合同将矿产资源交由他人勘查开采,该合同无效。

〔1〕 参见辽宁省高级人民法院民事判决书,(2015)辽民三终字第00299号。

第二百四十八条 【无居民海岛的国家所有权】 无居民海岛属于国家所有,国务院代表国家行使无居民海岛所有权。

条文解读

本条规定了无居民海岛的国家所有权。

根据我国《海岛保护法》第2条的规定,海岛是指四面环海水并在高潮时高于水面的自然形成的陆地区域,包括有居民海岛和无居民海岛。无居民海岛,是指不属于居民户籍管理的住址登记地的海岛。无居民海岛属于国家所有,国务院代表国家行使无居民海岛所有权。无居民海岛的开发名单由国家统一公布。国家保障合理开发利用海岛自然资源及其周边海域生态系统保护。

关联法规索引

《海岛保护法》第2~57条

第二百四十九条 【国家所有土地的范围】 城市的土地,属于国家所有。法律规定属于国家所有的农村和城市郊区的土地,属于国家所有。

条文解读

本条规定了国家所有土地的范围。

土地是最具稀缺性的自然资源,同时也是最基本的生产资料。土地制度以及土地的开发利用涉及社会的整体利益、根本利益,应当由国家进行统一监督管理。在我国,国家所有的土地范围可以分为三部分:第一,城市的土地;第二,法律规定属于国家所有的农村土地;第三,法律规定属于国家所有的城市郊区的土地。国家所有土地的所有权由国务院代表国家行使。

关联法规索引

《宪法》第10条;《土地管理法》第2、9条

典型案例

珠海市红旗聚隆农业发展有限公司诉李某甲返还原物纠纷案[1]

※案例解读:已经被依法征收的土地属于国家所有。本案中,涉案土地已于2002年6月被原国土部门征收,属于国有财产,原告经合法授权行使管理职能。原告与被告的土地租赁关系于2015年1月1日终止,被告与第三人已经无权占有该土地,故原告有权请求被告、第三人返还侵占的国有土地。

第二百五十条 【自然资源的国家所有权】森林、山岭、草原、荒地、滩涂等自然资源,属于国家所有,但是法律规定属于集体所有的除外。

条文解读

本条规定了自然资源的国家所有权。

自然资源包括土地资源、矿产资源、水资源、生物资源、气候资源、海洋资源等。自然资源是国民经济与社会发展的重要物质基础。自然资源的合理开发利用是人类生存和发展的必然要求和重要内容。在我国,除了法律规定属于集体所有的自然资源外,其他的自然资源均属于国家所有,由国务院代表国家行使所有权。

关联法规索引

《宪法》第9条第1款;《森林法》第14条;《森林法实施条例》第3、4条;《草原法》第9条;《民族区域自治法》第27条

第二百五十一条 【野生动植物资源的国家所有权】法律规定属于国家所有的野生动植物资源,属于国家所有。

[1] 参见广东省珠海市金湾区人民法院民事判决书,(2015)珠金法民一初字第162号。

条文解读

本条规定了野生动植物资源的国家所有权。

法律规定属于国家所有的野生动植物资源，属于国家所有。依反面解释，法律没有规定属于国家所有的野生动植物资源，则不属于国家所有。这意味着并不是所有的野生动植物资源都属于国家。我国《野生动物保护法》第3条规定："野生动物资源属于国家所有。国家保障依法从事野生动物科学研究、人工繁育等保护及相关活动的组织和个人的合法权益。"因此，对于野生动物资源属于国家所有，大家没有争议。但是《野生植物保护条例》并没有明确野生植物属于国家所有，实践中一般认为，《国家重点保护野生植物名录》中一级和二级野生植物属于国家所有。国家要履行保护和合理利用野生动植物资源的职责，保护依法开发利用野生动植物资源的单位和个人的合法权益，鼓励对野生动植物资源的科学研究、培育利用和宣传教育保护。

关联法规索引

《宪法》第9条第2款；《野生动物保护法》第2、3条；《渔业法》第37条；《陆生野生动物保护实施条例》第2条；《水生野生动物保护实施条例》第2条；《野生植物保护条例》第2条；《野生药材资源保护管理条例》第4条

第二百五十二条 【无线电频谱资源的国家所有权】无线电频谱资源属于国家所有。

条文解读

本条规定了无线电频谱资源的国家所有权。

无线电通信属于电信中的一种。根据国际电信联盟《无线电规则》以及我国的《电信条例》，电信是指利用有线、无线的电磁系统或者光电系统，传送、发射或者接收语音、文字、数据、图像以及其他任何形式信息的活动。

无线电频谱资源是支撑现代信息通信产业发展的基础资源，在重大安全保障领域发挥着不可替代的作用。法律规定无线电频谱资源属于国家所有。国家保障

充分、合理、有效地利用无线电频谱，保证各种无线电业务的正常运行。国家对无线电频谱实行统一规划、合理开发、科学管理、有偿使用的原则。

关联法规索引

《电信条例》第 26 条;《无线电管理条例》第 4 条;《电信网码号资源管理办法》第 3 条

典型案例

卢某某与李某某、第三人罗某某案外人执行异议之诉案[1]

※案例解读：无线电频谱资源属于国家所有。国家将电信号码资源分配给电信经营者，电信经营者享有手机号码的特许经营权，手机用户与电信经营者签订电信服务合同后，手机用户只是获得了手机号码的专有使用权。由于手机号码具有特殊性，因此未经手机用户实名变更登记，手机号码使用权主体不发生转移。本案中，首先，卢某某不能主张其对手机号码的所有权，只能主张其对手机号码的专有使用权；其次，涉案电话号码虽由卢某某实际使用，但在未变更登记的情况下，罗某某作为电信服务合同的一方当事人，仍然是涉案手机号码的专有使用权人；最后，卢某某没有积极办理手机号码变更登记，对自己权利的保护存在疏忽和怠慢，存在过错，故无权主张解除对涉案手机号码的查封。

第二百五十三条 【文物的国家所有权】法律规定属于国家所有的文物，属于国家所有。

条文解读

本条规定了文物的国家所有权。

---

[1] 参见山东省泰安市中级人民法院民事判决书，(2019)鲁 09 民终 520 号。

文物是人类在社会活动中遗留下来的具有历史、艺术、科学价值的遗物和遗迹。我国作为世界四大文明古国之一，有悠久的历史和灿烂的文化，拥有极为丰富的文化遗产。国家保障对文物的保护和利用，文物工作贯彻保护为主、抢救第一、合理利用、加强管理的方针。国家依法享有对法律规定属于国家所有的文物的所有权，但并非所有的文物都归国家所有，文物的所有者也可以是各类民事主体，民事主体可以按照法律规定享有对文物的所有权。

配套法规及解读

《文物保护法》(2017 年 11 月 4 日修正)

第五条 中华人民共和国境内地下、内水和领海中遗存的一切文物，属于国家所有。

古文化遗址、古墓葬、石窟寺属于国家所有。国家指定保护的纪念建筑物、古建筑、石刻、壁画、近代现代代表性建筑等不可移动文物，除国家另有规定的以外，属于国家所有。

国有不可移动文物的所有权不因其所依附的土地所有权或者使用权的改变而改变。

下列可移动文物，属于国家所有：

(一)中国境内出土的文物，国家另有规定的除外；

(二)国有文物收藏单位以及其他国家机关、部队和国有企业、事业组织等收藏、保管的文物；

(三)国家征集、购买的文物；

(四)公民、法人和其他组织捐赠给国家的文物；

(五)法律规定属于国家所有的其他文物。

属于国家所有的可移动文物的所有权不因其保管、收藏单位的终止或者变更而改变。

国有文物所有权受法律保护，不容侵犯。

《水下文物保护管理条例》(2022 年 1 月 23 日修订)

第二条 本条例所称水下文物，是指遗存于下列水域的具有历史、艺术和科学价值的人类文化遗产：

（一）遗存于中国内水、领海内的一切起源于中国的、起源国不明的和起源于外国的文物；

（二）遗存于中国领海以外依照中国法律由中国管辖的其他海域内的起源于中国的和起源国不明的文物；

（三）遗存于外国领海以外的其他管辖海域以及公海区域内的起源于中国的文物。

前款规定内容不包括1911年以后的与重大历史事件、革命运动以及著名人物无关的水下遗存。

第三条　本条例第二条第一款第一项、第二项所规定的水下文物属于国家所有，国家对其行使管辖权；本条例第二条第一款第三项所规定的水下文物，遗存于外国领海以外的其他管辖海域以及公海区域内的起源国不明的文物，国家享有辨认器物物主的权利。

※法规解读：详细规定了国家所有的文物的类型及水下属于国家的文物。

关联法规索引

《文物保护法》第2、5条；《水下文物保护管理条例》第2、3条

第二百五十四条　【国防资产和基础设施的国家所有权】国防资产属于国家所有。

铁路、公路、电力设施、电信设施和油气管道等基础设施，依照法律规定为国家所有的，属于国家所有。

条文解读

本条规定了国防资产和基础设施的国家所有权。

根据我国《国防法》第40条第1款的规定，国防资产是指国家为武装力量建设、国防科研生产和其他国防建设直接投入的资金、划拨使用的土地等资源，以及由此形成的用于国防目的的武器装备和设备设施、物资器材、技术成果等资产。国防资产属于国家所有。国家保护国防资产不受侵害，保障国防资产的安全、完整和

有效。

铁路、公路、电力设施、电信设施和油气管道等基础设施,是一个国家的重要基础设施。根据《国防法》第 40 条第 2 款的规定,依照法律规定为国家所有的基础设施,属于国家所有。国家保障和鼓励基础设施建设。需要注意的是,并非所有的铁路、公路、电力设施、电信设施和油气管道等基础设施,都属于国家所有,而是依照法律规定为国家所有的基础设施才属于国家所有。

关联法规索引

《国防法》第 41、42 条;《建筑法》第 42 条;《铁路法》第 2 条;《电力法》第 4、52 条;《石油天然气管道保护法》第 3、58 条

第二百五十五条 【国家机关的物权】国家机关对其直接支配的不动产和动产,享有占有、使用以及依照法律和国务院的有关规定处分的权利。

条文解读

本条规定了国家机关的物权。

国家机关包括从事国家管理和行使国家权力的机关。国家机关的财产是国有资产的重要组成部分。根据本条规定,国家机关对其直接支配的不动产和动产,享有占有、使用的权利,这两项所有权的权能与一般所有权的主体并无二致,但是其处分不动产和动产的权利受到限制,其必须依照法律和国务院的有关规定行使处分的权利。明确国家机关对其直接支配的财产享有的权利,对保护国家机关的财产具有重要意义。

关联法规索引

《监狱法》第 9 条;《森林法》第 20 条;《国防法》第 41、42 条

典型案例

南召县市场监督管理局与王某某物权保护纠纷案[1]

※案例解读：国家机关对其直接支配的不动产和动产，享有占有、使用以及依照法律和国务院的有关规定处分的权利。本案中，原太山庙工商所是原告前身机关的派出机构，其占有的土地及院内房屋应属于原告直接支配的国有资产，由原告享有占有、使用以及依法处分的权利，被告对涉案房屋和场地的占有没有事实证据和法律依据，属于无权占有，所以原告有权要求被告停止侵权并返还原物。

第二百五十六条 【国家举办的事业单位的物权】国家举办的事业单位对其直接支配的不动产和动产，享有占有、使用以及依照法律和国务院的有关规定收益、处分的权利。

条文解读

本条规定了国家举办的事业单位的物权。

国家举办的事业单位，是指由国家用国有资产设立的，带有一定的公益性质，从事教育、科技、文化、卫生等活动的社会服务组织。国有事业单位的财产是国有资产的重要组成部分。根据本条规定，国家举办的事业单位对其直接支配的不动产和动产，享有占有、使用以及依照法律和国务院的有关规定收益、处分的权利。但需要注意的是，我国根据事业单位的类型以及财产的特殊性，对不同事业单位收益和处分的权利也作出了不同规定。

关联法规索引

《民法典》第88、89条；《森林法》第20条；《义务教育法》第42～45、49～52条；《高等教育法》第38、61、64条；《事业单位登记管理暂行条例》第2、3、6条

[1] 参见河南省南阳市南召县人民法院民事判决书，(2020)豫1321民初425号。

第二百五十七条 【国家出资的企业出资人制度】 国家出资的企业，由国务院、地方人民政府依照法律、行政法规规定分别代表国家履行出资人职责，享有出资人权益。

条文解读

本条规定了国家出资企业的出资人的确定及其权利义务的行使。

国家出资的企业，是指国务院和地方人民政府分别代表国家履行出资人职责的国有独资企业，国有独资公司，以及国有资本控股、参股公司。国家出资的企业是我国国民经济的支柱，在国民经济中发挥着重要的作用。目前，我国国有企业改革不断深化，国有资产管理体制改革也在持续推进，由国务院和地方人民政府分别代表国家履行出资人职责、享有所有者权益，权利、义务和责任相统一，管资产和管人、管事相结合的国有资产管理体制也在不断完善。

代表国家履行出资人职责，具体表现为中央政府和地方各级政府通过各自设立的国有资产监督管理机构，依法授权其具体履行出资人职责，对企业国有资产保值、防止国有资产流失等进行监督管理，并代表国家享有法律规定的资产收益、重大决策和选择管理者等出资人权益。同时，中央政府和地方各级政府以及其设立的国有资产监督管理机构应当支持企业依法自主经营，除履行出资人职责以外，不得干预企业的生产经营活动。

关联法规索引

《宪法》第 16 条；《公司法》第 3、64 ~ 70 条；《全民所有制工业企业法》第 2 条；《企业国有资产法》第 2 ~ 38 条；《电力法》第 7 条；《煤炭法》第 13 条；《商业银行法》第 4 条；《企业国有资产监督管理暂行条例》第 3 ~ 7、10、11 条

第二百五十八条 【国有财产的保护】 国家所有的财产受法律保护，禁止任何组织或者个人侵占、哄抢、私分、截留、破坏。

条文解读

本条规定了国有财产的保护。

国家所有的财产,即依法属于全民所有的财产,既包括国家拥有所有权的财产,如矿藏、水流、海域、无居民海岛、国有土地、森林、山岭、草原、荒地、滩涂等自然资源,野生动植物资源,无线电频谱资源,国有文物,国防资产,国有的铁路、公路、电力设施、电信设施和油气管道等基础设施;又包括国家机关和国家举办的事业单位依法直接支配的国有财产,国家依法投入到企业的动产和不动产,以及国家的财政收入、外汇储备和其他国有资金等。

国有财产是国家经济、政治、文化、社会发展的物质基础。国家所有的财产受法律保护,禁止任何组织或者个人侵占、哄抢、私分、截留、破坏。侵占、哄抢、私分、截留、破坏国有财产的组织或者个人,应当承担返还原物、恢复原状、赔偿损失等民事责任;触犯《治安管理处罚法》和《刑法》的,还应当承担相应的行政责任和刑事法律责任。

关联法规索引

《宪法》第 12 条;《草原法》第 9 条

第二百五十九条　【国有财产管理的法律责任】 履行国有财产管理、监督职责的机构及其工作人员,应当依法加强对国有财产的管理、监督,促进国有财产保值增值,防止国有财产损失;滥用职权,玩忽职守,造成国有财产损失的,应当依法承担法律责任。

违反国有财产管理规定,在企业改制、合并分立、关联交易等过程中,低价转让、合谋私分、擅自担保或者以其他方式造成国有财产损失的,应当依法承担法律责任。

条文解读

本条规定了国有财产管理的法律责任。

本条第 1 款对履行国有财产管理、监督职责的机构及其工作人员履行职责作了规定。对于履行国有财产管理、监督职责的机构及其工作人员，不仅负有加强对国有财产的管理、监督，促进国有财产保值增值的职责，而且还有防止国有财产损失的义务。

对于工作人员的责任承担，本条规定了两种情形：第一种是滥用职权，玩忽职守，造成国有财产损失的，应当依法承担法律责任。第二种是违反国有财产管理规定，在企业改制、合并分立、关联交易等过程中，低价转让、合谋私分、擅自担保或者以其他方式造成国有财产损失的，应当依法承担法律责任。

关联法规索引

《刑法》第167～169条；《企业国有资产法》第8、10～15条；《企业国有资产监督管理暂行条例》第13、15、29～39条；《企业国有资产产权登记管理办法》第2～12条

第二百六十条　【集体财产的范围】集体所有的不动产和动产包括：

（一）法律规定属于集体所有的土地和森林、山岭、草原、荒地、滩涂；

（二）集体所有的建筑物、生产设施、农田水利设施；

（三）集体所有的教育、科学、文化、卫生、体育等设施；

（四）集体所有的其他不动产和动产。

条文解读

本条规定了集体财产的范围。

集体财产，即劳动群众集体所有的财产。本条依据宪法和相关法律的规定，以列举加概括的方式，对集体所有的不动产和动产的范围作出了规定，并规定了一个兜底条款作为补充。

集体所有权也是社会主义公有制的表现。集体所有根据所有人身份不同，可以分为农村集体所有和城镇集体所有。集体财产是发展集体经济和实现共同富裕的重要物质基础。确认集体财产的范围，对保护集体的财产权益，维护广大集体成员的合法权益具有重要意义。

关联法规索引

《宪法》第9条第1款、第10条第2款;《土地管理法》第9、11条;《森林法》第14条;《草原法》第9条;《不动产登记暂行条例》第5条

第二百六十一条　【农民集体所有财产归属及重大事项集体决定】 农民集体所有的不动产和动产,属于本集体成员集体所有。

下列事项应当依照法定程序经本集体成员决定:

(一)土地承包方案以及将土地发包给本集体以外的组织或者个人承包;

(二)个别土地承包经营权人之间承包地的调整;

(三)土地补偿费等费用的使用、分配办法;

(四)集体出资的企业的所有权变动等事项;

(五)法律规定的其他事项。

条文解读

本条规定了农民集体所有财产归属及重大事项集体决定。

农民集体所有的财产,无论是动产还是不动产,均属于本集体成员集体所有,这对农村集体所有权的性质进行了界定。在现实中,很多农村中对于村集体共同决定事项和由村主任、村支部书记单独决定的事项的界限理不清,因此本条特别明确了农村集体所有权行使的规则。对于重大事项应当由集体的村民会议讨论决定;对于由集体成员决定的重大事项的范围,本条款予以明确。

配套法规及解读

《村民委员会组织法》(2018年12月29日修正)

第二十一条　村民会议由本村十八周岁以上的村民组成。

村民会议由村民委员会召集。有十分之一以上的村民或者三分之一以上的村民代表提议,应当召集村民会议。召集村民会议,应当提前十天通知村民。

第二十二条　召开村民会议,应当有本村十八周岁以上村民的过半数,或者本村三分之二以上的户的代表参加,村民会议所作决定应当经到会人员的过半数通

过。法律对召开村民会议及作出决定另有规定的,依照其规定。

召开村民会议,根据需要可以邀请驻本村的企业、事业单位和群众组织派代表列席。

第二十四条 涉及村民利益的下列事项,经村民会议讨论决定方可办理:

(一)本村享受误工补贴的人员及补贴标准;

(二)从村集体经济所得收益的使用;

(三)本村公益事业的兴办和筹资筹劳方案及建设承包方案;

(四)土地承包经营方案;

(五)村集体经济项目的立项、承包方案;

(六)宅基地的使用方案;

(七)征地补偿费的使用、分配方案;

(八)以借贷、租赁或者其他方式处分村集体财产;

(九)村民会议认为应当由村民会议讨论决定的涉及村民利益的其他事项。

村民会议可以授权村民代表会议讨论决定前款规定的事项。

法律对讨论决定村集体经济组织财产和成员权益的事项另有规定的,依照其规定。

第二十五条 人数较多或者居住分散的村,可以设立村民代表会议,讨论决定村民会议授权的事项。村民代表会议由村民委员会成员和村民代表组成,村民代表应当占村民代表会议组成人员的五分之四以上,妇女村民代表应当占村民代表会议组成人员的三分之一以上。

村民代表由村民按每五户至十五户推选一人,或者由各村民小组推选若干人。村民代表的任期与村民委员会的任期相同。村民代表可以连选连任。

村民代表应当向其推选户或者村民小组负责,接受村民监督。

第二十六条 村民代表会议由村民委员会召集。村民代表会议每季度召开一次。有五分之一以上的村民代表提议,应当召集村民代表会议。

村民代表会议有三分之二以上的组成人员参加方可召开,所作决定应当经到会人员的过半数同意。

※法规解读:1. 集体决定事项的范围

农村集体重大事项集体决定应当依照法定程序由本集体成员决定,需要由集体决定的事项为:(1)本村享受误工补贴的人员及补贴标准;(2)从村集体经济所得收益的使用;(3)本村公益事业的兴办和筹资筹劳方案及建设承包方案;(4)土地承包经营方案;(5)村集体经济项目的立项、承包方案;(6)宅基地的使用方案;(7)征地补偿费的使用、分配方案;(8)以借贷、租赁或者其他方式处分村集体财产;(9)村民会议认为应当由村民会议讨论决定的涉及村民利益的其他事项。

2. 会议组成及议事规则

农村集体组织包括村民会议和村民代表大会。村民会议由本村十八周岁以上的村民组成。

(1)村民会议的组成、召开、议事规则。村民会议由村民委员会召集。有1/10以上的村民或者1/3以上的村民代表提议,应当召集村民会议。召集村民会议,应当提前10天通知村民。召开村民会议,应当有本村18周岁以上村民的过半数,或者本村2/3以上的户的代表参加,村民会议所作决定应当经到会人员的过半数通过。法律对召开村民会议及作出决定另有规定的,依照其规定。召开村民会议,根据需要可以邀请驻本村的企业、事业单位和群众组织派代表列席。

(2)村民代表会议的组成、召开、议事规则。人数较多或者居住分散的村,可以设立村民代表会议,讨论决定村民会议授权的事项。村民代表会议由村民委员会成员和村民代表组成,村民代表应当占村民代表会议组成人员的4/5以上,妇女村民代表应当占村民代表会议组成人员的1/3以上。村民代表由村民按每5户至15户推选1人,或者由各村民小组推选若干人。村民代表的任期与村民委员会的任期相同。村民代表可以连选连任。村民代表应当向其推选户或者村民小组负责,接受村民监督。

村民代表会议由村民委员会召集。村民代表会议每季度召开一次。有1/5以上的村民代表提议,应当召集村民代表会议。村民代表会议有2/3以上的组成人员参加方可召开,所作决定应当经到会人员的过半数同意。

3. 绝对多数决规则

一般需要集体决定的事项需要经集体经济组织成员的村民会议半数以上或者半数以上的村民代表同意。但是下列事项,需经本集体经济组织成员的村民会议2/3以上成员或者2/3以上村民代表的同意:

(1)集体经营性建设用地出让、出租等;

(2)土地承包方案;

(3)承包期内,因自然灾害严重毁损承包地等特殊情形对个别农户之间承包的

耕地和草地需要适当调整的(承包合同中约定不得调整的,按照其约定);

(4)发包方将农村土地发包给本集体经济组织以外的单位或者个人承包;

(5)流转林地经营权、林木所有权和使用权。

关联法规索引

《宪法》第 17 条;《农村土地承包法》第 19、20、28、52 条;《森林法》第 18 条;《土地管理法》第 63 条

典型案例

周某与重庆市巴南区木洞镇水口寺村 5 社侵害集体经济组织成员权益纠纷案[1]

※案例解读:农民集体所有的不动产和动产,属于本集体成员集体所有。农民集体所有的土地补偿费等费用的使用、分配办法应当依照法定程序经本集体成员决定。本案中,被告水口寺村 5 社辩称股权分配方案是经过全体社员户代表会议讨论同意后形成的合法决定,但是该股权分配方案未平等对待集体经济组织内的各成员,且明显与我国法律、法规和国家的政策相抵触,侵犯了村民合法财产权利,因此不受法律保护。

第二百六十二条 【集体所有的不动产所有权行使】对于集体所有的土地和森林、山岭、草原、荒地、滩涂等,依照下列规定行使所有权:

(一)属于村农民集体所有的,由村集体经济组织或者村民委员会依法代表集体行使所有权;

(二)分别属于村内两个以上农民集体所有的,由村内各该集体经济组织或者村民小组依法代表集体行使所有权;

[1] 参见重庆市巴南区人民法院民事判决书,(2018)渝 0113 民初 13257 号。

（三）属于乡镇农民集体所有的，由乡镇集体经济组织代表集体行使所有权。

条文解读

本条规定了农村集体所有的不动产所有权的行使主体。

本条从实践出发，明确了集体所有的土地和森林、山岭、草原、荒地、滩涂等的所有权行使规定，具体分为三种情况：

一是属于村农民集体所有的，由村集体经济组织或者村民委员会依法代表集体行使所有权。这里的“村”是指行政村。村民委员会是村民自我管理、自我教育、自我服务的基层群众性自治组织。

二是分别属于村内两个以上农民集体所有的，由村内各该集体经济组织或者村民小组依法代表集体行使所有权。分别属于村内两个以上农民集体所有，主要是指该农民集体所有的土地和其他财产在改革开放以前就分别属于两个以上的生产队，现在其土地和其他集体财产仍然分别属于相当于原生产队的各该农村集体经济组织或者村民小组的农民集体所有。村民小组，是指行政村内的由村民组成的自治组织。

三是属于乡镇农民集体所有的，由乡镇集体经济组织代表集体行使所有权。这种情况包括：第一，改革开放以前，原来以人民公社为核算单位的土地，在公社改为乡镇以后仍然属于乡镇农民集体所有；第二，在人民公社时期，公社一级掌握的集体所有的土地和其他财产仍然属于乡镇农民集体所有的情形。

《土地管理法》《农村土地承包法》等法律、相关法规从法律上赋予村民委员会对村集体所有土地等财产进行经营、管理的经济职能。但需要注意的是，农村集体经济组织、村委会和村民小组并不是集体财产的所有人，只是依法代表集体行使所有权，并向所属集体负责，接受其监督。

关联法规索引

《民法典》第96、101条；《土地管理法》第11条；《农村土地承包法》第13条；《村民委员会组织法》第2、3、5、8、28条；《不动产登记暂行条例实施细则》第29～32条

典型案例

李某某等与南康村委会农村集体土地补偿费执行异议案[1]

※**案例解读**：农村集体土地所有权的主体是农民集体，村委会只是代表农民集体行使集体土地所有权。因此，基于土地所有权而产生的土地补偿费实质上归农民集体所有，村委会只是代表农民集体行使所有权，管理农民集体所有的财产，包括土地补偿费。而村委会在代表农民集体行使权利过程中，为了农民集体的利益所产生的债务，当然也应当由农民集体来偿还。但是不能据此认为土地补偿费全部都可用来偿还农村集体经济组织所欠债务，否则将无法保障被征地农民的基本生存和生产生活。在此类案件中，应注意既要保障失地农民的生产生活，又要保护债权人的合法权益，法院可以参照政府规章确定的比例予以执行，也可根据具体案情适当调整。

第二百六十三条 【城镇集体所有的财产权】城镇集体所有的不动产和动产，依照法律、行政法规的规定由本集体享有占有、使用、收益和处分的权利。

条文解读

本条规定了城镇集体所有的财产权。

根据《宪法》《城镇集体所有制企业条例》等法律的规定，城镇集体所有的财产，是在城镇中的手工业、工业、建筑业、运输业、商业、服务业等行业的各种形式合作经济中，由城镇居民集体所有的不动产和动产。对于该动产或者不动产，由城镇集体按照法律法规的规定行使占有、使用、收益和处分的权利。

〔1〕 参见山东省济南市中级人民法院行政裁定书，(2015)济执异字第190号。

关联法规索引

《宪法》第 8 条第 2 款;《民法典》第 100 条;《森林法》第 20 条;《城镇集体所有制企业条例》第 3 ~6、21 条

典型案例

王某某与锦屏县皮鞋厂侵害集体经济组织成员权益纠纷案〔1〕

※案件解读:城镇集体所有的不动产和动产,依照法律、行政法规的规定由本集体享有占有、使用、收益和处分的权利。城镇集体企业的财产属于集体所有,集体财产所有权是由城镇集体职工共同积累,任何人不得损害职工对集体财产的所有权。对集体财产所有权具有贡献的职工均对其财产享有权利。

第二百六十四条　【集体成员对集体财产的知情权】农村集体经济组织或者村民委员会、村民小组应当依照法律、行政法规以及章程、村规民约向本集体成员公布集体财产的状况。集体成员有权查阅、复制相关资料。

条文解读

本条规定了集体成员对集体财产的知情权和对相关资料的查阅、复制权。

农民集体所有的特征就是集体财产集体所有、集体事务集体管理、集体利益集体分享。集体所有的财产关系到每一个集体成员的切身利益,因此,每一个集体成员都有权参与对集体财产的民主管理和民主监督。为了保障集体成员的知情权,农村集体经济组织或者村民委员会、村民小组应当依照法律、行政法规以及章程、村规民约主动、定期向本集体成员公布集体财产的状况,而且应赋予集体成员对相关资料的查阅、复制权,方便其主动行使知情权。

按照《村民委员会组织法》第 31 条规定,村民委员会不及时公布应当公布的事

〔1〕 参见贵州省锦屏县人民法院民事判决书,(2020)黔 2628 民初 628 号。

项或者公布的事项不真实的，村民有权向乡、民族乡、镇的人民政府或者县级人民政府及其有关主管部门反映，有关人民政府或者主管部门应当负责调查核实，责令依法公布；经查证确有违法行为的，有关人员应当依法承担责任。在这种情况下，村民的救济手段是向乡、民族乡、镇人民政府或者县级人民政府及其有关主管部门反映，有关政府机关应当负责调查核实，责令公布，而不是向人民法院提起知情权侵害之诉。

关联法规索引

《宪法》第17条；《土地管理法》第49条；《农村土地承包法》第20条；《村民委员会组织法》第23、24、30～36条；《农业法》第73条

典型案例

杨某某与北京市丰台区人民政府村务公开监督案[1]

※案例解读：农村集体经济组织或者村民委员会、村民小组应当依照法律、行政法规以及章程、村规民约向本集体成员公布集体财产的状况。集体成员有权查阅、复制相关资料。但是对于公开的事项，《村民委员会组织法》第30条第2款也规定了村务公开的范围：(1)本法第23条、第24条规定的由村民会议、村民代表会议讨论决定的事项及其实施情况；(2)国家计划生育政策的落实方案；(3)政府拨付和接受社会捐赠的救灾救助、补贴补助等资金、物资的管理使用情况；(4)村民委员会协助人民政府开展工作的情况；(5)涉及本村村民利益，村民普遍关心的其他事项。而个人与集体之间签订的合同，显然不属于《村民委员会组织法》规定的村务公开的事项，也不属于集体财产的状况，所以原告的请求无法得到支持。

第二百六十五条　【集体所有财产保护及农村集体成员合法权益保护】

集体所有的财产受法律保护，禁止任何组织或者个人侵占、哄抢、私分、破坏。

---

〔1〕参见北京市第四中级人民法院行政判决书，(2020)京04行初740号。

农村集体经济组织、村民委员会或者其负责人作出的决定侵害集体成员合法权益的，受侵害的集体成员可以请求人民法院予以撤销。

条文解读

本条规定了集体所有财产保护及农村集体成员合法权益的保护。

集体所有的财产是发展集体经济、实现共同富裕的物质基础。在行使集体财产所有权的组织或者负责人侵害集体成员合法权益时，受侵害的每个集体成员都有请求人民法院撤销集体经济组织、村民委员会或者其负责人作出的不当决定的权利。

关联法规索引

《宪法》第 12 条第 2 款、第 17 条；《农业法》第 72 条

第二百六十六条　【私有财产的范围】私人对其合法的收入、房屋、生活用品、生产工具、原材料等不动产和动产享有所有权。

条文解读

本条规定了私有财产的范围。

根据本条规定，私人对其合法财产享有私有所有权。首先，私有所有权的主体是私人，是与国家、集体相对应的物权主体，不仅包括我国的公民，而且包括在我国合法取得财产的外国人和无国籍人；不仅包括自然人，而且包括法人和其他非法人组织。其次，对于私有财产的范围，本条列举了收入、房屋、生活用品等最常见、最重要的几类私有的不动产和动产。同时，法律还保护私人合法的储蓄、投资及其收益，上述财产的继承权以及其他合法权益。最后，私人只能对其合法获得的财产享有所有权，法律只保护私人的合法财产权；通过贪污、侵占、抢夺、诈骗、盗窃、走私等方式非法获取的财产，不受法律的保护。

关联法规索引

《宪法》第13条第1款;《民法典》第113～116条;《刑法》第92条;《森林法》第20条;《个人独资企业法》第17条;《外商投资法》第5、6、21条

典型案例

刘某与孙某某、袁某某返还原物纠纷案[1]

※**案例解读**:私人对其合法的收入、房屋、生活用品、生产工具、原材料等不动产和动产享有所有权。本案中,涉案车辆是原告刘某的合法财产,原告享有直接支配和排他的权利。被告袁某某以与被告孙某某有经济纠纷为由,强行占有原告所有的车辆,侵犯了原告的财产所有权,故应当将占有车辆返还。

第二百六十七条 【私人合法财产的保护】私人的合法财产受法律保护,禁止任何组织或者个人侵占、哄抢、破坏。

条文解读

本条规定了私人合法财产的保护。

在法律上明确保护合法的私有财产,一方面可以激发人们依法创造财富的积极性,另一方面可以起到保护交易安全,鼓励交易,并形成稳定有序的市场秩序,推动市场经济发展的作用。

保护私有财产的重要内容是私人的合法财产所有权不受侵犯,除依照法律规定的权限和程序,不得征收个人的房屋和其他不动产,也不得非法查封、扣押、冻结、没收私人合法的财产。任何组织和个人不得侵占、哄抢、破坏私人合法的财产,否则应当承担返还原物、恢复原状、赔偿损失等民事责任;触犯《治安管理处罚法》和《刑法》的,还应当承担相应的行政责任、刑事责任。

---

[1] 参见山东省青岛市平度市人民法院行政判决书,(2016)鲁0283民初4411号。

关联法规索引

《宪法》第 13 条第 1 款;《民法典》第 113 条

典型案例

刘某某与宋某甲、宋某乙返还原物纠纷案[1]

※案例解读:私人的合法财产受法律保护,禁止任何组织或者个人侵占、哄抢、破坏。本案中,282680 斤小麦系原告刘某某的合法财产,刘某某对该小麦享有所有权,依法受法律保护。宋某甲、宋某乙拒不返还 282680 斤小麦,侵害了财产所有权人的合法权益,故原告有权请求其返还原物。

第二百六十八条　【企业出资人的权利】国家、集体和私人依法可以出资设立有限责任公司、股份有限公司或者其他企业。国家、集体和私人所有的不动产或者动产投到企业的,由出资人按照约定或者出资比例享有资产收益、重大决策以及选择经营管理者等权利并履行义务。

条文解读

本条规定了企业出资人的权利。

企业出资人可以是国家、集体,也可以是私人。企业出资人按照约定或者出资比例依法享有资产收益、参与重大决策和选择经营管理者等权利。享有资产收益,即出资人有权通过企业盈余分配获得红利;参与重大决策,是指出资人有权按照章程或者法律规定的方式,通过股东会或者股东大会等作出决议的方式,决定企业的注册资本变化,投融资行为,合并、分立、变更组织形式,修改企业章程等重大行为;选择经营管理者,是指出资人有权按照章程或者法律规定的方式,选举或者更换公司的董事、监事或经理,决定董事、监事或经理的薪酬。

企业出资人在享有权利时,还必须履行相应的义务。例如,按照约定或者章程

[1] 参见安徽省淮北市濉溪县人民法院民事判决书,(2016)皖 0621 民初 2334 号。

的规定，按期、足额地缴纳出资；不得滥用出资人的权利干涉企业正常的经营活动等。

关联法规索引

《公司法》第 3、4、27 条；《企业国有资产法》第 12、14 条；《合伙企业法》第 21 条；《个人独资企业法》第 17 条；《乡镇企业法》第 10、11、13、14 条；《乡村集体所有制企业条例》第 6 条

典型案例

南召县蚕业局与王某某、被上诉人南召县蚕业茧丝绸开发中心权益确认纠纷案[1]

※案例解读：国家、集体和私人依法可以出资设立有限责任公司、股份有限公司或者其他企业。国家、集体和私人所有的不动产或者动产投到企业的，由出资人按照约定或者出资比例享有资产收益、重大决策以及选择经营管理者等权利并履行义务。本案中，王某某在蚕业局开办茧丝绸中心时，实际向茧丝绸中心出资 17.5 万元，占茧丝绸中心实际持股比例的 76%，依照茧丝绸中心的章程规定，王某某理应依法享有茧丝绸中心持股 76% 的出资比例的相应的利润分配、风险承担的权利和义务。故对王某某请求占茧丝绸中心 76% 财产所有权的诉请应予以支持，其应当以茧丝绸中心及其主管机关为被告。

第二百六十九条　【法人财产权】营利法人对其不动产和动产依照法律、行政法规以及章程享有占有、使用、收益和处分的权利。

营利法人以外的法人，对其不动产和动产的权利，适用有关法律、行政法规以及章程的规定。

〔1〕 参见河南省南阳市中级人民法院民事判决书，(2011)南民商终字第 191 号。

条文解读

本条规定了法人财产权。

营利法人作为市场主体，具有独立的财产，依法独立享有民事权利和承担民事义务。同时，营利法人应当依照法律和法人章程的规定，对其财产行使占有、使用、收益和处分的权利，不能损害出资人依法享有的权益。营利法人的财产权是其自主经营、自负盈亏、独立承担民事责任的物质基础。

营利法人以外的法人对其不动产和动产的权利，适用有关法律、行政法规以及章程的规定。营利法人之外的法人包括非营利法人和特别法人等。非营利法人和特别法人无论是财产来源还是设立目的都有其特殊性，因此此类主体应当按照法律、行政法规和章程处理法人所有的动产和不动产。

关联法规索引

《民法典》第 57～60、76、77 条；《公司法》第 3 条；《企业国有资产法》第 16、21 条；《乡镇企业法》第 11 条；《乡村集体所有制企业条例》第 24 条

第二百七十条　【社会团体法人、捐助法人合法财产的保护】社会团体法人、捐助法人依法所有的不动产和动产，受法律保护。

条文解读

本条规定了社会团体法人、捐助法人合法财产的保护。

社会团体法人和捐助法人依法所有的财产受法律保护。任何单位和个人都不得侵占、挪用、哄抢、破坏和任意调拨社会团体法人、捐助法人依法所有的财产。任何单位或者个人侵害社会团体法人、捐助法人财产的，该社会团体、捐助法人有权向人民法院提起诉讼，要求侵害人承担返还财产、赔偿损失等法律责任。

关联法规索引

《民法典》第 87、90～92 条；《慈善法》第 3、8、9、52 条；《宗教事务条例》第 19～

22、49、50条;《社会团体登记管理条例》第2、3、26、29条;《基金会管理条例》第12、27条

典型案例

彭某某与凌云县水源寺财产损害赔偿纠纷案[1]

※案例解读:社会团体法人、捐助法人依法所有的不动产和动产,受法律保护。本案中,被上诉人水源寺是依法成立的宗教团体,具备民事主体资格,在寺庙内向游客出售香烛、设功德箱等所得为寺庙的合法财产,应受法律保护。彭某某将寺庙出售香烛、设功德箱等所得款项101239元存入个人账户拒不返还的行为,侵害了水源寺的合法财产所有权,故水源寺有权要求其停止侵权并返还钱款。

〔1〕 参见广西壮族自治区百色市中级人民法院民事判决书,(2016)桂10民终422号。

第六章　业主的建筑物区分所有权

本章介绍

本章是建筑物区分所有权的一般规定,明确了建筑区划范围内不同部分的所有权归属,阐述了业主所享有的权利和应当履行的义务,规定了业主大会以及业主委员会的成立和权利义务,明晰了业主与业主大会或业主委员会以及建设单位、物业服务企业或其他管理人之间的关系,并且为了保障各方合法权益规定了不同主体不履行义务的法律后果以及权利人的救济方式。

第二百七十一条　【建筑物区分所有权】业主对建筑物内的住宅、经营性用房等专有部分享有所有权,对专有部分以外的共有部分享有共有和共同管理的权利。

条文解读

本条明确了业主对于建筑物专有部分的所有权以及专有部分以外部分的共有和管理权。

首先,业主对于建筑物内的住宅、经营性用房等专有部分享有所有权。业主对于该部分享有占有、使用、收益和处分的权利。如果专有部分为房屋或者车位、摊位等空间,则必须在构造和使用上具备独立性且能够登记为业主所有权的客体。此外,在规划上专属于特定房屋,且建设单位销售时已经根据规划列入该特定房屋买卖合同中的露台等也属于专有部分。[1]

其次,专有部分以外的其他部分由业主共有,业主对其享有共同管理的权利。所谓专有部分以外的共有部分包括:建筑物的基础、承重结构、外墙、屋顶等基本结

〔1〕 参见《最高人民法院关于审理建筑物区分所有权纠纷案件适用法律若干问题的解释》第2条。

构部分，通道、楼梯、大堂等公共通行部分，消防、公共照明等附属设施、设备，避难层、设备层或者设备间等结构部分；其他不属于业主专有部分，也不属于市政公用部分或者其他权利人所有的场所及设施等。建筑区划内的土地，依法由业主共同享有建设用地使用权，但属于业主专有的整栋建筑物的规划占地或者城镇公共道路、绿地占地除外。[1]

配套法规及解读

《最高人民法院关于审理建筑物区分所有权纠纷案件适用法律若干问题的解释》(2020年12月29日修正)

第一条 依法登记取得或者依据民法典第二百二十九条至第二百三十一条规定取得建筑物专有部分所有权的人，应当认定为民法典第二编第六章所称的业主。

基于与建设单位之间的商品房买卖民事法律行为，已经合法占有建筑物专有部分，但尚未依法办理所有权登记的人，可以认定为民法典第二编第六章所称的业主。

※法规解读：明确了业主的含义，业主是依法登记取得或者基于非法律行为取得建筑物专有部分所有权的人，基于与建设单位之间的商品房买卖民事法律行为，已经合法占有建筑物专有部分，但尚未依法办理所有权登记的人，也是业主。

关联法规索引

《民法典》第274条；《最高人民法院关于审理建筑物区分所有权纠纷案件适用法律若干问题的解释》第2、3条

[1] 参见《最高人民法院关于审理建筑物区分所有权纠纷案件适用法律若干问题的解释》第3条。

典型案例

王某某与伍某某、卫某等5人业主共有权纠纷案[1]

※案例解读：业主的建筑物区分所有权包括对专有部分的所有权和对专有部分以外的共有部分的共有以及共同管理权。根据法律规定，屋顶属于专有部分以外的共有部分，业主应当对其享有权利、履行义务；建筑物及其附属设施的费用分摊没有约定的，按照业主专有部分占建筑物总面积的比例计算。本案中的房顶局部属原告和五名被告共有，因此楼顶漏水的维修费用应当由该6名业主共同承担。

第二百七十二条　【业主对专有部分的权利义务】业主对其建筑物专有部分享有占有、使用、收益和处分的权利。业主行使权利不得危及建筑物的安全，不得损害其他业主的合法权益。

条文解读

本条明确了业主对专有部分所享有的所有权的内容，同时限定了业主行使权利的方式。

该条文包含两方面的内容：一方面，业主对建筑物的专有部分享有所有权，该权利与一般的所有权相同，业主可以完全行使占有、使用、收益和处分的权利。[2]另一方面，权利人在行使权利时存在一定的限制，即首先不得危及建筑物的安全，如不得拆除建筑物承重墙；其次，不得损害其他业主的合法利益，如未经有利害关系的业主的一致同意私自将其专有部分改造为经营性住房的行为。

关联法规索引

《民法典》第132条；《最高人民法院关于审理建筑物区分所有权纠纷案件适用法律若干问题的解释》第2、4、15条

〔1〕参见河南省灵宝市人民法院民事判决书，（2018）豫1282民初3049号。
〔2〕参见龙翼飞主编：《物权法原理与案例教程》，中国人民大学出版社2008年版，第147页。

第二百七十三条 【业主对共有部分的权利义务】业主对建筑物专有部分以外的共有部分，享有权利，承担义务；不得以放弃权利为由不履行义务。

业主转让建筑物内的住宅、经营性用房，其对共有部分享有的共有和共同管理的权利一并转让。

条文解读

本条是关于业主对于共有部分权利义务的规定。

建筑物区分所有权人对于建筑物专有部分以外的共有部分，如建筑物外墙、楼梯、消防设施等，共同享有所有权，共同进行管理、使用、收益、处分等；同时应当承担一定的义务，如负担共有部分的维护费用等，该共有与共同管理权的权利和义务相互统一，业主不得以放弃权利为由不履行义务。

建筑物区分所有权人对共有部分享有的共有与共同管理的权利具有一定的从属性，该权利从属于业主对于建筑物专有部分所享有的区分所有权，当业主转让其所拥有的住宅、经营性用房等专有部分的所有权时，该共有权一并转让，原业主对共有部分不再享有共有和共同管理的权利，同时也无须再承担相应的义务。

关联法规索引

《最高人民法院关于审理建筑物区分所有权纠纷案件适用法律若干问题的解释》第3条第2款

典型案例

高某某、戴某某与张某某、袁某某房屋买卖合同纠纷案[1]

※案例解读：业主的建筑物区分所有权包括对专有部分的所有权、对共有部分

〔1〕 参见江苏省南京市江宁区人民法院民事判决书，(2020)苏0115民初12943号；高某某、戴某某与张某某、袁某某房屋买卖合同纠纷案，载《最高人民法院公报》2021年第8期。

的共有权和共同管理权，且这三种权利具有不可分离性。业主转让房屋时，其基于共同管理约定所享有的共有部分的使用权也应当一并转让，既有的共同管理约定对继受取得业主权利的房屋受让人继续有效，房屋转让人应当协助将其独占使用的共有部分交付给受让人。而对于建筑区划内符合下列条件的房屋，以及车位、摊位等特定空间，只有符合以下三个条件才认定为《民法典》建筑物区分所有权中的专有部分：(1)具有构造上的独立性，能够明确区分；(2)具有利用上的独立性，可以排他使用；(3)能够登记成为特定业主所有权的客体。而本案的地下室无法登记为特定业主所有权的客体，所以属于共有部分。

第二百七十四条　【建筑区划内的场所归属】建筑区划内的道路，属于业主共有，但是属于城镇公共道路的除外。建筑区划内的绿地，属于业主共有，但是属于城镇公共绿地或者明示属于个人的除外。建筑区划内的其他公共场所、公用设施和物业服务用房，属于业主共有。

条文解读

本条规定了建筑区划范围内道路、绿地以及公共设施等场所的权属。

建筑物区分所有权人对建筑区划范围内的专有部分享有所有权，对专有部分以外的部分享有共有和共同管理的权利。本条款明确了共有部分分别为建筑区划内的道路、绿地、其他公共场所、公用设施和物业服务用房；但在建筑物区划范围内专有部分以外的部分并非全部归业主共有，城镇公共道路、城镇公共绿地或明示属于个人的绿地皆非业主共有。

关联法规索引

《最高人民法院关于审理建筑物区分所有权纠纷案件适用法律若干问题的解释》第3条；《物业管理条例》第37条

典型案例

长城公司诉铁通南京分公司恢复原状纠纷案[1]

※案例解读：小区内配套的通信管道属于公用设施的一种，是开发商建设小区楼盘时必须建设的满足建筑物专有部分功能需求的配套设施，开发商将房屋交付后，通信管道应该属于业主共有。物业公司有权为了业主利益，代表业主处分业主共有通信管道，而通信运营公司无权与小区房地产开发公司签订小区内通信管线等通信设施由通信运营公司享有专有使用权的条款。

第二百七十五条　【车位、车库的规定】建筑区划内，规划用于停放汽车的车位、车库的归属，由当事人通过出售、附赠或者出租等方式约定。

占用业主共有的道路或者其他场地用于停放汽车的车位，属于业主共有。

条文解读

本条明确了两种不同的车位（车库）的权属问题。

第 1 款规定了在建筑区划范围内本来就规划用于停放汽车的车位和车库的权属应当依照合同的约定进行确定，由当事人在合同中约定车位以及车库的权属，可以避免纠纷之发生。

第 2 款规定了占用业主共有道路或场地用于停放汽车的车位的所有权归业主共有。本款所规定的车位占用的本不是在规划时的车位、车库，而是占用了业主共有的道路或者场地以用于停放汽车。因该区域属于业主共有，所以利用业主的共有部分所产生的收入，在扣除合理成本后，剩余部分应属于业主共有。

---

〔1〕 参见长城公司诉铁通南京分公司恢复原状纠纷案，载《最高人民法院公报》2019 年第 12 期。江苏省南京市江宁区人民法院民事判决书，(2014)江宁民初字第 3935 号。

关联法规索引

《民法典》第282条;《最高人民法院关于审理建筑物区分所有权纠纷案件适用法律若干问题的解释》第2条第1款、第6条

典型案例

丰华业委会与骏原丰公司建筑物区分所有权纠纷案〔1〕

※案例解读:建筑物区划范围内并非所有的车位均属于业主共有,占用业主共有道路或者其他场地用于停放汽车的车位属于业主共有。本就规划用于停放汽车的车位、车库则应当根据合同的约定确定权属。本案骏原丰公司在项目报建时已经将小区地下室规划为停车库,在房屋买卖合同中也明确约定了保留地下室的相关权益,在合同有效的情况下应该根据合同确定车位的归属。

第二百七十六条 【车库、车位的规划】建筑区划内,规划用于停放汽车的车位、车库应当首先满足业主的需要。

条文解读

本条是关于车库、车位的规划的规定。

本条所称满足业主的需要,指的是满足业主的停车需要,并非所有需要。

本条规定承继于原《物权法》第74条第1款,之所以这样规定,首先是在现实生活中,开发商多在房屋买卖合同中确定建筑区划内,规划用于停车的车位、车库的所有权,防止开发商或者其他权利人将车位转让、出租给业主以外的其他人或者对车位、车库进行改造;其次是为了尽量保证业主在购买房屋后能够购买车位或者车库供停车所用。

〔1〕 参见广东省深圳市中级人民法院民事判决书,(2016)粤03民终18012号。

配套法规及解读

《最高人民法院关于审理建筑物区分所有权纠纷案件适用法律若干问题的解释》(2020年12月29日修正)

第五条 建设单位按照配置比例将车位、车库,以出售、附赠或者出租等方式处分给业主的,应当认定其行为符合民法典第二百七十六条有关"应当首先满足业主的需要"的规定。

前款所称配置比例是指规划确定的建筑区划内规划用于停放汽车的车位、车库与房屋套数的比例。

※法规解读:建设单位按照配置比例将车位、车库,以出售、附赠或者出租等方式处分给业主的都属于法律规定的满足业主的需要。配置比例主要是指规划确定的建筑区划内规划用于停放汽车的车位、车库与房屋套数的比例。

关联法规索引

《民法典》第275条;《最高人民法院关于审理建筑物区分所有权纠纷案件适用法律若干问题的解释》第5、6条

典型案例

王某等与通江县万华房地产开发有限责任公司民事执行纠纷案[1]

※案例解读:建筑区划内规划用于停放汽车的车位和车库应当首先满足业主停车的需要,但并不意味着业主对建筑区划内所有的车位和车库均享有所有权,关于其所有权的归属问题仍应参照《民法典》的规定分别进行确定。本案中"吉昌丽都"A幢地下车库的所有权归通江县万华房地产开发有限责任公司所有,该车库无论是由通江县万华房地产开发有限责任公司经营还是由拍卖后的其他人经营,均不会对业主的停车需要造成影响,故法院对于作为小区业主的王某等人的案外人

〔1〕 参见四川省巴中市通江县人民法院行政判决书,(2019)川1921执异24号。

执行异议不予支持。

第二百七十七条　【业主大会、业主委员会设立】业主可以设立业主大会，选举业主委员会。业主大会、业主委员会成立的具体条件和程序，依照法律、法规的规定。

地方人民政府有关部门、居民委员会应当对设立业主大会和选举业主委员会给予指导和协助。

条文解读

本条规定了业主大会和业主委员会的设立及选举问题。

业主大会是业主的自治组织，是建筑区划范围内建筑物及其附属设施的管理机构。业主委员会是业主大会的执行机构。业主除对建筑物专有部分享有所有权外，还对专有部分以外的部分享有共有以及共同管理的权利。专有部分以外部分的管理权人，依然是全体业主。按照本条规定，全体业主行使管理权的方式便是设立业主大会与选举业主委员会，任何业主都享有选举权与被选举权。为使业主大会的设立和业主委员会的选举更加顺利，地方人民政府和居委会应当给予其指导和协助，包括为业主讲解相关法律法规的规定、分享其他小区的设立选举经验等。

关联法规索引

《民法典》第278、280～287条；《最高人民法院关于审理建筑物区分所有权纠纷案件适用法律若干问题的解释》第1条；《物业管理条例》第6～20条；《业主大会和业主委员会指导规则》

典型案例

刘某毛、汪某新等与正安县住房和城乡建设局撤销备案登记纠纷案[1]

※案例解读：业主可以设立业主大会，选举业主委员会，地方人民政府有关部门应当给予指导和协助。业主委员会备案登记只是将已经业主大会选举产生的业主委员会进行备案登记的行为，只是委员会成立的一种公示行为，行政机关只根据成立的业主委员会提供的相应资料进行形式审查。业主委员会备案的性质为监督指导备案，不是行政审批，备案的目的是让行政主管部门知晓业主委员会相关活动状况，从而协助、指导、监督业主委员会。地方人民政府有关部门所行使的指导和协助行为，不直接产生法律效果，不具有强制性，不属于行政案件范围，不具有可诉性。

第二百七十八条　【业主决定建筑区划内重大事项及表决权】下列事项由业主共同决定：

（一）制定和修改业主大会议事规则；

（二）制定和修改管理规约；

（三）选举业主委员会或者更换业主委员会成员；

（四）选聘和解聘物业服务企业或者其他管理人；

（五）使用建筑物及其附属设施的维修资金；

（六）筹集建筑物及其附属设施的维修资金；

（七）改建、重建建筑物及其附属设施；

（八）改变共有部分的用途或者利用共有部分从事经营活动；

（九）有关共有和共同管理权利的其他重大事项。

业主共同决定事项，应当由专有部分面积占比三分之二以上的业主且人数占比三分之二以上的业主参与表决。决定前款第六项至第八项规定的事项，应当经参与表决专有部分面积四分之三以上的业主且参与表决人数四分之三以上的业主同意。决定前款其他事项，应当经参与表决专有部分面积过半数的业主且参与表决人数过半数的业主同意。

---

〔1〕 参见贵州省凤冈县人民法院行政判决书，(2019)黔0327行初34号。

条文解读

本条规定了业主大会的职责及业主大会的组织和活动方式。

业主大会分为定期会议和临时会议,定期会议应当按照业主大会议事规则的规定由业主委员会组织召开。业主可以本人参加,也可以委托代理人参加业主大会会议。业主共同决定的事项,多涉及建筑区划内重大事项,对此事项采取了列举加兜底条款的立法技术。

本条对原《物权法》第 76 条作出了较大修改,在决定事项中新增了第 8 项,原因在于建筑物区划内的物业或者其他管理人员甚至私人业主将全体业主的共有部分改变用途或者利用其从事经营活动而引发纠纷的情况在司法实践中屡见不鲜。此外本条修改了业主参加业主大会以及进行表决的方式:首先,所有业主共同决定的事项,均要求专有面积占比与人数占比超过 2/3 的业主参与表决,以保护业主的共同利益;其次,在决定第 6 项至第 8 项规定的事项时,要求应当经参与表决的专有部分占比在 3/4 以上以及参与表决人数 3/4 以上的业主同意,以保证业主大会在面对重大事项时能够尽可能地保护业主的利益;最后,不论是决定哪一事项,在认定专有部分面积占比以及表决人数时均采取“参与表决”的表述,而非所有业主。该修改之原因在于考虑到目前业主对于业主大会之事项积极性不高,若各事项决定均强制性要求全体业主参加且专有部分面积占比超过一定数值势必会使业主大会落入诸事项无法进行之境地。

专有部分面积,按照不动产登记簿记载的面积计算。尚未进行物权登记的,暂按测绘机构的实测面积计算;尚未进行实测的,暂按房屋买卖合同记载的面积计算。建筑物总面积,按照统计总和计算。业主人数,按照专有部分的数量计算,一个专有部分按一人计算。但建设单位尚未出售和虽已出售但尚未交付的部分,以及同一买受人拥有一个以上专有部分的,按一人计算;总人数,按照统计总和计算。[1]

关联法规索引

《物业管理条例》第 11 ~ 12 条;《业主大会和业主委员会指导规则》第 17 ~ 19

〔1〕 参见《最高人民法院关于审理建筑物区分所有权纠纷案件适用法律若干问题的解释》第 8、9 条。

条;《最高人民法院关于审理建筑物区分所有权纠纷案件适用法律若干问题的解释》第8~9条

第二百七十九条 【将住宅改为经营性用房的规定】业主不得违反法律、法规以及管理规约,将住宅改变为经营性用房。业主将住宅改变为经营性用房的,除遵守法律、法规以及管理规约外,应当经有利害关系的业主一致同意。

条文解读

本条明确了业主可以将其住宅改变为经营性住房,但是应当受到一定的限制。

业主将其住宅修改为经营性住房受到两方面的限制:一方面,若法律法规或者管理规约对业主改变其住宅存在禁止性规定,则业主不得将其住宅修改为经营性用房。此外,法律法规对业主"住宅改变为经营性用房"还有一定的限制,如不得拆除供暖和燃气管道、不得改变住宅外立面等。另一方面,业主"住宅改变为经营性用房"的,应当经有利害关系的业主一致同意,若其中有业主表示反对,则行为人不得将其住宅修改为经营性用房。此处有利害关系的业主,是指本栋建筑物内的其他业主和建筑区划内本栋建筑物之外其房屋价值、生活质量受到或者可能受到不利影响的业主。

关联法规索引

《物业管理条例》第50条;《最高人民法院关于审理建筑物区分所有权纠纷案件适用法律若干问题的解释》第10条;《住宅室内装饰装修管理办法》第6条

典型案例

张某诉郑某某、中国联合网络通信有限公司武汉市分公司建筑物区分所有权纠纷案[1]

※案例解读：住宅是指专供个人、家庭日常生活居住使用的房屋。经营性用房是指用于商业、工业、旅游、办公等经营性活动的房屋。二者存在明显的区别，所以即使业主对房屋的使用没有给其他区分所有权人造成噪音、污水、异味等影响，但只要房屋的用途发生改变，由专供个人、家庭日常生活居住使用改变为用于商业、工业、旅游、办公等经营性活动，即属于将住宅改变为经营性用房，应依照业主改变住宅用途的规定处理。

将住宅改变为经营性用房的，应当经有利害关系的业主同意。这种同意是全体一致同意，而不是多数决。

第二百八十条　【业主大会、业主委员会决定的效力】业主大会或者业主委员会的决定，对业主具有法律约束力。

业主大会或者业主委员会作出的决定侵害业主合法权益的，受侵害的业主可以请求人民法院予以撤销。

条文解读

本条规定了业主大会和业主委员会决定的效力以及在该决定侵犯业主权益时，业主维护自己合法权益的手段。

依法设立的业主大会或者业主委员会可以对建筑区划范围内建筑物及其附属设施的管理、业主共有部分的使用和管理以及其他事项作出决定。其在依据法定程序的情况下作出的决定在一般情形下符合绝大多数业主的利益，因此即使业主在决定作出时对决定不置可否或者表示反对，为全体业主以及建筑区划的整体利益考虑，也应当执行业主大会或者业主委员会的决定。在不违反法律法规、不违背

[1] 参见张某诉郑某某、中国联合网络通信有限公司武汉市分公司建筑物区分所有权纠纷案，载《最高人民法院公报》2014 年第 11 期。

公序良俗的情形下,业主大会或者业主委员会依据法定程序所作出的决定对全体业主,包括投反对意见的业主,均具有法律约束力。

业主大会或者业主委员会作出的决定侵害业主合法权益的,受侵害的业主可以请求人民法院予以撤销。对业主大会或业主委员会的决定的合法性进行法律判断,主要可以从三个方面进行:第一,业主大会或业主委员会作出的决定是否违反了法律基本原则或法律和行政法规的强制性规定;第二,业主的权益是否受到侵害;第三,业主大会或业主委员会的决定与业主权益受侵害之间具有因果关系。受侵害的业主,必须在法定期间内提起诉讼,其应当在知道或者应当知道该决定作出之日起一年内向人民法院请求撤销。此外,物业所在地的区、县人民政府房地产行政主管部门或者街道办事处、乡镇人民政府若发现业主大会或者业主委员会作出的决定违反法律法规,应当责令其限期改正或者撤销其决定,并通告全体业主。

关联法规索引

《最高人民法院关于审理建筑物区分所有权纠纷案件适用法律若干问题的解释》第 12 条;《物业管理条例》第 19 条

典型案例

段某某与发能太阳海岸小区业委会等撤销权纠纷案[1]

※案例解读:依法设立的业主大会或者业主委员会依据法定程序作出的决定对业主具有法律约束力,在该决定侵害业主权益时,业主可请求撤销。这要求业主大会或者业主委员会在开会作出决议时,必须按照法定的程序召开会议,并依法进行公示;其决议的内容也不能违反法律的规定或者损害业主的合法权益,决议通过的人数和占有的专有部分的面积符合法律的规定,结果依法进行公示。但是本案中,发能太阳海岸小区业主委员会在选聘小区服务企业时,违法组建招投标评委小组,排除业主及业主代表有效参与招投标过程、发表意见。并且,在唱票过程中未

[1] 参见安徽省合肥市中级人民法院民事判决书,(2019)皖01民终2618号。

按照法定形式和程序向各业主征集意见，选举结束后结果也未进行公示。因此段某某有权以其合法权益被侵害为由请求撤销业主委员会作出的决定。

第二百八十一条　【建筑物及其附属设施的维修资金的归属、用途以及筹集与使用】建筑物及其附属设施的维修资金，属于业主共有。经业主共同决定，可以用于电梯、屋顶、外墙、无障碍设施等共有部分的维修、更新和改造。建筑物及其附属设施的维修资金的筹集、使用情况应当定期公布。

紧急情况下需要维修建筑物及其附属设施的，业主大会或者业主委员会可以依法申请使用建筑物及其附属设施的维修资金。

条文解读

本条明确了建筑物及其附属设施维修资金的归属及使用问题。

目前我国的住宅设计多为高层或者多层建筑，设立维修资金之目的在于保证建筑物及其附属设施的正常使用。由于除建筑物专有部分以外，建筑区划范围内的其他部分，如道路、绿地、电梯、屋顶、外墙、无障碍设施等，属于业主共有，因此维修资金属于业主共有，并且在用途上也限于电梯、屋顶等共有部分的维修、更新或改造，对于专有部分的维修则由相应的权利人自己承担。

由于维修资金的使用涉及全体业主的共同利益，因此筹集和使用维修资金应当经参与表决专有部分面积 3/4 以上业主且参与表决人数 3/4 以上的业主同意。对于维修资金的筹集和使用，业主大会或者业主委员会应当定期公布以保证其透明性与公开性。当需要紧急维修建筑物及其附属设施时，由于业主大会召开和表决方式烦琐，时间冗长，因此业主大会或者业主委员会可在紧急情况下依法申请使用该维修资金。

配套法规及解读

《最高人民法院关于审理建筑物区分所有权纠纷案件适用法律若干问题的解释》（2020 年 12 月 29 日修正）

第十三条　业主请求公布、查阅下列应当向业主公开的情况和资料的，人民法院应予支持：

（一）建筑物及其附属设施的维修资金的筹集、使用情况；

（二）管理规约、业主大会议事规则，以及业主大会或者业主委员会的决定及会议记录；

（三）物业服务合同、共有部分的使用和收益情况；

（四）建筑区划内规划用于停放汽车的车位、车库的处分情况；

（五）其他应当向业主公开的情况和资料。

※法规解读：业主大会或者业主委员会或者物业公司应当将建筑物及其附属设施的维修资金的筹集、使用情况，管理规约、业主大会议事规则，以及业主大会或者业主委员会的决定及会议记录，物业服务合同、共有部分的使用和收益情况，建筑区划内规划用于停放汽车的车位、车库的处分情况等情况和资料向业主公开。

关联法规索引

《民法典》第 278 条第 1 款第 6 项；《物业管理条例》第 6 条第 2 款第 9 项；《业主大会和业主委员会指导规则》第 17、18、35、36 条；《住宅专项维修资金管理办法》第 2 条

典型案例

上海市虹口区久乐大厦小区业主大会诉上海环亚实业总公司业主共有权纠纷案[1]

※案例解读：建筑物及其附属设施的维修资金，属于业主共有。经业主共同决定，可以用于电梯、水箱等共有部分的维修。专项维修资金属于业主所有，专项用于物业保修期满后物业共用部位、共用设施设备的维修和更新、改造，不得挪作他用。因此维修资金在性质上属于专项基金，具有公共性、公益性。缴纳专项维修资

[1] 参见上海市虹口区久乐大厦小区业主大会诉上海环亚实业总公司业主共有权纠纷案，最高人民法院指导案例 65 号（2016 年）。上海市第二中级人民法院民事判决书，（2011）沪二中民二（民）终字第 1908 号。

金是全体业主的一项法定义务，其只存在补缴问题，不存在因时间经过而可以不缴的问题。业主拒绝缴纳专项维修资金，业主大会要求补缴维修资金的权利，是业主大会行使维护小区共同利益的管理权。

第二百八十二条 【建筑物及其附属设施的共有部分的收入归属】建设单位、物业服务企业或者其他管理人等利用业主的共有部分产生的收入，在扣除合理成本之后，属于业主共有。

条文解读

本条涉及建筑物及其附属设施共有部分的收入归属问题，为新增条款。

建筑物及其附属设施共有部分属于业主共有，所以利用业主的共有部分所产生的收入自然应该归业主所有，但是因为这些共有部分的利用往往是建设单位、物业服务企业或者其他管理人等，而且在利用时往往会有体力和资金等的投入，将合理的成本予以扣除后，将收入归业主所有，较为公平。业主对于利用共有部分产生收益及使用情况享有知情权，有权向上述组织请求公布、查阅相关资料。

关联法规索引

《民法典》第278、283条；《最高人民法院关于审理建筑物区分所有权纠纷案件适用法律若干问题的解释》第14条

第二百八十三条 【建筑物及其附属设施的费用分摊、收益分配】建筑物及其附属设施的费用分摊、收益分配等事项，有约定的，按照约定；没有约定或者约定不明确的，按照业主专有部分面积所占比例确定。

条文解读

本条是关于建筑物及其附属设施费用分摊与收益分配等事项的规定。

业主对建筑物内专有部分以外的共有部分享有共有和共同管理的权利，为保

证业主的正常生活,共有部分维修、保养或者更新需要支出费用;对共有部分的使用也会产生收益,如在电梯内张贴广告会获得相应的广告费。因业主对共有部分的共有权,所以收益和费用都由业主承受,而具体到每个业主的比例问题,尊重业主的自由意志,有约定的,按照约定;没有约定或者约定不明确的,按照业主专有部分面积所占比例确定。

关联法规索引

《民法典》第278、282条;《物业管理条例》第54条

第二百八十四条 【建筑物及其附属设施的管理】业主可以自行管理建筑物及其附属设施,也可以委托物业服务企业或者其他管理人管理。

对建设单位聘请的物业服务企业或者其他管理人,业主有权依法更换。

条文解读

本条明确了建筑物及其附属设施的管理问题。

建筑区划范围内除专有部分以外,业主对共有部分享有共有和共同管理的权利,当然有权管理建筑物及其附属设施。至于管理的方式可以是业主自己管理,也可以是委托专业的管理人员,如物业服务企业或者其他专业管理机构,在现实中还存在居委会代管的情况。

建筑区划范围内的专有部分的出售并不是一次性售出,购买房屋的业主通常也不会在同一时间一起入住,此时业主大会尚未成立,无法选聘物业服务企业或者其他管理人,因此建设单位会聘请相应的物业服务企业来对建筑物及其附属设施进行管理,目前国内较大的房地产开发商也会设立专门的物业服务公司对其开发的楼盘进行管理。因为业主有权管理共有部分,其可以选聘或者解聘物业服务公司,当然也可以更换建设单位聘请的物业服务企业或者其他管理人。

关联法规索引

《民法典》第278条第1款第5~7项;《物业管理条例》第11条第5、6项

典型案例

珠海格力物业管理有限公司、珠海市香洲区棕榈假日业主委员会物业服务合同纠纷案[1]

※案例解读：业主对于建设单位聘请的物业服务企业有权依法更换。本案中珠海格力物业管理有限公司属于棕榈假日小区开发商珠海市国鼎集团有限公司所聘请的物业服务企业，该小区业主委员会以召开业主大会的形式更换小区物业，符合法律规定，因此在业主大会的决定生效、业主委员会向其送达通知后，珠海格力物业管理有限公司应当撤离该小区并向业主委员会移交相关设施与文件资料。

第二百八十五条　【物业服务企业或其他管理人的义务】物业服务企业或者其他管理人根据业主的委托，依照本法第三编有关物业服务合同的规定管理建筑区划内的建筑物及其附属设施，接受业主的监督，并及时答复业主对物业服务情况提出的询问。

物业服务企业或者其他管理人应当执行政府依法实施的应急处置措施和其他管理措施，积极配合开展相关工作。

条文解读

本条明确了物业服务企业或者其他管理人对于业主以及政府承担的义务。

物业服务企业或者其他管理人是建筑区划范围内全体业主为了业主共有部分的管理依据法定程序委托的管理人员，作为业主委托的管理人员，其与业主之间的关系为民事上平等合同关系，而非行政上管理关系。因此，为了保护业主的共同权益，物业服务企业或者其他管理人应当依照相关法律法规有关物业服务合同的规定以及与业主或建设单位签订的物业合同的内容对建筑区划范围内的建筑物及其附属设施进行管理，如水电费用代收、小区治安维护、建筑物及其附属设施管理与维修等，并接受业主的监督。业主对于物业管理的相关事项，如维修资金的缴纳与

[1] 参见广东省珠海市中级人民法院民事判决书，(2017)粤04民终1510号。

使用、共有部分的收益情况等，享有知情权，若业主提出查询或复印相关文件时，上述管理人员应当及时回复业主。

本条相较于原《物权法》第 82 条除第 1 款稍做修改外，另新增第 2 款，该款立法背景在于 2020 年年初新冠疫情席卷我国，在全球疫情防控处于紧张状态时，中国仍在半年后取得了阶段性成效，而中国能取得如此成效的原因之一就在于全民配合。对于类似的突发性紧急事件，仅靠此前制定的法律法规难以有效遏制其恶化，政府作为效率高的行政机关，可以在最短时间内作出决策并作出相应应急处理措施，虽然此举在一定程度上对居民的人身自由造成了一定的妨碍，但在整体上保护了业主的整体权益，因此行政区划范围内的物业服务企业或者其他的管理人在面对类似的紧急情况时应当执行当地政府的应急处置措施和其他管理措施，配合政府工作。

关联法规索引

《民法典》第 278 条第 1 款第 5～9 项、第 284 条；《物业管理条例》第 34～36 条；《最高人民法院关于审理建筑物区分所有权纠纷案件适用法律若干问题的解释》第 12 条

典型案例

孙某某诉南京市清江花苑小区业主委员会业主知情权纠纷案〔1〕

※案例解读：业主作为建筑物区分所有人，享有知情权，享有了解本小区建筑区划内涉及业主共有权及共同管理权等相关事项的权利，业主委员会应全面、合理公开其掌握的情况和资料。根据《最高人民法院关于审理建筑物区分所有权纠纷案件具体应用法律若干问题的解释》〔2〕第 13 条的规定，业主有权请求公布、查阅

〔1〕 参见孙某某诉南京市清江花苑小区业主委员会业主知情权纠纷案，载《最高人民法院公报》2015 年第 12 期。江苏省南京市鼓楼区人民法院民事判决书，(2015)鼓民初字第 4041 号。

〔2〕 现为《最高人民法院审理建筑物区分所有权纠纷案件适用法律若干问题的解释》。

以下资料:(1)建筑物及其附属设施的维修资金的筹集、使用情况;(2)管理规约、业主大会议事规则,以及业主大会或者业主委员会的决定及会议记录;(3)物业服务合同、共有部分的使用和收益情况;(4)建筑区划内规划用于停放汽车的车位、车库的处分情况;(5)其他应当向业主公开的情况和资料。但是如果物业公司已经将相关的情况全面予以公布,业主已经了解到相关信息,在这种情况下业主不能再要求查阅。另外,对于业主行使知情权亦应加以合理限制,防止滥用权利,其范围应限于涉及业主合法权益的信息,并遵循自己承担费用的原则。

第二百八十六条 【业主义务】业主应当遵守法律、法规以及管理规约,相关行为应当符合节约资源、保护生态环境的要求。对于物业服务企业或者其他管理人执行政府依法实施的应急处置措施和其他管理措施,业主应当依法予以配合。

业主大会或者业主委员会,对任意弃置垃圾、排放污染物或者噪声、违反规定饲养动物、违章搭建、侵占通道、拒付物业费等损害他人合法权益的行为,有权依照法律、法规以及管理规约,请求行为人停止侵害、排除妨碍、消除危险、恢复原状、赔偿损失。

业主或者其他行为人拒不履行相关义务的,有关当事人可以向有关行政主管部门报告或者投诉,有关行政主管部门应当依法处理。

条文解读

本条明确了业主的义务并规定了业主拒不履行义务的法律后果。

首先,业主最基本的义务是遵守法律法规以及其他管理规约,如居委会或者物业服务企业制定的管理规约。除遵守法律法规外,本条第1款新增业主的相关行为还应符合民法典绿色原则的要求,应当有利于节约资源、保护环境。在紧急事件中,除小区的物业服务企业或其他管理人应当执行政府的相关措施以外,小区业主在上述管理人员执行应急处置措施和其他管理措施时,应当予以配合。

其次,对于业主违反法律法规或管理规约损害他人合法权益的行为,如随意弃置垃圾、侵占消防通道、违规饲养动物等行为,作为自治性组织的业主大会或者业主委员会有权依法请求该业主停止侵害、排除妨碍、消除危险、恢复原状以及赔偿损失。

最后,本条新增第 3 款规定,对于业主违反法律法规或者管理规约损害他人合法权益、拒不履行相关义务的行为,除业主大会或业主委员会可依法对其管理以外,与该行为有关的当事人可以向有关行政主管部门报告或者投诉,有关行政主管部门应当依法处理。

配套法规及解读

《最高人民法院关于审理建筑物区分所有权纠纷案件适用法律若干问题的解释》(2020 年 12 月 29 日修正)

第十五条 业主或者其他行为人违反法律、法规、国家相关强制性标准、管理规约,或者违反业主大会、业主委员会依法作出的决定,实施下列行为的,可以认定为民法典第二百八十六条第二款所称的其他"损害他人合法权益的行为":

(一)损害房屋承重结构,损害或者违章使用电力、燃气、消防设施,在建筑物内放置危险、放射性物品等危及建筑物安全或者妨碍建筑物正常使用;

(二)违反规定破坏、改变建筑物外墙面的形状、颜色等损害建筑物外观;

(三)违反规定进行房屋装饰装修;

(四)违章加建、改建,侵占、挖掘公共通道、道路、场地或者其他共有部分。

※法规解读:业主大会或者业主委员会除了对任意弃置垃圾、排放污染物或者噪声、违反规定饲养动物、违章搭建、侵占通道、拒付物业费等损害他人合法权益的行为,有权依照法律、法规以及管理规约进行救济外,损害他人合法权益的行为还包括这一条款中规范的行为。

关联法规索引

《民法典》第 285 条第 2 款

典型案例

梅州市梅县区印象好友酒楼、梅州市梅县区鸿泰花园业主委员会恢复原状纠纷案[1]

※案例解读：业主委员会对于建筑区划范围内发生的损害他人合法权益的行为，有权请求行为人停止侵害、排除妨碍、消除危险、恢复原状、赔偿损失。本案中，被告印象好友酒楼于鸿泰花园小区消防通道一侧安装消防门的行为导致任何人员均可通过该门进出小区，妨碍小区安全，小区业主遂将其拆除并封堵墙面，且被告前后两次安装消防门的行为均未获得行政部门审批，因此被告侵害原告的合法权益，应当恢复原状即拆除消防门并封堵墙面。

第二百八十七条　【业主权利被侵害时的救济】业主对建设单位、物业服务企业或者其他管理人以及其他业主侵害自己合法权益的行为，有权请求其承担民事责任。

条文解读

本条明确了业主权利被侵害时的救济。

建筑区划范围内的管理人依据全体业主的委托享有对建筑物及其附属设施管理的权力，因此在实践中经常会出现建设单位或者物业服务企业侵犯业主权利的情形，特别是业主大会解聘物业服务企业时纠纷常发。同时，由于现代小区规划的密集性，业主与业主之间往往一墙之隔，业主之间的侵权纠纷亦屡见不鲜。因此，当业主所享有的合法权益被他人侵犯时，业主有权请求其承担相应的民事责任。

关联法规索引

《民法典》第271、272、278条；《最高人民法院关于审理建筑物区分所有权纠纷案件适用法律若干问题的解释》第15条

---

〔1〕参见广东省梅州市梅县区人民法院民事判决书，(2019)粤1403民初365号。

典型案例

陈某某与南京武宁房地产开发有限公司、南京青和物业管理有限公司财产损害赔偿纠纷案[1]

※案例解读：建筑单位与物业服务企业签订的合同同样适用于业主。物业服务企业对小区共有部分负有保养、维护义务。对于有可能对业主财产造成损害的，小区共用部分的安全隐患，应当及时消除，否则在导致业主财产损害后，物业服务企业应承担违约责任，对业主的损失予以赔偿。即便该安全隐患是第三人造成的，物业服务企业违约责任也不能免除。但房地产开发企业作为商品房的出卖人，在出售房屋、转移房屋所有权，并且商品房小区已经封园后，在所售房屋没有质量瑕疵的情形下，对于小区业主的义务已经履行完毕，不需要承担责任。

[1] 参见江苏省南京市江宁区人民法院民事判决书，(2011)江宁民初字第04404号。

第七章　相邻关系

本章介绍

本章规定了相邻关系，明确处理相邻关系应当按照有利生产、方便生活、团结互助、公平合理的原则，法官在裁决相邻关系时，法律、法规对处理相邻关系有规定的，依照其规定；法律、法规没有规定的，可以按照当地习惯。相邻关系主要有相邻用水、排水关系，相邻土地通行，利用相邻土地，通风、采光和日照，相邻不动产之间禁止排放、施放污染物等，利用相邻不动产时应避免对相邻的不动产权利人造成损害。

第二百八十八条　【处理相邻关系的原则】不动产的相邻权利人应当按照有利生产、方便生活、团结互助、公平合理的原则，正确处理相邻关系。

条文解读

本条明确了处理相邻关系的原则，具体包含两方面的内容。

第一，有利生产、方便生活。相邻关系是相互毗邻的不动产权利人，在对不动产进行占有、使用、收益和处分的过程中发生的关系。在处理相邻关系时，要从有利于生产、方便生活的现状出发，充分发挥不动产的使用效益，妥善解决出现的问题，最大限度地维护各方利益，不得因行使自己的权利而有损社会的生产和他人的生活。

第二，团结互助、公平合理。相邻关系中要求相邻各方在行使权利时为他方行使权利提供必要的便利。当然，如果仅要求他人提供便利，自己却不给他方提供方便，则不可能处理好相邻关系，因此必须遵守团结互助原则，即与人方便、自己方便。另外，相邻关系各方在获得便利时，也应当承担一定的义务，对受到损失的一方按照公平合理的原则给予适当的补偿，这就是公平合理原则。

同时,依《民法典》第132条的规定,民事主体不得滥用民事权利,因此不动产的相邻各方应当合理行使其权利,这样才可避免相邻关系纠纷之发生,保证各方权益实现的最大化。

关联法规索引

《民法典》第132条

典型案例

石某甲与石某乙相邻用水、排水纠纷案[1]

※案例解读:不动产的相邻权利人应当按照有利生产、方便生活、团结互助、公平合理的原则,正确处理相邻关系。本案中,原告承包的堰塘与被告承包的林地相邻,两者均对其承包部分享有土地承包经营权,被告对其树木享有所有权。因连日降雨,堰塘水位上涨,危及了相邻的被告土地上的树木,基于两人的相邻关系,原告应当泄洪排水,但原告不从,因此被告有权利采取措施,采取将原告堰塘堤坝砸出缺口的私力救济行为。

第二百八十九条 【处理相邻关系的依据】法律、法规对处理相邻关系有规定的,依照其规定;法律、法规没有规定的,可以按照当地习惯。

条文解读

本条明确了处理相邻关系纠纷的依据。

处理相邻关系纠纷,首先依照法律法规的规定。相邻关系主体是相邻不动产的所有权人、用益权人或者占有人,一旦他们之间发生纠纷,就往往影响他们的生活或者不利于权利人的生产活动,因此法律法规在尽可能的情况下将权利人的权利边界界定清楚,减少可能出现的纠纷。所以在法律、法规对处理相邻关系有规定

---

[1] 参见河南省南阳市唐河县人民法院民事判决书,(2018)豫1328民初3425号。

时，依照其规定处理二者的关系。

在法律、法规没有规定时，可以依照当地习惯进行处理。相邻关系为不动产权利人之间的关系，基于不动产的特殊性，在历史上形成了相邻各方的权利义务关系。这要求在处理相邻关系纠纷中，按照当地的习惯处理纠纷，不仅能够稳定相邻关系，而且有利于各方对处理结果的接受。需要注意的是，《民法典》第10条规定，对于民事纠纷，法律没有规定的可以适用习惯，但不得违背公序良俗，因此处理相邻关系所适用习惯也不得违背公序良俗。

关联法规索引

《民法典》第10条

第二百九十条 【用水、排水相邻关系】不动产权利人应当为相邻权利人用水、排水提供必要的便利。

对自然流水的利用，应当在不动产的相邻权利人之间合理分配。对自然流水的排放，应当尊重自然流向。

条文解读

本条是关于用水、排水相邻关系的规定。

虽然在我国水流属于国家所有，[1]但是《水法》第48条规定，生活用水无须申领相关许可证，因此水资源相邻的各不动产权利人均有权使用水资源，在相邻权利人用水和排水时，提供必要的便利。

对自然流水利用，应当按照“由远及近、由高至低”的原则，在不动产的相邻权利人之间合理分配。[2] 对自然流水的排放，应当尊重自然流向，任何一方不得擅自堵截或者独占自然流水影响他方的正常生产生活，否则受影响方有权请求排除妨碍、赔偿损害。

---

〔1〕 参见《宪法》第9条、《民法典》第247条。

〔2〕 参见郭明瑞、唐广良、房绍坤：《民商法原理（二）：物权法 知识产权法》，中国人民大学出版社1999年版，第163页。

如果相邻一方必须使用另一方的土地排水,应当予以准许,但应有必要限度并采取合理措施;若造成损失,则由受益人合理补偿。若一方可以采取合理措施排水但未采取而造成他方财产毁损的,他方有权请求该方停止侵害、消除危险、恢复原状或赔偿损失。

关联法规索引

《宪法》第 9 条第 1 款;《水法》第 48 条第 1 款

第二百九十一条 【相邻关系中的通行权】不动产权利人对相邻权利人因通行等必须利用其土地的,应当提供必要的便利。

条文解读

本条明确了相邻关系中通行权的行使。

不动产权利人为行使权利的方便,在法律规定的范围内,有权使用相邻人的土地。在相邻关系通行关系中,主要包含两方面的内容:

一是袋地通行权。袋地通行权是指土地与公路无适宜的联络,致使不能正常使用,土地权利人可以通行于周围地以至公路的相邻权。[1] 对于该类情况,我国早在《关于贯彻执行〈中华人民共和国民法通则〉若干问题的意见(试行)》[2]中便有规定,即相邻一方必须在另一方使用的土地上通行的,应当予以准许,并且通行一方应当合理选择通行方式,因通行对另一方造成损害的,应当适当补偿。

二是历史通道。历史通道是指因为某些历史原因而存在的,位于一方所有或者使用的不动产范围内的必经的通道。对于该类通道,该所有权人或使用人不得堵塞。若其堵塞而影响他人生产、生活,通行人可要求排除妨碍或者恢复原状。但若有条件另开通道的,也可以另开通道。

---

〔1〕 参见郑冠宇:《民法物权》(第 2 版),台北,新学林出版股份有限公司 2011 年版,第 241 页。

〔2〕 该文件现已失效,后文不再赘述。

典型案例

翁某甲、梁某某与翁某乙相邻通行纠纷案〔1〕

※案例解读:历史通道指因为某些历史原因而存在的位于一方所有或者使用的不动产范围内的他人所必经的通道。对于该类通道,所有权人或使用人不得堵塞,影响他人通行。若其堵塞,通行人可要求排除妨碍或者恢复原状。本案争议通道自1983年翁某乙父亲建成房屋后,由其家人及其他村民一直在该线路通行,该通道事实上已成历史形成的由翁某乙及其他村民通行的必经通道,是其回家的唯一通道。翁某甲、梁某某自2014年11月将该通道挖损,严重影响了翁某乙的生产、生活,侵犯了其相邻通行权。翁某甲、梁某某应恢复道路原状。

第二百九十二条 【利用相邻土地】不动产权利人因建造、修缮建筑物以及铺设电线、电缆、水管、暖气和燃气管线等必须利用相邻土地、建筑物的,该土地、建筑物的权利人应当提供必要的便利。

条文解读

本条是关于我国相邻土地利用的规定,具体包含两方面的内容。

一方面是不动产权利人因为建造、修缮建筑物而临时占用相邻土地、建筑物。在临时占用时,该地权利人应当提供相应的便利。因为临时占用的时间较为明确,是因特定事由在特定时间利用而非永久占用。对此相邻双方可以约定占用的范围、用途以及期限等,若占用方违反约定,被占用方有权请求其排除妨碍、恢复原状、赔偿损失。当然,如果占有人没有违反约定,但是因为其使用邻地而给被占有人造成损害的,占有人也应该给予补偿。

另一方面是长期使用。相邻一方的不动产权利人,因为铺设电线、电缆、水管、暖气或者燃气管线等必须利用相邻土地、建筑物的,该土地、建筑物的权利人应当允许。在管线铺设时,不动产权利人应当选择合理的方式铺设管线,即选择对相邻

〔1〕 参见广东省云浮市中级人民法院民事判决书,(2015)云中法民一终字第169号。

土地等不动产损害最少的场所和方法为之。由此而造成他人损害的,应当由安设方给予赔偿。

关联法规索引

《民法典》第 288 条

典型案例

卢某某与刘某某、陈某相邻采光、日照纠纷案[1]

※案例解读:不动产权利人因修缮建筑物必须利用相邻建筑物的,该建筑物权利人应当提供必要的便利。本案中,刘某某、陈某因要对其建筑物进行室内装修,因此为施工搭建了排栅,卢某某以排栅影响其采光、造成其建筑物损害及存在安全隐患为由提起诉讼。因为相邻各方有义务对邻居修缮建筑物的行为提供必要的便利,因此排栅虽然影响卢某某的采光,其也应当对此隐忍。

第二百九十三条 【通风、采光和日照的规定】 建造建筑物,不得违反国家有关工程建设标准,不得妨碍相邻建筑物的通风、采光和日照。

条文解读

本条是关于通风、采光和日照的规定。

首先,权利人在建造建筑物时,不得违反国家有关工程建设标准。其次,不动产权利人因建造建筑物必须利用相邻土地、建筑物时,该土地、建筑物的权利人应当提供必要的便利,但不动产权利人建造建筑物的行为不得妨碍相邻建筑物的通风、采光和日照。如果建筑物影响相邻方的通风、采光、日照和其他正常生活的,被妨碍人可请求排除妨碍、恢复原状和赔偿损失,即相邻关系中,建造方的行为必须控制在合理范围内,具体对相邻方的影响大小可以参照相关的国家标准。

---

[1] 参见广东省中山市中级人民法院民事判决书,(2017)粤 20 民终 5556 号。

关联法规索引

《民法典》第288、292条

典型案例

李某与秦某某相邻通风纠纷案[1]

※案例解读：建造建筑物，不得违反国家有关工程建设标准，不得妨碍相邻建筑物的通风、采光和日照。本案中，首先，李某并未办理建造围墙和花坛的土地使用权证，其建筑属于违法建筑；其次，李某所建围墙与秦某某房屋外墙紧密相邻，导致其该面的厨房、餐厅无法通风采光；最后，由于李某修建花坛，导致秦某某房屋墙体与花坛紧邻处常年潮湿，墙体有脱落痕迹，影响了秦某某房屋的安全。所以秦某某有权要求李某拆除围墙和花坛，保证其通风采光的权利。

第二百九十四条 【相邻不动产之间禁止排放、施放污染物】不动产权利人不得违反国家规定弃置固体废物，排放大气污染物、水污染物、土壤污染物、噪声、光辐射、电磁辐射等有害物质。

条文解读

本条是关于相邻不动产之间禁止污染物等排放的规定。

随着我国经济社会的发展，工业水平的不断提高，污染物和其他有害物质也随之出现，对资源环境的保护不仅依靠行政手段，民事手段同样也是节约资源、保护环境的基本方式之一。根据本条款，不动产的相邻权利人在弃置固体废物，排放大气污染物、水污染物、土壤污染物、噪声、光辐射、电磁辐射等有害物质时，应当遵守国家的相关规定。一旦行为人违反法律法规，弃置固体废物，排放污染物或者其他有害物质，权利人可以要求其停止侵害、赔偿损失。需要注意的是，即使当事人排放污染物等没有超过国家标准，但是给权利人造成损害，权利人可以请求其停止侵

[1] 参见重庆市第四中级人民法院民事判决书，(2015)渝四中法民终字第00366号。

害并赔偿损失。

关联法规索引

《民法典》第288条;《环境保护法》第6条

典型案例

林某某与杨某某相邻关系纠纷案[1]

※案例解读:本案案由为相邻关系纠纷。相邻关系是指相互毗邻的不动产所有人或使用人之间,在不动产利用过程中,因相互间给予便利或接受限制所发生的权利义务关系。本案中,实际上一审法院认为,当事人之间相隔约3米宽的水泥路,且杨某某家的油烟机机身延伸段朝下,即使油烟从围墙孔散出后也会向四周扩散。从日常生活经验判断,杨某某的厨房仅用于日常生活起居饮食,并未从事餐饮业经营,所排油烟为居民家庭油烟,情节轻微,不属于《物权法》第90条所规定的"不动产权利人不得违反国家规定弃置固体废物,排放大气污染物、水污染物、噪声、光、电磁波辐射等有害物质"情形,所以未支持林某某的请求。但是二审法院认为,杨某某的生活家庭油烟排放至了林某某家前门口,影响了林某某家的正常生活,故杨某某应当对该排油烟行为排除妨碍。一、二审的判决结果的不同,正是对《民法典》第294条(原《物权法》第90条)的不同理解造成的。正如在条文解读中所述的,将不违反国家规定的排污行为都作为合法行为,是错误理解条款的规范意旨,无法保护当事人的合法权益。

第二百九十五条 【维护相邻不动产的安全】不动产权利人挖掘土地、建造建筑物、铺设管线以及安装设备等,不得危及相邻不动产的安全。

---

〔1〕 参见江西省萍乡市中级人民法院民事判决书,(2019)赣03民终100号。

条文解读

本条是关于相邻防险权的规定。

首先,不动产权利人有权在其不动产范围内挖掘土地、建造建筑物、铺设管线以及安装设备等,根据《民法典》第288、292条的规定,相邻权利人对其上述行为亦应当提供必要的便利。但不动产权利人的相关行为不得危及相邻不动产的安全,即不动产权利人应当极力避免损害之发生。

其次,若不动产权利人在建造建筑物的过程中或者在建筑物建造完成后对相邻不动产的安全有所威胁,如不动产权利人为建造建筑物而搭建脚手架,该脚手架结构不稳有倒塌之风险,或者建筑物本身有倒塌的风险时,则相邻权人有权要求其消除危险,不动产权利人的行为对相邻权利人造成损害的,则相邻权人可要求其赔偿损失。

最后,铺设管线及安装必要设备的行为与挖掘土地有相似之处,若该管线或设备需埋设于地下,则不动产权利人在挖掘时应当注意与相邻不动产保持一定的距离,不得因挖掘土地而动摇相邻不动产的地基从而危及其安全;若需架设于地面之上,则应采取合理之保护措施,同时也应与相邻不动产保持一定的距离,避免管线或者设备掉落损害相邻不动产权利人或者行人。

关联法规索引

《民法典》第288、292条

典型案例

王某某与熊某某恢复原状纠纷案[1]

※案例解读:不动产权利人挖掘土地不得危及相邻不动产的安全。本案中王某某请挖掘机从原告熊某某家堡坎边缘开挖,使堡坎有垮塌风险,并且未采取任何防护措施,法院现场勘察时也曾建议被告先行修复,但被告拒绝,其后雨季来临,堡

〔1〕 参见贵州省黔东南苗族侗族自治州中级人民法院民事判决书,(2019)黔26民终106号。

坎遇水后垮塌。故熊某某有权要求王某某承担修复堡坎的费用。

第二百九十六条 【利用相邻不动产时避免造成损害】不动产权利人因用水、排水、通行、铺设管线等利用相邻不动产的，应当尽量避免对相邻的不动产权利人造成损害。

条文解读

本条是关于不动产权利人利用相邻不动产时避免造成损害的规定。

根据本条规定，不动产权利人在因用水、排水、通行、铺设管线等利用相邻不动产时，应当尽量避免对相邻的不动产权利人造成损害；若不动产权利人的行为未对相邻不动产权利人造成损害，仅对其生活有些微影响，相邻的不动产权利人有一定的容忍义务。若不动产权利人在实施行为时造成损害，或者在损害发生时未采取措施导致损害发生或者扩大的，行为人应当承担恢复原状、赔偿损失的责任。

关联法规索引

《民法典》第290～292条

典型案例

黄某某、吕某某、蔡某相邻损害防免关系纠纷案〔1〕

※**案例解读：**不动产权利人因用水、排水、通行、铺设管线等利用相邻不动产的，应当尽量避免对相邻的不动产权利人造成损害；造成损害的，应当给予赔偿。在本案中，吕某某、蔡某在房屋装修的过程中，对黄某某的房屋造成损害，因此其应当给予赔偿。黄某某房屋的修复费用及鉴定费用都应当由造成损害的吕某某、蔡某承担。

〔1〕 参见福建省南平市延平区人民法院民事判决书，(2020)闽0702民初5132号。

第八章　共　　有

本章介绍

本章是关于共有内容的介绍，明确了共有的概念和类型，阐述了共有物的管理、处分以及共有人的权利义务，为防止纠纷，明确各方权利义务，规定了对共有人没有约定或者约定不明的事项依照本章规定处理，同时规定了共有的用益物权和担保物权准用本章规定。

第二百九十七条　【共有的概念和形式】不动产或者动产可以由两个以上组织、个人共有。共有包括按份共有和共同共有。

条文解读

本条是关于共有概念及形式的规定。

共有，是指两个或者两个以上的权利主体就同一财产共同享有所有权的法律制度，抑或复数的主体就同一标的物共同享有同一所有权的法律状态。[1] 共有的主体为两个以上自然人、法人或者非法人组织，共有的客体为不动产或者动产。共有人对共有物共同享有所有权，而非每个共有人对共有物的某个部分分别享有所有权，共有物之处分依共有人之集体意志或份额决定，如果某共有人占有共有物之一部分，则其不得私自处分该共有物之部分。

共有包括共同共有和按份共有两种形式。共同共有是指共有人对共同共有的动产或者不动产共同享有所有权的共有，共有人的共有权及于共有物之全部，除另有约定外，共有物的使用、收益及处分需依共有人共同意志，该共有需以共同关系之存在为前提。按份共有是指共有人对共有的动产或者不动产按照其份额享有所

〔1〕 参见梁慧星主编：《中国物权法研究》（下），法律出版社 1998 年版，第 549 页。

有权的共有,共有人的权利及于其共有物的份额,按份共有人可转让其份额,除另有约定外,共有物的处分或重大处理需经共有份额三分之二以上共有人同意。按份共有不以共同关系的存在为前提。

关联法规索引

《民法典》第 298~299 条;《海商法》第 10 条

典型案例

郭某甲、郭某乙共有权确认纠纷案[1]

※案例解读:共有是指两个以上公民、法人或其他组织对同一不动产或动产共同享有所有权。按份共有是指两个或两个以上的共有人按照各自的比例对共有财产享有权利和承担义务的一种共有关系。在本案中郭某乙、郭某甲共同出资,约定所得份额归双方共同所有,法院根据各自的出资份额和购买土地的金额及管理付出的劳务,划分二者的份额,不仅考虑了出资额、土地随着市场不断增值的现实,而且考虑到劳务对价值形成的作用,较为公平合理。

第二百九十八条 【按份共有】按份共有人对共有的不动产或者动产按照其份额享有所有权。

条文解读

本条是关于按份共有的规定。

按份共有,是指两个或两个以上的权利主体按照其份额对共有的不动产或者动产行使权利、履行义务的共有。按份共有中,共有人对共有物享有所有权源于其对共有物享有的份额,权利与义务的多寡与共有人的份额密切相关。各共有人对共有物按照份额享有不同的权利,其权利及于共有物的全部,但此举并非意味着一

[1] 参见山西省运城市中级人民法院民事判决书,(2015)运中民终字第 2271 号。

个共有物上存在多个所有权,按份共有人所处分的是共有物所有权的份额,而不是将共有物分割后某一部分的单独所有权。

按份共有中,每个共有人按照其份额对共有物使用及收益,但按份共有物的处分,依《民法典》第 301 条的规定,除另有约定外,需经占份额三分之二以上共有人同意。

关联法规索引

《民法典》第 297、301 条

第二百九十九条　【共同共有】共同共有人对共有的不动产或者动产共同享有所有权。

条文解读

本条是关于共同共有的规定。

共同共有是指两个或两个以上的民事主体依据共同关系对共有的动产或者不动产共同享有所有权的共有。首先,共同共有的存在以共有关系为前提,如夫妻共同财产。其次,与按份共有中共有人依其份额对共有物享有权利、履行义务不同,共同共有中各共有人不分份额地对共有物享有所有权。再次,共同共有中,各共有人平等地对共有物享有权利和承担义务。最后,由于共同共有不存在份额之分,因此对共有财产的处分或者重大修缮、变更性质和用途的行为,除另有约定外,应当经过全体共有人的同意方可为之。在我国,一般认为共同共有包括夫妻共有、家庭共有和遗产分割前的共有。

关联法规索引

《民法典》第 297、301 条

典型案例

潘某某与黄某某物权保护纠纷案〔1〕

※**案例解读：**共同共有人对共有的不动产或者动产共同享有所有权。共同共有期间，共同共有人在共有关系中不分份额，但是这并不意味着共有物的收益可以由共同共有人之一享有。本案中涉案房屋由原告潘某某与被告黄某某二人共同共有，双方均享有占有、使用、收益和处分的权利，黄某某将涉案房屋出租后的租金应由两人共同享有，故潘某某有权请求黄某某向其返还相应租金收益。

第三百条 【共有物管理】共有人按照约定管理共有的不动产或者动产；没有约定或者约定不明确的，各共有人都有管理的权利和义务。

条文解读

本条是关于共有物管理的规定。

多数人对于某一物享有所有权，对共有物的管理关系到各共有人的利益，因此共有的法律规范中应当予以规范。根据本条款的规定，对于共有物的管理应当遵循以下规则：

第一，约定管理。对于共有财产的管理，共有人之间存在管理协议的，按照协议的约定进行管理。例如，按份共有人可以约定共有的不动产暂由某个共有人管理而其他共有人承担管理费用。

第二，共同管理。在共有人之间没有约定或者约定不明确时，各共有人均有管理的权利和义务，均可以保护共有物或者符合全体共有人利益的方式占有、使用共有物，对于一般的使用共有物的行为，如对共有物进行修缮等，各共有人均有权利单独为之，但是共有物的重大修缮、改变共有物的用途或性质的行为，应当按照《民法典》第301条的规定经占份额三分之二以上的按份共有人或者全体共有人的同意。

---

〔1〕 参见广东省广州市中级人民法院民事判决书，(2014)穗中法民五终字2786号。

关联法规索引

《民法典》第297、301～302条

第三百零一条　【共有物处分或重大修缮】处分共有的不动产或者动产以及对共有的不动产或者动产作重大修缮、变更性质或者用途的，应当经占份额三分之二以上的按份共有人或者全体共同共有人同意，但是共有人之间另有约定的除外。

条文解读

本条是关于共有物处分或重大修缮的规定。

对于按份共有物的处分或者重大修缮而言，为维护按份共有人的共同利益并兼顾效益和公平，实行绝对多数决原则，即占份额三分之二以上的按份共有人同意；如果没有达到规定份额的共有人同意而处分共有财产的，不能引起共有物的物权变动，行为无效。但是，如果按份共有人约定对共有物的处分应经全体共有人一致同意，则应当依照约定行事。此外，由于共有财产的特殊性，如果共有人对共有物变更其性质或用途、对共有财产进行重大修缮，因这三种行为的后果或者根本上改变了共有财产的价值或者属于所需费用较大，法律规定除共有人之间另有约定外，需经过占份额三分之二以上的按份共有人同意方可实施。

对于共同共有而言，以共有关系的存在为前提，共同共有的特征之一是对共有财产拥有共同利益，各共有人对共有物不分份额、平等地享有占有、使用、收益和处分的权利，因此，除共同共有人之间另有约定外，应当经全体共有人一致同意方可对共有财产进行处分。共同共有物的重大修缮、变更其用途或性质的行为亦与处分相当，若共有人之间无约定，则仍需全体共同共有人一致同意方可为之。

关联法规索引

《民法典》第297～299条

第三百零二条 【共有物管理费用负担】 共有人对共有物的管理费用以及其他负担,有约定的,按照其约定;没有约定或者约定不明确的,按份共有人按照其份额负担,共同共有人共同负担。

条文解读

本条是关于共有物管理费用及其他负担承担问题的规定。

共有物管理,是指对共有物进行保存、修缮或者使用的行为。对于共有物的管理,共有人之间有约定的依其约定,无约定的,各共有人均有管理的权利和义务。

在按份共有中,对共有物的管理费用以及其他负担,有约定的,按照约定;没有约定或者约定不明确的,按份共有人按照其份额承担。

在共同共有中,对共有物的管理费用以及其他负担,共同共有人有约定的,按照约定;没有约定或者约定不明确的,由共同共有人共同负担。

当然共有人之间的约定一般不能对抗善意第三人。

关联法规索引

《民法典》第 298 ~301 条

第三百零三条 【共有物分割的原则】 共有人约定不得分割共有的不动产或者动产,以维持共有关系的,应当按照约定,但是共有人有重大理由需要分割的,可以请求分割;没有约定或者约定不明确的,按份共有人可以随时请求分割,共同共有人在共有的基础丧失或者有重大理由需要分割时可以请求分割。因分割造成其他共有人损害的,应当给予赔偿。

条文解读

本条规定了共有物分割的三个原则,即意思自治原则、依法分割原则和损害赔偿原则。

第一,意思自治原则。共有物的分割与否应当充分尊重共有人的意思自治,共有人对共有物的分割有约定的依其约定。共有人约定不得分割共有的不动产或者动产来维持共有关系的，一般应当按照约定，但共有人有重大理由（如共有财产被查封、共有关系消灭等情形）需要分割共有的动产或者不动产的除外。

第二，依法分割原则。在共有人之间关于分割共有物与否的事项没有约定或者约定不明时，应当依照本条规定进行处理。按份共有人对共有物依其份额享有所有权，在没有约定或约定不明时，按份共有人可随时请求分割共有物；共同共有人较按份共有人而言更为特殊，共同共有人对共有物共同享有所有权且共同共有以共有关系为基础，所以共同共有人必须在共有基础丧失或者有重大理由需要分割时才可以请求分割。

第三，损害赔偿原则。共有关系的客体为一项特定的财产，因某些法定的原因，共有人分割共有财产，导致共有财产功能减弱或者丧失，从而降低共有财产的价值，进而损害了其他共有人的利益时，提议分割的人，应当对给其他共有人造成的损失给予补偿。

关联法规索引

《民法典》第298～299条

典型案例

刘某甲诉刘某乙、周某某共有房屋分割案[1]

※案例解读：本案中房屋为原、被告按份共有，而且父母为了子女的利益，尽管自己出资数额较大，但是仍然将大部分份额赠与子女。在二者发生纠纷后，如何处理共有物的分割问题，则需要考虑原、被告之间的关系。子女行使共有物的分割请求权，必须考虑到二者之间的关系，如果行使的结果将损害父母的生活，法院可依民法典的原则规定限制其权利的行使。

[1] 参见重庆市第五中级人民法院民事判决书，(2015)渝五中法民再终字第00043号。

第三百零四条 【共有物分割的方式及规则】 共有人可以协商确定分割方式。达不成协议，共有的不动产或者动产可以分割且不会因分割减损价值的，应当对实物予以分割；难以分割或者因分割会减损价值的，应当对折价或者拍卖、变卖取得的价款予以分割。

共有人分割所得的不动产或者动产有瑕疵的，其他共有人应当分担损失。

条文解读

本条规定了共有物分割的方式及规则。

对共有的动产或者不动产进行分割，当事人应当首先协商确定分割的方式，即关于共有物分割的方式应当充分尊重当事人的意思自治。

在共有人之间关于共有物的分割方式无法达成协议时，共有物分割可以采取实物分割、变价分割和作价补偿三种方式。实物分割是指由共有人对共有物进行实体分割，由各共有人取得分割部分的单独所有权。此类分割只有在共有物为可分物，而且分割后不会减损动产或者不动产的价值时，才应当采取。对于难以分割或分割后会导致共有物价值减损的，可对共有物采取折价处理或者拍卖、变卖，由共有人对所得价款进行分割，共有物不能进行实物分割时或者共有人都不愿意取得共有物时，采取这种方式较好地解决共有物的分割问题。作价补偿是指由某个共有人取得共有物的所有权，并由该共有人向其他共有人补偿其应有部分的价值。

各共有人在共有财产完成分割时，取得其所分得部分的所有权，如果该共有人所得不动产或者动产存在瑕疵的，其他共有人应负担保责任。

关联法规索引

《民法典》第 1065 条第 1 款、第 1066 条

典型案例

郭某与郭某某共有纠纷案〔1〕

※案例解读：共有人可以协商确定分割方式。本案中涉案房屋由郭某和郭某某两人按份共有，郭某某占百分之八十份额，郭某占百分之二十份额。两人于2016年12月13日的协议中明确约定房屋销售后两人应当分割房屋价款。故郭某有权要求郭某某向其支付协议中约定的卖房款70000元整。

第三百零五条　【共有人优先购买权】按份共有人可以转让其享有的共有的不动产或者动产份额。其他共有人在同等条件下享有优先购买的权利。

条文解读

本条是关于共有人优先购买权的规定。

按份共有人依其份额对共有的动产或者不动产享有所有权。此时所有权上存在份额，按份共有人可以自由转让其享有的该共有物的份额。

由于按份共有一般是基于当事人的自由意志而发生的，如合伙，为保证共有物的完整性以及共有人之间关系的稳定，按份共有人向外转让其享有的份额时，其他共有人在同等条件下享有优先购买的权利。“同等条件”，应当综合考虑共有份额的转让价格、价款履行方式及期限等因素确定。

配套法规及解读

《最高人民法院关于适用〈中华人民共和国民法典〉物权编的解释（一）》（2020年12月29日）

第九条　共有份额的权利主体因继承、遗赠等原因发生变化时，其他按份共有人主张优先购买的，不予支持，但按份共有人之间另有约定的除外。

第十条　民法典第三百零五条所称的“同等条件”，应当综合考虑共有份额的转让

〔1〕参见四川省成都市双流县人民法院民事判决书，（2017）川0116民初1816号。

价格、价款履行方式及期限等因素确定。

第十一条 优先购买权的行使期间，按份共有人之间有约定的，按照约定处理；没有约定或者约定不明的，按照下列情形确定：

（一）转让人向其他按份共有人发出的包含同等条件内容的通知中载明行使期间的，以该期间为准；

（二）通知中未载明行使期间，或者载明的期间短于通知送达之日起十五日的，为十五日；

（三）转让人未通知的，为其他按份共有人知道或者应当知道最终确定的同等条件之日起十五日；

（四）转让人未通知，且无法确定其他按份共有人知道或者应当知道最终确定的同等条件的，为共有份额权属转移之日起六个月。

第十二条 按份共有人向共有人之外的人转让其份额，其他按份共有人根据法律、司法解释规定，请求按照同等条件优先购买该共有份额的，应予支持。其他按份共有人的请求具有下列情形之一的，不予支持：

（一）未在本解释第十一条规定的期间内主张优先购买，或者虽主张优先购买，但提出减少转让价款、增加转让人负担等实质性变更要求；

（二）以其优先购买权受到侵害为由，仅请求撤销共有份额转让合同或者认定该合同无效。

第十三条 按份共有人之间转让共有份额，其他按份共有人主张依据民法典第三百零五条规定优先购买的，不予支持，但按份共有人之间另有约定的除外。

※法规解读：在按份共有人向外转让其享有的份额时，其他共有人在同等条件下享有优先购买的权利。“同等条件”，应当综合考虑共有份额的转让价格、价款履行方式及期限等因素确定，而且必须是转让时其他共有人才能主张优先购买权。如果共有份额的权利主体因继承、遗赠等原因发生变化时，共有人没有优先购买权。

如果其他按份共有人虽主张优先购买，但提出减少转让价款、增加转让人负担等实质性变更同等条件的要求，就不属于同等条件。其他共有人行使优先购买权，必须购买转让按份共有人的份额。其不能以其优先购买权受到侵害为由，仅请求撤销共有份额转让合同或者认定该合同无效。需要注意的是，共有人的优先购买权必须是按份共有人向共有人之外的人转让其份额时才能主张。如果按份共有人之间转让共有份额,其他按份共有人不能主张优先购买,当然按份共有人之间另有约定的除外。

第三百零六条　【共有份额转让的通知与优先购买权的行使】按份共有人转让其享有的共有的不动产或者动产份额的,应当将转让条件及时通知其他共有人。其他共有人应当在合理期限内行使优先购买权。

两个以上其他共有人主张行使优先购买权的,协商确定各自的购买比例;协商不成的,按照转让时各自的共有份额比例行使优先购买权。

条文解读

本条第1款规定了按份共有人转让其份额时的通知义务及其他共有人行使优先购买权的期限,第2款规定了多个共有人行使优先购买权的方式。

首先,虽然各按份共有人依其份额对共有的动产或者不动产享有所有权,但共有人彼此之间联络可能并不密切,因此为保障按份共有人优先购买权的实现,在共有人转让其所享有的份额时,该共有人负有及时通知其他共有人的义务。

其次,为保护共有人以外的第三人的利益,共有人之优先购买权应当在合理期限内行使。优先购买权的行使期间有约定的按照约定,没有约定的以通知为准,通知中未载明或期间低于15日则为15日,转让人未通知的自其他按份共有人知道或者应当知道最终确定的同等条件之日起15日,最长期间为共有份额转移之日起6个月。

最后,若有多个共有人同时主张行使优先购买权,则尊重共有人之间的意思自治,各共有人应当协商确定购买的份额,彼此之间不适用优先购买权的规定。如果协商不成的,则依照按份共有人对共有财产享有的份额比例行使优先购买权。

关联法规索引

《最高人民法院关于适用〈中华人民共和国民法典〉物权编的解释(一)》第11、12条

第三百零七条 【因共有财产产生的债权债务关系的效力】 因共有的不动产或者动产产生的债权债务，在对外关系上，共有人享有连带债权、承担连带债务，但是法律另有规定或者第三人知道共有人不具有连带债权债务关系的除外；在共有人内部关系上，除共有人另有约定外，按份共有人按照份额享有债权、承担债务，共同共有人共同享有债权、承担债务。偿还债务超过自己应当承担份额的按份共有人，有权向其他共有人追偿。

条文解读

本条规定了共有财产产生的债权债务关系的效力，包括对内和对外两个方面。

由于共有财产产生的债权债务涉及第三人的利益，故为保护第三人的合法权益，在对外关系上，无论该共有是共同共有还是按份共有，共有人享有连带债权、承担连带债务。若因共有财产而产生债务，债权人可请求共有人中的任意一人承担全部债务，若因共有财产而产生债权亦然。但法律另有规定或者第三人知道共有人不具有连带债权债务关系时，共有人不用承担连带责任，而是按照约定或者其份额对外承担债务，享有债权。

在共有人内部，由于按份共有人依其份额对共有财产享有所有权而共同共有人则不分份额地对共有财产享有所有权，因此按份共有人同样依其份额享有债权并承担债务；共同共有人由于不存在份额之分，应当共同享有债权、承担债务。例如，我国《合伙企业法》规定普通合伙人对于合伙债务承担无限连带责任，《民法典》婚姻家庭编规定的夫妻共同债务。但共有人之间另有约定的除外。

即使共有人之间对于债务承担存在约定，也不能对抗善意第三人。如果因共有的动产或者不动产产生债务，善意第三人此时仍有权请求共有人中的任何一人承担全部债务，故偿还债务的共有人所偿还的债务超过其所应当承担的份额时，该共有人有权就其所承担的超过其份额的部分向其他共有人追偿。

关联法规索引

《合伙企业法》第 40 条；《民法典》第 1064 条

典型案例

谭某某与严某某追偿权纠纷案[1]

※案例解读：因共有财产产生的债务，共同共有人对外连带承担，对内有约定的按照约定，无约定的共同承担。本案中涉案房屋由谭某某和严某某共同共有而非按份共有，双方对内不存在任何约定，亦未就该房屋进行分割，故二人之间不存在份额之分，应共同承担房屋债务。在共有物未分割的情况下，谭某某无权依据其还款行为向严某某行使追偿权。

第三百零八条　【共有关系不明时的性质推定】共有人对共有的不动产或者动产没有约定为按份共有或者共同共有，或者约定不明确的，除共有人具有家庭关系等外，视为按份共有。

条文解读

本条是关于共有关系推定的规定。

首先，共有人对于共有的不动产或者动产可以约定为按份共有或者共同共有，共有人之间有约定的，按照约定。其次，如果当事人之间关于共有财产没有约定为按份共有或者共同共有，或者约定不明确的，除共有人之间具有婚姻关系或者继承等特殊关系等外，推定为按份共有，至此，《最高人民法院关于贯彻执行〈中华人民共和国民法通则〉若干问题的意见（试行）》第 88 条规定的推定为共同共有的规定已经废除。

关联法规索引

《民法典》第 299、1062、1063、1065 条

---

[1] 参见浙江省杭州市中级人民法院民事判决书，（2017）浙 01 民终 3185 号。

第三百零九条 【按份共有人份额不明的确定原则】按份共有人对共有的不动产或者动产享有的份额,没有约定或者约定不明确的,按照出资额确定;不能确定出资额的,视为等额享有。

条文解读

本条规定了按份共有人份额不明时的确定原则。

按份共有是基于共有人的意思发生的共有,因此应当按照共有人的意思来确定各自享有的份额。如果共有人对共有财产享有的份额有约定的,依照约定。没有约定或者约定不明确时,如果共有关系是基于有偿行为发生的,则应当按照出资比例确定各共有人的比例。在不能确定出资额的情况下,则应视为等额享有。

关联法规索引

《民法典》第 298 条

第三百一十条 【用益物权、担保物权的准共有】两个以上组织、个人共同享有用益物权、担保物权的,参照适用本章的有关规定。

条文解读

本条是关于用益物权和担保物权准共有的规定。

所谓准共有,是指两个以上的组织、个人对所有权以外的财产权共同享有权利的共有。相对于共有而言,准共有的客体并非不动产或者动产等财产所有权,而是一定的财产权利,包括用益物权、担保物权等。

准共有准用共有的有关规定,各人就所有权之外的财产权利属于按份共有还是共同共有,应当视其共有关系而定。当然,准共有准用按份共有或者共同共有的前提是,规范该种财产权利的法律没有特别的规定。如果法律对财产权利有特别规定,则应首先适用该特别规定。

关联法规索引

《民法典》第205、297条

典型案例

高某与白某甲、张某某等不当得利纠纷案[1]

※案例解读：两个以上组织、个人共有享有用益物权的，参照适用《民法典》物权编第8章共有的规定。本案中涉案土地之土地承包经营权属于一审被告四人与原告的妻子白某乙五人共有，白某乙结婚后属于该家庭承包经营户的成员，因此其具有涉案土地收益分配之资格。在白某乙去世后其遗产由其丈夫即原告高某继承，故高某有权请求白某甲等四人支付白某乙涉案土地上承包经营权共有部分的收益。

[1] 参见内蒙古自治区赤峰市中级人民法院民事判决书，(2019)内04民终1009号。

第九章　所有权取得的特别规定

本章介绍

本章是所有权取得的特别规定，明确了善意取得的构成要件，规定了遗失物的善意取得问题，阐述了漂流物、隐藏物和埋藏物的所有权归属，解释了从物以及孳息的转让与取得，并新增了添附物所有权归属的相关规定。

第三百一十一条　【善意取得】无处分权人将不动产或者动产转让给受让人的，所有权人有权追回；除法律另有规定外，符合下列情形的，受让人取得该不动产或者动产的所有权：

（一）受让人受让该不动产或者动产时是善意；

（二）以合理的价格转让；

（三）转让的不动产或者动产依照法律规定应当登记的已经登记，不需要登记的已经交付给受让人。

受让人依据前款规定取得不动产或者动产的所有权的，原所有权人有权向无处分权人请求损害赔偿。

当事人善意取得其他物权的，参照适用前两款规定。

条文解读

本条是关于物权善意取得的规定。

无处分权人将不动产或者动产转让给受让人的，所有权人基于其所有权被妨碍，可向受让人行使物权返还请求权或者基于其对物的占有被妨碍而向受让人行使占有返还请求权，请求受让人返还原物，但若受让人受让该不动产或者动产时的情形符合善意取得的构成要件时，则受让人取得该物的所有权，原所有权人可基于其所有权受到损害为由向无处分权人请求损害赔偿。

善意取得的构成要件：

第一，转让人为无权处分人，即无处分权却处分他人财产，并且转让人与受让人之间的转让协议必须合法有效，不得存在合同无效或者可撤销的情形。

第二，受让人受让该不动产或者动产时为善意。所谓善意，是指受让人受让不动产或者动产时，不知道转让人无处分权，且无重大过失。在不动产或者动产的交易中，推定受让人为善意，真实权利人主张受让人不构成善意的，应当承担举证证明责任。如果存在下列情形之一的，应当认定受让人知道无权处分：（1）登记簿上存在有效的异议登记；（2）预告登记有效期内，未经预告登记的权利人同意；（3）登记簿上已经记载司法机关或者行政机关依法裁定、决定查封或者以其他形式限制不动产权利的有关事项；（4）受让人知道登记簿上记载的权利主体错误；（5）受让人知道他人已经依法享有不动产物权。重大过失是指受让人受让动产时，交易的对象、场所或者时机等不符合交易习惯或者受让人知道转让人无权处分等，应当认定受让人具有重大过失。

第三，认定善意的时间，受让不动产为转移登记之时，受让动产的，为动产的交付之时。法律对不动产、动产物权的设立另有规定的，应当按照法律规定的时间认定权利人是否为善意。在受让人已经取得标的物所有权以后，知晓转让人为无权处分的，不影响善意取得的认定。

第四，受让人以合理的价格受让动产或者不动产，此处所指合理的价格应当根据转让标的物的性质、数量以及付款方式等具体情况，参考转让时交易地市场价格以及交易习惯等因素综合认定。

第五，转让的不动产或者动产依照法律规定应当登记的已经登记，不需要登记的已经交付给受让人。一般不动产转让需登记，而动产转让需完成交付，转让人已向受让人交付机动车、航空器、船舶等特殊动产的，也认定其行为符合善意取得的条件。

当事人善意受让所有权之外的其他权利的，参照善意取得制度的规定。

关联法规索引

《民法典》第226、227条；《最高人民法院关于适用〈中华人民共和国民法典〉物权编的解释（一）》第15～20条；《最高人民法院关于适用〈中华人民共和国公司

法〉若干问题的规定(三)》第7、25、27条

典型案例

刘某某诉卢某某财产权属纠纷案[1]

※**案例解读**:善意取得的构成要件主要包括转让人无权处分、受让人为善意、受让人以合理价格受让和转让已完成公示。本案中,卢某某受让案外人陈某某转让的涉案车辆时,首先卢某某受让车辆时明知转让人并非车辆所有人,其次卢某某不能证明其受让车辆时是以合理价格受让,因此卢某某不能善意取得涉案车辆。故刘某某可基于物权返还请求权要求卢某某返还该车辆。

第三百一十二条 【遗失物的善意取得】所有权人或者其他权利人有权追回遗失物。该遗失物通过转让被他人占有的,权利人有权向无处分权人请求损害赔偿,或者自知道或者应当知道受让人之日起二年内向受让人请求返还原物;但是,受让人通过拍卖或者向具有经营资格的经营者购得该遗失物的,权利人请求返还原物时应当支付受让人所付的费用。权利人向受让人支付所付费用后,有权向无处分权人追偿。

条文解读

本条是关于遗失物善意取得的规定。

遗失物是指无人占有,但为有主的动产。[2] 认定某物为遗失物必须符合以下两个条件:第一,该物的原所有权人非基于本人的意思而丧失对物的占有并且该物处于无人占有之状态,此时应注意以下情形,若顾客将物品掉落于出租车或者酒店内等,即使出租车司机或酒店管理人员不知物品掉落,但是由于出租车或者酒店的所有者或管理者对该车辆或场所处于完全的控制支配地位,故仍可认定上述人已占有遗失物。第二,该无人占有物为有主的动产,若该物为抛弃物等无主物,则应

---

[1] 参见刘某某诉卢某某财产权属纠纷案,载《最高人民法院公报》2008年第2期。

[2] 参见王泽鉴:《民法物权》(第1册),中国政法大学出版社2001年版,第282页。

适用先占或者依据法律的特别规定而非适用遗失物的规则。

依据本条规定，遗失物原则上不适用善意取得，若善意第三人受让的标的物为遗失物的，则所有权人或者其他权利人有权追回该物，该权利适用两年的除斥期间，即权利人应当自知道或者应当知道受让人之日起两年内向受让人请求返还原物，受让人返还原物后可向让与人请求赔偿。除要求受让人返还原物外，权利人有权向无处分权人请求损害赔偿。

遗失物不适用善意取得的规定并非完全倾斜保护原权利人，若受让人取得该遗失物的途径为拍卖或者向有经营资格的经营者购得，此时如果权利人请求受让人返还原物，应向受让人支付所付费用，权利人支付后可向上述无权处分人进行追偿。

当然，本条款中的遗失物不能是货币或者无记名有价证券。遗失人无权向善意取得人请求返还原物时，其可以向出让人请求返还同种类物或者请求其进行赔偿。

典型案例

汪某某与朱某某不当得利纠纷案〔1〕

※案例解读：所有权人或者其他权利人有权追回遗失物，该遗失物通过转让被他人占有的，权利人有权向无处分权人请求损害赔偿。本案原告所丢失两只羊被被告捡到，被告在找不到失主后卖与他人，对羊的原权利人即原告汪某某的所有权造成了损害，故原告汪某某有权向无权处分人即被告朱某某请求赔偿其羊的损失。

第三百一十三条 【善意受让人取得动产后的原有权利消灭】善意受让人取得动产后，该动产上的原有权利消灭。但是，善意受让人在受让时知道或者应当知道该权利的除外。

〔1〕 参见江苏省灌南县人民法院民事判决书，(2014)南民初字第0640号。

条文解读

本条是关于善意受让人取得动产后的原有权利消灭的规定。

善意的受让人取得动产后，该动产上的原有权利消灭。除原权利人的所有权消灭，受让人取得所有权外，基于该动产而设立的担保物权或者用益物权即告消灭。但若善意的受让人在受让时知道或者应当知道动产上存在权利负担时，则该权利不消灭。

关联法规索引

《民法典》第 312 条；《最高人民法院关于适用〈中华人民共和国民法典〉物权编的解释（一）》第 16～17 条

典型案例

盘锦路路通实业有限公司与高某返还原物纠纷案〔1〕

※案例解读：善意的受让人取得动产后，该动产上的原有权利消灭。本案中路路通实业有限公司已自转让人曹某某处受让车辆，对曹某某无处分权不知情且无重大过失，并且已经支付了合理对价 34 万元，转让车辆已交付完毕。路路通实业有限公司已经善意取得涉案车辆的所有权，该车辆的原所有权人的所有权已经消灭。故原权利人高某无权直接将该涉案车辆开走，应将车辆返还给路路通实业有限公司。

第三百一十四条　【拾得遗失物返还】拾得遗失物，应当返还权利人。拾得人应当及时通知权利人领取，或者送交公安等有关部门。

条文解读

本条是关于拾得遗失物返还的规定。

〔1〕 参见辽宁省盘锦市中级人民法院民事判决书，(2017)辽 11 民终 471 号。

遗失物是原权利人非基于本人的意思而丧失对物的占有并且该物处于无人占有的状态，遗失物并非抛弃物等无主物，不可适用先占之原则，其脱离原权利人占有的事实并非基于本人的意思，所以在拾得遗失物后，拾得人应当返还给权利人。

拾得人在拾得遗失物后，若能确定权利人的，则负有及时通知权利人领取的义务；若不能确定权利人的，应当送交公安机关等有关部门。拾得人在权利人领取遗失物后，可要求权利人支付其因保管、送交遗失物等行为所支出的必要费用。

关联法规索引

《民法典》第 317 条

典型案例

张某某与杨某返还原物纠纷案〔1〕

※案例解读：拾得遗失物，应当返还权利人。拾得人应当及时通知权利人领取，或者送交公安等有关部门。本案中被告于银行自动柜员机处拾得原告钱包，被告虽于其后将钱包送交至公安机关处，但并未将钱包内的钱归还原告。故原告有权要求被告将遗失物完整返还即将钱包内现金返还原告。

第三百一十五条　【收到遗失物的处理】有关部门收到遗失物，知道权利人的，应当及时通知其领取；不知道的，应当及时发布招领公告。

条文解读

本条是关于有关部门收到遗失物如何处理的规定。

遗失物拾得人无法及时通知遗失物权利人的，在拾得遗失物后，应当送交公安

〔1〕 参见云南省昆明市五华区人民法院民事判决书，(2018)云 0102 民初 9338 号。

机关等有关部门。遗失物拾得人负有返还遗失物、及时通知和及时送交等义务，在拾得人将遗失物送交公安机关等有关部门后，遗失物拾得人所负义务便转移至该有关部门，故有关部门收到遗失物后，知道权利人的，应当及时通知其领取；不知道权利人的，应当及时发布招领公告。由此产生的必要费用由权利人负担。

关联法规索引

《民法典》第 317 ~318 条

第三百一十六条 【遗失物保管】拾得人在遗失物送交有关部门前，有关部门在遗失物被领取前，应当妥善保管遗失物。因故意或者重大过失致使遗失物毁损、灭失的，应当承担民事责任。

条文解读

本条是关于遗失物保管的规定。

拾得人在拾得遗失物后、送交有关部门前以及有关部门在收到遗失物、遗失物权利人领取遗失物以前，均负有妥善保管遗失物的义务，因保管该遗失物所支出的必要费用由权利人承担。拾得人或有关部门因故意或重大过失导致遗失物毁损、灭失的，权利人得要求其承担相应的民事责任。

遗失物不易保管或者保管费用过高的，公安机关可以及时拍卖、变卖遗失物，保管其价金，拾得人不能自行拍卖、变卖遗失物。

关联法规索引

《民法典》第 317 条

典型案例

戚某昌与戚某云遗失物返还纠纷案[1]

※**案例解读**：拾得人在遗失物送交有关部门前，应当妥善保管遗失物。因故意或者重大过失致使遗失物毁损、灭失的，应当承担民事责任。本案中水牛为遗失物，被告戚某云为拾得人，戚某云在拾得水牛后管理不善，导致水牛被他人盗走，属于因重大过失致使遗失物毁损、灭失的情形。故原告戚某昌有权要求被告戚某云承担相应的赔偿责任。但戚某昌作为水牛所有人，放养水牛时管理不善导致其走失被盗，亦负一定责任，因此被告不应当赔偿全部损失。

第三百一十七条 【权利人领取遗失物的义务】权利人领取遗失物时，应当向拾得人或者有关部门支付保管遗失物等支出的必要费用。

权利人悬赏寻找遗失物的，领取遗失物时应当按照承诺履行义务。

拾得人侵占遗失物的，无权请求保管遗失物等支出的费用，也无权请求权利人按照承诺履行义务。

条文解读

本条是关于权利人领取遗失物时所负义务的规定。

拾得人将遗失物送交有关部门以前，有关部门在权利人领取遗失物以前均负有妥善保管遗失物的义务，同时上述两类主体还负有及时返还、及时通知和发布公告等义务，故权利人在领取遗失物时，应当向拾得人或有关部门支付因上述行为而产生的必要费用。

权利人悬赏寻找遗失物的，由于悬赏行为属于单方民事法律行为，仅凭权利人一方的意思表示即可成立并生效，故拾得人或者其他组织完成悬赏人所要求的特定行为时，权利人应当按照其承诺履行相应的义务。

若拾得人侵占遗失物的，此时权利人的所有权被侵害，权利人可基于物权返还

〔1〕 参见云南省丘北县人民法院民事判决书，(2016)云2626民初1155号。

请求权要求无权占有人返还原物，拾得人请求支付保管遗失物等必要费用和请求权利人依约履行承诺的权利一并丧失；除承担民事责任以外，若拾得人侵占遗失物的数额较大，还有可能构成犯罪而被追究刑事责任。

关联法规索引

《民法典》第314～316、499条

典型案例

张某某与陆某某返还原物纠纷案[1]

※案例解读：拾得人侵占遗失物的，无权请求保管遗失物等支出的费用，也无权请求权利人按照承诺履行义务。本案中被告已于2016年4月5日知晓涉案哈士奇为原告遗失物，在拾得后且原告提出请求时并未向原告返还而是选择侵占该遗失物。故被告于案件审理过程中请求原告支付4月5日以后的哈士奇饲养费的请求不能得到支持。但是之前其保管遗失物而发生的费用，应由权利人承担。

第三百一十八条　【无人认领的遗失物归属】遗失物自发布招领公告之日起一年内无人认领的，归国家所有。

条文解读

本条是关于无人认领的遗失物归属的规定。

本次《民法典》将此前《物权法》中规定的公告时间由6个月修改为1年，使原权利人有更多的时间主张权利、认领遗失物，体现了我国《民法典》对于私人财产保护的日益重视。自有关机关发布公告之日起1年内无人认领的，该遗失物归国家所有，有关机关可依法拍卖、变卖该遗失物后将所得价款上缴国库。自然人、法人或者非法人组织可向其所在地基层人民法院提起认定财产无主之诉，人民法院受

[1] 参见广西壮族自治区南宁市西乡塘区人民法院民事判决书，(2016)桂0107民初2717号。

理申请后，经审查核实，应当发出财产认领公告。公告满 1 年无人认领的，判决认定财产无主，收归国家或者集体所有。

配套法规及解读

《民事诉讼法》(2021 年 12 月 24 日修正)

第一百九十八条　申请认定财产无主，由公民、法人或者其他组织向财产所在地基层人民法院提出。

申请书应当写明财产的种类、数量以及要求认定财产无主的根据。

第一百九十九条　人民法院受理申请后，经审查核实，应当发出财产认领公告。公告满一年无人认领的，判决认定财产无主，收归国家或者集体所有。

第二百条　判决认定财产无主后，原财产所有人或者继承人出现，在民法典规定的诉讼时效期间可以对财产提出请求，人民法院审查属实后，应当作出新判决，撤销原判决。

※法规解读：申请认定财产无主案件，由公民、法人或者其他组织向财产所在地基层人民法院提出。申请书应当写明财产的种类、数量以及要求认定财产无主的根据。

人民法院受理申请后，经审查核实，应当发出财产认领公告。公告满一年无人认领的，判决认定财产无主，收归国家或者集体所有。

判决认定财产无主后，原财产所有人或者继承人出现，在民法典规定的诉讼时效期间可以对财产提出请求，人民法院审查属实后，应当作出新判决，撤销原判决。

关联法规索引

《民法典》第 314 ~ 315 条；《民事诉讼法》第 184、198 ~ 200 条

第三百一十九条　【拾得漂流物、发现埋藏物或者隐藏物的规定】拾得漂流物、发现埋藏物或者隐藏物的，参照适用拾得遗失物的有关规定。法律另有规定的，依照其规定。

条文解读

本条是关于拾得漂流物、发现埋藏物或者隐藏物的规定。

漂流物,是指漂浮在江河湖海等水面上之物。埋藏物,是指埋藏于地下、所有权人不明的物。隐藏物,是指隐藏于其他不动产或者动产中的物。埋藏物、隐藏物与遗失物的相同之处在于,此类物均属于所有人不明之物。

拾得人拾得漂流物、发现埋藏物或者隐藏物的,一般情况下参照适用关于拾得遗失物的有关规定,及时归还、妥善保管、上交等,能够确定权利人的,应当及时通知权利人领取。但由于前述三类物较为特殊,因此其他法律另有规定的,依照其他法律。比如,该三类物有可能与文物或者具有科研价值的物存在交叉,《文物保护法》第 32 条第 2 款规定:“依照前款规定发现的文物属于国家所有,任何单位或者个人不得哄抢、私分、藏匿。”该条文即为拾得、发现上述三类物的特别规定。再如《金银管理条例》规定,一切出土的无主金银,均为国家所有。

关联法规索引

《民法典》第 314 ~ 318 条;《文物保护法》第 32 条;《金银管理条例》第 13 条;《城镇国有土地使用权出让和转让暂行条例》第 2 条

典型案例

刘某某与张某某漂流物返还纠纷案[1]

※案例解读:拾得漂流物的,参照适用遗失物的有关规定。本案中涉案船只为漂流物,被告在拾得该船后应及时将其返还原告,被告有权要求原告支付因保管该船只而支出的必要费用。由于 2014 年 3 月 29 日被告已知晓该船权利人但拒绝返还涉案船只,因此该日后被告无权要求原告支付保管船只的必要费用。

[1] 参见湖南省邵阳市新邵县人民法院民事判决书,(2015)新民初字第 261 号。

第三百二十条　【从物随主物转让】主物转让的,从物随主物转让,但是当事人另有约定的除外。

条文解读

本条是关于从物转让的规定。

主物是指在与其他物的结合使用中发挥主要作用的物,而从物则是指发挥辅助作用的物,两者均是独立物。从物不是主物的组成部分。在实践中,主物、从物虽然相互独立,但在使用过程中却需要互相配合,从物需要主物存在方可发挥作用,其存在便是为了辅助主物的利用,增加主物的价值。一般而言,民事行为的效力及于主物的亦会及于从物,故若当事人对于从物的转让没有特别约定的,主物转让时,从物随主物一并转让。

配套法规及解读

《民法典》(2020 年 5 月 28 日)

第六百三十一条　因标的物的主物不符合约定而解除合同的,解除合同的效力及于从物。因标的物的从物不符合约定被解除的,解除的效力不及于主物。

《最高人民法院关于适用〈中华人民共和国民法典〉有关担保制度的解释》(2020 年 12 月 31 日)

第四十条　从物产生于抵押权依法设立前,抵押权人主张抵押权的效力及于从物的,人民法院应予支持,但是当事人另有约定的除外。

从物产生于抵押权依法设立后,抵押权人主张抵押权的效力及于从物的,人民法院不予支持,但是在抵押权实现时可以一并处分。

《最高人民法院关于人民法院民事执行中查封、扣押、冻结财产的规定》(2020 年 12 月 29 日修正)

第二十条　查封、扣押的效力及于查封、扣押物的从物和天然孳息。

※法规解读:分别明确了从物之命运系于主物在合同解除、抵押权设立和查封、扣押中的具体体现及例外情形。

关联法规索引

《民法典》第631条;《最高人民法院关于适用〈中华人民共和国民法典〉有关担保制度的解释》第40条;《最高人民法院关于人民法院民事执行中查封、扣押、冻结财产的规定》第20、22条

典型案例

中信银行股份有限公司昆明分行与李某返还原物纠纷案[1]

※案例解读:除当事人另有约定外,主物转让的,从物随主物转让。本案中涉案车辆为主物,车辆合格证为从物,李某购车时已全额支付购车价款并取得车辆所有权,但作为从物的车辆合格证却并未随车辆一并交付。虽然第三人中信银行股份有限公司昆明分行对车辆合格证享有抵押权,但该权利不能对抗李某的所有权。故李某有权请求其返还作为从物的车辆合格证。

第三百二十一条　【天然孳息及法定孳息】天然孳息,由所有权人取得;既有所有权人又有用益物权人的,由用益物权人取得。当事人另有约定的,按照其约定。

法定孳息,当事人有约定的,按照约定取得;没有约定或者约定不明确的,按照交易习惯取得。

条文解读

本条是关于天然孳息和法定孳息归属的规定。

天然孳息是指因物的自然规律而产生的收益,如果树结果、牲畜繁殖等。法定孳息是根据法律的规定,因法律关系而产生的收益,如房屋出租的租金、民间借贷利息等。

---

〔1〕 参见云南省昆明市中级人民法院民事判决书,(2017)云01民终740号。

天然孳息基于自然规律而产生，因此天然孳息的产出与原物密切相关，我国法律规定天然孳息由所有权人取得。但是，在物的利用较为复杂时，如在同一物上既有所有权人，又有用益物权人时，由用益物权人取得。当事人之间对于天然孳息所有权归属有约定的，按照其约定。

法定孳息与天然孳息不同，其基于法律关系而产生，一般发生于交易之中且多以金钱的方式呈现，故若当事人之间有约定的，按照约定取得；没有约定或者约定不明确的，按照交易习惯取得。

配套法规及解读

《民法典》(2020年5月28日)

第四百一十二条 债务人不履行到期债务或者发生当事人约定的实现抵押权的情形，致使抵押财产被人民法院依法扣押的，自扣押之日起，抵押权人有权收取该抵押财产的天然孳息或者法定孳息，但是抵押权人未通知应当清偿法定孳息义务人的除外。

前款规定的孳息应当先充抵收取孳息的费用。

第四百三十条 质权人有权收取质押财产的孳息，但是合同另有约定的除外。

前款规定的孳息应当先充抵收取孳息的费用。

第四百五十二条 留置权人有权收取留置财产的孳息。

前款规定的孳息应当先充抵收取孳息的费用。

第四百六十条 不动产或者动产被占有人占有的，权利人可以请求返还原物及其孳息；但是，应当支付善意占有人因维护该不动产或者动产支出的必要费用。

第五百七十三条 标的物提存后，毁损、灭失的风险由债权人承担。提存期间，标的物的孳息归债权人所有。提存费用由债权人负担。

第六百三十条 标的物在交付之前产生的孳息，归出卖人所有；交付之后产生的孳息，归买受人所有。但是，当事人另有约定的除外。

第九百条 保管期限届满或者寄存人提前领取保管物的，保管人应当将原物及其孳息归还寄存人。

《最高人民法院关于适用〈中华人民共和国民法典〉继承编的解释(一)》(2020年12月29日)

第二条 承包人死亡时尚未取得承包收益的,可以将死者生前对承包所投入的资金和所付出的劳动及其增值和孳息,由发包单位或者接续承包合同的人合理折价、补偿。其价额作为遗产。

《最高人民法院关于适用〈中华人民共和国民法典〉婚姻家庭编的解释(一)》(2020年12月29日)

第二十六条 夫妻一方个人财产在婚后产生的收益,除孳息和自然增值外,应认定为夫妻共同财产。

《最高人民法院关于人民法院执行工作若干问题的规定(试行)》(2020年12月29日修正)

65. 在执行中或执行完毕后,据以执行的法律文书被人民法院或其他有关机关撤销或变更的,原执行机构应当依照民事诉讼法第二百三十三条的规定,依当事人申请或依职权,按照新的生效法律文书,作出执行回转的裁定,责令原申请执行人返还已取得的财产及其孳息。拒不返还的,强制执行。

执行回转应重新立案,适用执行程序的有关规定。

《最高人民法院关于人民法院民事执行中查封、扣押、冻结财产的规定》(2020年12月29日修正)

第二十条 查封、扣押的效力及于查封、扣押物的从物和天然孳息。

※法规解读: 占有原物的人,享有收取孳息的权利。因此质权人、留置权人、抵押财产被人民法院依法扣押之日起的抵押权人都有权收取孳息,查封、扣押的效力及于查封、扣押物的天然孳息。

孳息归原物的所有权人所有,但是当事人另有约定的除外。标的物提存后,标的物的孳息归债权人所有。买卖合同中标的物在交付之前产生的孳息,归出卖人所有;交付之后产生的孳息,归买受人所有。但是,当事人另有约定的除外。夫妻一方个人财产在婚后产生的孳息归其个人所有。

返还原物时,应同时返还孳息。如在保管期限届满或者寄存人提前领取保管物的,保管人应当将原物及其孳息归还寄存人;不动产或者动产被占有人占有的,权利人可以请求返还原物及其孳息;执行回转发生时,原申请执行人应返还已取得的财产及其孳息。

关联法规索引

《民法典》第452、573、630、900条

第三百二十二条 【添附物的归属】因加工、附合、混合而产生的物的归属,有约定的,按照约定;没有约定或者约定不明确的,依照法律规定;法律没有规定的,按照充分发挥物的效用以及保护无过错当事人的原则确定。因一方当事人的过错或者确定物的归属造成另一方当事人损害的,应当给予赔偿或者补偿。

条文解读

本条是关于添附物的所有权归属的规定。添附包括三种形态,即加工、附合和混合。

加工是指对他人的动产进行制造或改造使之成为新物,而发生物权变动的法律事实。[1] 加工行为的客体为动产,加工的过程中有人力的使用,即对他人的动产进行了制造或者改造的行为,因加工产生了新物。

附合包含两种情形:一种为动产与不动产的附合,动产和不动产分属不同的人所有,附合后动产成为不动产的主要组成部分,若将其分离将导致该物毁损或者其性质变更,如使用他人地砖铺设地板。另一种为动产与动产的附合,该种情形下附合的构成要件与动产和不动产的附合相类似,均要求两物分属不同人所有、一物成为另一物的主要组成部分且难以分离,如使用他人油漆粉刷家具。

混合是指动产之间相互结合而不可分割或分割费用过大的情形。[2] 首先混合发生在动产与动产之间,其次动产分属不同人所有,再次也是附合和混合的区别,即附合能够识别附合的动产和不动产,而混合在一起的动产则无法识别,如甲的五常大米和乙的盘锦大米混合。

对于因混合、附合、加工而产生的物的归属,首先,尊重当事人的意思自治,若当事人之间有约定,则依照其约定;其次,如果当事人之间没有约定或者约定不明,

---

〔1〕 参见魏振瀛:《民法》,北京大学出版社2000年版,第244页。

〔2〕 参见[德]曼弗雷德·沃尔夫:《物权法》,吴越、李大雪译,法律出版社2002年版,第304页。

则依照法律规定确定所有权的归属;最后,如果法律没有规定,则按照充分发挥物的效用和保护无过错当事人的原则确定。例如,使用他人油漆粉刷家具,为发挥物之效用,已附合至家具上之油漆应归家具所有人所有。如果因当事人过错或所有权归属造成他人损害的,应当承担相应的赔偿责任或者给予补偿。例如,上述粉刷家具所用油漆所有权已归家具所有人,此时原油漆所有人对油漆所享有的所有权受到侵害,若家具所有权人有过错,则应承担相应的赔偿责任;若无过错,则应给予对方相应补偿。

关联法规索引

《最高人民法院关于审理城镇房屋租赁合同纠纷案件具体应用法律若干问题的解释》第 7 ~11 条

第三分编　用 益 物 权

分编介绍

本分编是物权编的第三分编，主要规定了用益物权制度。用益物权是权利人对他人所有的动产或不动产享有的权利。本分编主要规定了土地承包经营权、建设用地使用权、宅基地使用权、居住权和地役权。

第十章　一 般 规 定

本章介绍

本章是第三分编用益物权的一般规定，规定了用益物权的定义和行使规范，同时规定了自然资源使用权的使用规则和调整范围，并为保护用益物权人利益规定了被征收、征用时享有补偿请求权。

第三百二十三条　【用益物权的定义】用益物权人对他人所有的不动产或者动产，依法享有占有、使用和收益的权利。

条文解读

本条明确了用益物权的定义，用益物权人对他人所有的不动产或者动产，依法享有占有、使用和收益的权利。用益物权的类型包括土地承包经营权、建设用地使用权、宅基地使用权、居住权、地役权。

用益物权是建立于所有权上的他物权，其追求的是物的使用价值，即为了增进物尽其用，用益物权人占有、使用他人之物，满足自己使用他人之物的需求并获取收益，同时所有权人也可从用益物权人处获得相应的利益。

用益物权的特征如下：第一，用益物权是一种定限物权。物权以支配标的物的范围为标准，可分为完全物权与定限物权，所有权为完全物权，而用益物权和担保物权为定限物权。所有权权能范围是占有、使用、收益、处分，而用益物权不具有处分的权能。第二，用益物权以对物的占有为前提。只有用益物权人对标的物进行占有，才能实现物的使用和收益的权能，但部分地役权除外。第三，用益物权是以使用和收益为目的的物权。用益物权是对他人之物进行使用和收益，为满足自己的需求而设定的独立的物权。第四，用益物权主要以不动产为标的物。这是因为不动产通常极为稀缺，价值较高且不可替代，另外，在我国土地所有权不可转移，使在土地等不动产上设立用益物权就成为经济和社会发展的必然。

关联法规索引

《民法典》第 114 条第 2 款

典型案例

赵某甲与张某某等土地承包经营权纠纷案[1]

※案例解读：我国依法保护当事人的用益物权。本案中，案外第三人赵某乙将其承包的荒山转包给张某某，张某某因此获得了土地经营权。土地经营权属于用益物权，张某某依法享有对该荒山占有、使用和收益的权利。而赵某乙与赵某丙、王某之间签订的土地转让合同，系因王某胁迫赵某乙签订，属意思表示不真实，经过法院确定合同无效，无效合同自始不发生效力，赵某甲非法占有涉案土地，侵犯了张某某合法的土地经营权，因此需要承担相应的法律责任。

〔1〕 参见辽宁省阜新市中级人民法院民事判决书，(2017)辽 09 民终 1279 号。

第三百二十四条　【国有、集体自然资源的使用规则】 **国家所有或者国家所有由集体使用以及法律规定属于集体所有的自然资源，组织、个人依法可以占有、使用和收益。**

条文解读

本条是关于国有、集体自然资源使用规则的规定。

根据我国宪法和法律的规定，自然资源所有权属于国家和集体，这符合我国社会主义公有制度的经济体制。自然资源的价值更多在于自然资源的使用权，国家所有的自然资源一般通过行政许可方式赋予其他主体开发利用，而集体所有的自然资源一般通过承包、租赁的方式供组织和个人使用、收益。根据我国法律规定，自然资源的使用权可分为水权、林权、矿业权、狩猎权、渔业权、捕捞权、海域使用权等权利。在适用法律时，按照特别法优于普通法的规则，在没有特别法规定的情况下，可以适用《民法典》用益物权的规则。但是，自然资源使用权与用益物权也存在区别，表现在自然资源使用权的主体受行政法的规制，可能需要承担公法义务。

关联法规索引

《土地管理法》第 10 条

典型案例

杜某某与刘某某土地承包经营权纠纷案[1]

※案例解读： 我国《水法》第 3 条规定，水资源属于国家所有。水资源的所有权由国务院代表国家行使。农村集体经济组织的水塘和由农村集体经济组织修建管理的水库中的水，归各该农村集体经济组织使用。国家所有或者集体所有的自然资源，单位、个人依法可以占用、使用和收益。本案中水库管理所依法将其所有

〔1〕 参见辽宁省阜新市中级人民法院民事判决书，(2019)辽 09 民终 356 号。

的鱼池发包给杜某某使用，杜某某在与水库管理所签订鱼池承包合同后依法对该鱼池享有用益物权。刘某某未经杜某某许可，擅自侵占其鱼池，依法应承担责任。

第三百二十五条 【自然资源有偿使用制度】国家实行自然资源有偿使用制度，但是法律另有规定的除外。

条文解读

本条是关于自然资源有偿使用制度的规定。

国家作为自然资源的所有者和管理者，有权向自然资源的使用者收取使用费用。我国的自然资源使用制度以有偿使用为原则，无偿使用为例外。无偿使用必须是法律明确规定，一般是为了扶持公益事业、减轻农民负担等，如根据《水法》第7条的规定，农村集体经济组织及其成员使用本集体经济组织的水塘、水库中的水是无偿的。

关联法规索引

《城市房地产管理法》第3、40条；《土地管理法》第2、54～55条；《水法》第7条；《矿产资源法》第5条；《土地管理法实施条例》第17条；《城镇国有土地使用权出让和转让暂行条例》第2条

典型案例

松阳县水利局与松阳县丽润水电开发有限公司取水权纠纷案[1]

※案例解读：我国确立自然资源有偿使用的制度，需要经过行政许可取得自然资源的使用权，并按照规定缴纳相应的使用费用。本案中，丽润水电开发有限公司

〔1〕 参见浙江省松阳县人民法院民事判决书，(2013)丽松民初字第357号。

在松阳县水利局取得取水许可后，于 2011 年、2012 年两年中在松阳县取水从事水力发电，应该缴纳相应水资源费用。

第三百二十六条　【用益物权的行使规范】用益物权人行使权利，应当遵守法律有关保护和合理开发利用资源、保护生态环境的规定。所有权人不得干涉用益物权人行使权利。

条文解读

本条是关于用益物权人和所有权人的义务。

用益物权人的义务，是遵守法律有关保护和合理开发利用资源、保护生态环境的规定。用益物权的标的多为不动产，如土地、矿产、水资源等自然资源，具有不可再生性或者稀缺性，而且与生态环境息息相关，对土地资源的不合理利用会造成土地荒漠化或者水土流失。因此，为了我国社会可持续发展，必须要求用益物权人根据法律的规定合理开发利用资源、保护自然环境。

所有权人的义务，是不得干涉用益物权人行使权利。用益物权是在他人所有的物上设立的，因此必定对所有权有所限制。所有权人具有容忍他人在自己的物上行使占有、使用、收益行为的义务，接受来自用益物权的限制。具体表现为：在用益物权成立之后，所有权人不得干涉用益物权人行使权利，不得随意终止用益物权，否则应当承当相应的民事责任。

关联法规索引

《宪法》第 9 ~ 10、26 条；《土地管理法》第 3 条；《农村土地承包法》第 11 条；《矿产资源法》第 3、29 ~ 30、32、44 条；《煤炭法》第 11、57 条；《水污染防治法》第 49 条；《水法》第 9、31 条；《水土保持法》第 17、25、28 条；《海洋环境保护法》第 24 条；《草原法》第 14、33 ~ 35 条；《环境保护法》第 64 条；《清洁生产促进法》第 25 条；《农业法》第 57 ~ 59、61、65、66 条

典型案例

王某某诉敦化市青沟子乡道口村村民委员会合同纠纷案〔1〕

※案例解读：我国法律规定，林地的承包期为30年至70年；特殊林木的林地承包期，经国务院林业行政主管部门批准可以延长。在本案中，王某某已经获得了诉争林地的用益物权，所有权人不得干涉用益物权人行使权利。因此在没有明确本案中林地的用益物权的承包年限为30年的前提下，所有权人认为其与用益物权人的合同期限为30年没有法律和事实依据，其不能通过单方决议的方式解除合同而损害用益物权人的合法权益。

第三百二十七条 【用益物权人因征收、征用有权获得补偿】因不动产或者动产被征收、征用致使用益物权消灭或者影响用益物权行使的，用益物权人有权依据本法第二百四十三条、第二百四十五条的规定获得相应补偿。

条文解读

本条是关于用益物权人因征收、征用有权获得补偿的规定。

用益物权人虽不如所有权人享有物的全部权能，但仍是具有独立物权地位的权利人，对他人所有的不动产或者动产享有占有、使用和收益的权利。因他人的不动产或者动产被征收、征用致使用益物权消灭或者影响用益物权行使的，用益物权人也有权依法获得相应的补偿。对用益物权人的补偿，应该参照《民法典》第243、245条的规定，同时衡量用益物权的期限、性质和可能的收益等因素。

关联法规索引

《宪法》第10条第3款、第13条第3款；《民法典》第243、245、338、358条；《土地管理法》第2、47~48条；《渔业法》第14条；《草原法》第39条；《农业法》第71

〔1〕 参见吉林省敦化市人民法院民事判决书，(2016)吉2403民初1843号。

条;《最高人民法院关于审理涉及农村集体土地行政案件若干问题的规定》第12条;《最高人民法院关于审理涉及农村土地承包纠纷案件适用法律问题的解释》第20～21条

典型案例

孙某甲与孙某乙宅基地使用权纠纷案[1]

※案例解读:因不动产或者动产被征收、征用致使用益物权消灭或者影响用益物权行使的,用益物权人有权依照法律的规定获得相应补偿。本案中,宅基地退出款26000元是对宅基地使用权人的补偿,而涉案宅基地使用权人为原告,因此被告应当将该笔款项支付给原告。

第三百二十八条　【海域使用权】依法取得的海域使用权受法律保护。

条文解读

本条是关于海域使用权的规定。

海域使用权,是指单位或者个人依法占有特定的海域并利用海域进行养殖、旅游、运输、修建港口和各种设备等并获取利益的权利。海域使用权人可以对特定海域占有、按照规定用途合理使用并获取利益,该权利可以依法转让或继承。海域使用权人的义务,包括按照规定合理使用海域、保护海洋生态环境、在使用终止后恢复原状以及容忍他人合理使用该特定海域。

海域使用权取得的方式主要有以下三种:一是单位和个人向海洋行政主管部门申请;二是招标取得;三是拍卖。我国的自然资源实行有偿使用制度,单位和个人使用海域,应当按照规定一次性缴纳或者按照年度缴纳海域使用金。根据《海域使用管理法》第25条的规定,海域使用权最高期限分别为:养殖用海15年;拆船用海20年;旅游、娱乐用海25年;盐业、矿业用海30年;公益事业用海40年;港口、

[1] 参见江苏省泗阳县人民法院民事判决书,(2021)苏1323民初310号。

修造船厂等建设工程用海50年。

关联法规索引

《海域使用管理法》第3、6、19~33、36条;《不动产登记暂行条例》第5条

第三百二十九条 【探矿权、采矿权、取水权等】依法取得的探矿权、采矿权、取水权和使用水域、滩涂从事养殖、捕捞的权利受法律保护。

条文解读

本条是关于探矿权、采矿权、取水权、使用水域和滩涂从事养殖、捕捞权利的规定。

我国对自然资源以有偿使用为原则,无偿使用为例外。《矿产资源法》《水法》《渔业法》等法律分别对探矿权、采矿权、取水权、使用水域和滩涂从事养殖、捕捞等自然资源的权利进行了规范。本条款列举的这些权利具有用益物权的性质,但是又有自己的特点。与一般用益物权是通过平等主体之间的合同设立的不同,本条款的权利是经行政主管部门的许可设立的。权利人在被许可后,可以对相应的自然资源予以占有、使用和收益,其权能与《民法典》物权编规定的其他用益物权完全相同,为了与这些特别法进行衔接,《民法典》利用这一条款对此进行了原则性的规定。

关联法规索引

《宪法》第9条;《土地管理法》第12条;《煤炭法》第6、20、24、58条;《矿产资源法》第3~6、39~40、42条;《矿产资源法实施细则》第5~6条;《探矿权采矿权转让管理办法》第2~13条;《水法》第3、6~7、48条;《取水许可和水资源费征收管理条例》第2~4条;《渔业法》第11~12、23~24条;《渔业法实施细则》第10、15~19条;《监狱法》第9条

第十一章　土地承包经营权

本章介绍

本章是用益物权中土地承包经营权的规定，从土地承包经营权、土地经营权的概念、取得方式、权利义务内容、流转方式等方面确立了具有我国特色的土地承包经营制度。

第三百三十条　【农村集体经济组织经营体制】农村集体经济组织实行家庭承包经营为基础、统分结合的双层经营体制。

农民集体所有和国家所有由农民集体使用的耕地、林地、草地以及其他用于农业的土地，依法实行土地承包经营制度。

条文解读

本条是对农村集体经济组织实行家庭承包经营为基础、统分结合的双层经营体制的规定。

双层经营体制既满足了集体通过发包管理集体资产，统一经营的需要；也满足了农民通过承包合同取得土地使用权，自主经营，充分发挥积极性的需求。双层经营体制为维护农民承包经营权及其他合法权益，促进我国农业的发展发挥了重要作用。

土地承包经营权的适用对象是农民集体所有用于农业的土地和国家所有由农民集体使用的耕地、林地、草地以及其他用于农业的土地。其他用于农业的土地是指如荒山、荒丘、荒沟、荒滩等“四荒地”，这类土地可以不采取家庭承包方式，而采用招标、拍卖、公开协商等方式承包，其承包主体可以是本集体经济组织成员及其以外的民事主体。

关联法规索引

《宪法》第8条第1款;《土地管理法》第13条;《农村土地承包法》第2~3、7、13、19条;《农业法》第10条;《最高人民法院关于审理涉及农村土地承包经营纠纷调解仲裁案件适用法律若干问题的解释》第1~12条;《最高人民法院关于审理涉及农村土地承包纠纷案件适用法律问题的解释》第1~25条

典型案例

代某甲、代某乙等农村土地承包合同纠纷案[1]

※案例解读:我国农村集体经济组织实行家庭承包经营为基础,统分结合的双层经营体制。家庭经营承包户是最基本的承包经营单位,不允许在“户”以下再行分割,承包户中的成员并不享有土地承包经营权。原承包户中部分成员另行立户,并不能向原承包户主张分割承包地。本案中,杨某某在二轮延包的承包合同中是成员之一,该合同的承包期至2028年,后因与代某成离婚,从该大家庭户口分出,其户口仍在合意村,但是2016年农村开展股权制度改革,在对承包地确权登记时未进行申报,导致杨某某及其女儿代某甲和代某乙失去土地。因此,杨某某无权请求分割代某丙一家的家庭联产承包的土地面积。

第三百三十一条 【土地承包经营权的定义】土地承包经营权人依法对其承包经营的耕地、林地、草地等享有占有、使用和收益的权利,有权从事种植业、林业、畜牧业等农业生产。

条文解读

本条规定了土地承包经营权的定义。

土地承包经营权,是指土地承包经营权人对集体所有或者国家所有由集体使用的农业用地,享有占有、使用和收益的权利。土地承包经营权人可以根据承包合

〔1〕 参见湖北省宜昌市中级人民法院民事判决书,(2018)鄂05民终2321号。

同对其承包的土地从事种植业、林业、畜牧业等农业生产。土地承包经营权的设立目的是从事农业生产，因此权利人不能将土地改为非农业用途，并不得给土地造成永久性损害，否则发包方可以请求承包方停止侵害、恢复原状或者赔偿损失。当然，土地承包经营权人具有经营自主权，发包人不得干涉。

关联法规索引

《宪法》第 8 条第 1 款；《民法典》第 55 条；《土地管理法》第 13 条；《农村土地承包法》第 2～6、8～9、16～18、32 条；《草原法》第 13 条；《最高人民法院关于审理涉及农村土地承包纠纷案件适用法律问题的解释》第 8 条

第三百三十二条　【承包期】耕地的承包期为三十年。草地的承包期为三十年至五十年。林地的承包期为三十年至七十年。

前款规定的承包期限届满，由土地承包经营权人依照农村土地承包的法律规定继续承包。

条文解读

本条是关于土地承包权期限的规定。

用益物权作为他物权，一般要受到期限的限制。对于不同用途的农用土地的承包期，法律作出了不同的规定，其中耕地的承包期为 30 年，草地的承包期为 30～50 年，林地的承包期为 30～70 年。土地承包经营权期限的规定，不仅是承包经营合同规定的履行期限，而且是土地承包经营权的存续期限。

这个期限是法律的强制性规定，任何单位或者个人均不得通过合同随意作出约定。如果承包合同约定承包期或者土地承包经营权证等证书记载的承包期短于上述法律规定的期限，承包方请求延长的，应予以延长。在承包期届满后，承包人有权按照国家规定继续承包，这是土地承包经营权人享有的续包权。为了保护土地承包经营权的稳定性，发包方不得随意解除承包合同。

关联法规索引

《土地管理法》第13条;《农村土地承包法》第21、25、32条;《最高人民法院关于审理涉及农村土地承包纠纷案件适用法律问题的解释》第7条

第三百三十三条 【土地承包经营权的设立和登记】土地承包经营权自土地承包经营权合同生效时设立。

登记机构应当向土地承包经营权人发放土地承包经营权证、林权证等证书,并登记造册,确认土地承包经营权。

条文解读

本条是关于土地承包经营权设立和登记的规定。

在我国设立土地承包经营权采意思主义立法模式,即一旦土地承包经营权合同生效,土地承包经营权就设立,登记并非其生效要件。对于合同的生效时间,除了附条件、附期限的合同,以及法律、行政法规规定应当办理批准、登记等手续生效的情形以外,在通常情况下,合同成立即生效。

土地承包经营权的登记,在性质上属于确权登记,即对已设立的土地承包经营权由登记机构向土地承包经营权人发放土地承包经营权证、林权证等证书,并登记造册,对权利人的土地承包经营权予以确认。土地的权利证书的作用在于:一方面,可以证明土地承包经营合同关系的存在和内容;另一方面,它是一种物权凭证。这种物权凭证具有证明土地承包经营权的证据效力,但是不是土地承包经营权的生效要件或者对抗要件。"登记造册"在性质上是一种行政备案或行政确认,不是物权的依据,主要是政府管理土地和承包关系的方式,也具有证据的效力。

关联法规索引

《土地管理法》第12条;《农村土地承包法》第12、22~24、58~59条;《渔业法》第11条;《草原法》第10~12条;《森林法》第15条;《不动产登记暂行条例》第5条

典型案例

刘某某与宋站村村民委员会土地承包经营权纠纷案[1]

※**案例解读**：土地承包经营权自土地承包经营权合同生效时设立，这与一般不动产物权变动往往需要登记才产生效力是不同的。本案中，刘某某在第二轮土地承包时，未与村委会签订争议的23亩土地的承包合同，因此实际上并不享有该土地承包经营权。因此，法院对村委会不调补23亩承包土地的诉讼请求予以支持。

第三百三十四条　【土地承包经营权的互换、转让】土地承包经营权人依照法律规定，有权将土地承包经营权互换、转让。未经依法批准，不得将承包地用于非农建设。

条文解读

本条是对土地承包经营权互换、转让的规定。

土地承包经营权互换，是同一集体经济组织中不同的土地承包经营权人互换土地承包经营权。土地承包经营权互换表面看是土地之间的交换，但实质是土地上的承包经营权的交换，交换后土地承包经营权人就享有交换后土地的承包经营权。土地承包经营权只能在同一集体经济组织的土地承包经营权人之间互换，且应当报发包人备案。但是承包方依法采取出租、入股或者其他方式流转土地承包经营权，未报发包人备案并不当然导致合同无效。

土地承包经营权转让，是指承包方经发包方同意，将全部土地承包经营权或者部分土地承包经营权移转给受让人。转让土地承包经营权，原承包人与发包人的土地承包关系即行终止，即原承包人不再享有该土地承包经营权。转让土地承包经营权应当符合以下条件：第一，必须经发包方同意；第二，受让人必须是本集体经济组织的其他农户；第三，必须签订书面合同。承包方未经发包方同意，转让其土地承包经营权的，转让合同无效。但发包方无法定理由不同意或者拖延表态的除外。

---

[1] 参见黑龙江省绥化市中级人民法院民事判决书，(2020)黑12民终894号。

需要强调的是，土地承包经营权的互换或者转让，不能改变土地的农用地性质；未经依法批准，不得将承包地用于非农建设。

关联法规索引

《土地管理法》第82条；《农村土地承包法》第10、33~47、60~61、63~65条；《草原法》第15条；《森林法》第17、19条；《最高人民法院关于审理涉及农村土地承包纠纷案件适用法律问题的解释》第11~17条

典型案例

吴某与安某某排除妨害纠纷案[1]

※案例解读：根据2009年修正的《农村土地承包法》，土地承包经营权的转让条件为：第一，承包方有稳定的非农职业或者有稳定的收入来源；第二，取得发包方同意；第三，被转让的对象是从事农业生产经营的农户；第四，不得改变土地所有权的性质和土地的农业用途。本案中，安某某多次转让土地承包经营权给胡父与周某某，未取得发包方同意，自己也无非农职业或者有稳定的收入来源，因此属于非法转让。第三人安某某的多次非法转让的行为，导致本案诉争之地存在多个权利主体。依照《土地管理法》第16条"土地所有权和使用权争议，由当事人协商解决；协商不成的，由人民政府处理。单位之间的争议，由县级以上人民政府处理；个人之间、个人与单位之间的争议，由乡级人民政府或者县级以上人民政府处理。当事人对有关人民政府的处理决定不服的，可以自接到处理决定通知之日起三十日内，向人民法院起诉。在土地所有权和使用权争议解决前，任何一方不得改变土地利用现状"之规定，本案不属于人民法院民事案件的主管范围，应由乡人民政府处理。2018年《农村土地承包法》对土地承包经营权的转让条件作出改变，即不再要求承包方有稳定的非农职业或者有稳定的收入来源，只要双方自愿、有偿、合理转换即可，同时受让人由从事农业生产经营的农户缩小到必须是本集体经济组织的其他农户。

---

〔1〕 参见贵州省毕节市中级人民法院民事判决书，(2018)黔05民再52号。

第三百三十五条　【土地承包经营权互换、转让的登记】土地承包经营权互换、转让的，当事人可以向登记机构申请登记；未经登记，不得对抗善意第三人。

条文解读

本条是关于土地承包经营权互换、转让的登记的规定。

土地承包经营权互换、转让的，当事人可以向登记机构申请登记，目的是对土地承包经营权变更的事实予以公示。土地承包经营权互换、转让是互换、转让合同的生效并经发包人备案或同意才发生法律效力，所以登记只是对抗要件而非生效要件。采取互换、转让的流转方式取得的土地承包经营权属于继受取得，所以如果当事人不选择登记，则他人可能无法知晓土地承包经营权变动的情况，此时为了保护善意第三人，最终受让人可能就需要承担不利的法律后果。因此，土地承包经营权的受让人为了更好地维护自己的权益，可以申请登记。

关联法规索引

《土地管理法》第12条；《农村土地承包法》第35条；《不动产登记暂行条例》第3条；《最高人民法院关于审理涉及农村土地承包纠纷案件适用法律问题的解释》第13条

第三百三十六条　【承包地调整】承包期内发包人不得调整承包地。

因自然灾害严重毁损承包地等特殊情形，需要适当调整承包的耕地和草地的，应当依照农村土地承包的法律规定办理。

条文解读

本条是关于承包地调整的规定。

承包土地的随意调整，既不利于土地承包关系的稳定性，也不利于保护农民的土地权益。因此，法律规定，除非符合法定的条件和程序，否则承包期内发包方不得调整承包地。调整承包地,会使原土地之上的土地承包经营权消灭,而新的土地承包经营权人取得了土地之上的承包经营权。

土地承包经营权调整的条件如下:第一,必须出现了法定的调整承包地的事由。主要是自然灾害严重毁损承包地等特殊情形,如洪水、海啸、地震等,如果不予调整,土地承包经营权人将丧失基本的生活保障。第二,调整仅是针对个别农户之间承包的土地的小范围调整,不是对所有农户进行的普遍调整。第三,在出现法定的调整承包地事由时,不是必然对个别农户的承包地进行调整,而是在集体经济组织依法预留的机动地,通过依法开垦等方式增加以及发包方依法收回和承包方依法、自愿交回的土地无法解决没有土地的农民的承包地问题的情况下,才能进行调整,并且允许调整的土地仅限于耕地和草地,不包括林地。第四,调整必须经过法定程序,未经法定程序不得进行调整。必须经本集体经济组织成员的村民会议2/3以上成员或者2/3以上村民代表的同意,并报乡(镇)人民政府和县级人民政府农业农村、林业和草原等主管部门批准。第五,承包合同中约定不得调整的,按照其约定。

关联法规索引

《土地管理法》第13条;《农村土地承包法》第14~15、28~29、57条;《草原法》第13条;《最高人民法院关于审理涉及农村土地承包纠纷案件适用法律问题的解释》第5~6条

典型案例

莱芜市钢城区艾山街道办事处南于家庄村民委员会与栾某某农村土地承包合同纠纷案[1]

※案例解读:我国法律规定,承包期内发包人不得调整承包地。栾某某土地承包权尚未到期,村委会通过协议的方式以复垦土地为由调整、收回土地承包权,不符合收回、调整土地承包权的条件,发包人的行为违反法律的强制性规定而无效。

---

〔1〕 参见山东省莱芜市中级人民法院民事判决书,(2016)鲁12民终227号。

第三百三十七条　【承包地的收回】 承包期内发包人不得收回承包地。法律另有规定的，依照其规定。

条文解读

本条是关于承包期内发包人不得收回承包地的规定。

土地承包经营权是农民长期使用土地获得收益，维持其生存的用益物权，因此土地承包经营关系的稳定对于农民生活、农村经济至关重要。为保持土地承包关系的长期稳定，不得在承包期内随意收回土地。

根据《农村土地承包法》的规定，在承包期内收回承包地的特殊情况是：第一，承包农户进城落户的，支持其按照自愿有偿原则依法在本集体经济组织内转让土地承包经营权或者将承包地交回发包方，也鼓励其流转土地经营权。承包期内，承包方交回承包地或者发包方依法收回承包地时，承包方对其在承包地上投入而提高土地生产能力的，有权获得相应的补偿。第二，承包方可以自愿将承包地交回发包方。承包方自愿交回承包地的，可以获得合理补偿，但在承包期内不得再要求承包土地的同时，应当提前半年以书面形式通知发包方。第三，妇女结婚，在新居住地取得承包地的，发包方可以收回其原承包地；妇女离婚或者丧偶，不在原居住地生活但在新居住地取得承包地的，发包方可以收回其原承包地。

配套法规及解读

《最高人民法院关于审理涉及农村土地承包纠纷案件适用法律问题的解释》(2020 年 12 月 29 日修正)

第五条　承包合同中有关收回、调整承包地的约定违反农村土地承包法第二十七条、第二十八条、第三十一条规定的，应当认定该约定无效。

第六条　因发包方违法收回、调整承包地，或者因发包方收回承包方弃耕、撂荒的承包地产生的纠纷，按照下列情形，分别处理：

（一）发包方未将承包地另行发包，承包方请求返还承包地的，应予支持；

（二）发包方已将承包地另行发包给第三人，承包方以发包方和第三人为共同被告，请求确认其所签订的承包合同无效、返还承包地并赔偿损失的，应予支持。

但属于承包方弃耕、撂荒情形的,对其赔偿损失的诉讼请求,不予支持。

前款第(二)项所称的第三人,请求受益方补偿其在承包地上的合理投入的,应予支持。

第十条 承包方交回承包地不符合农村土地承包法第三十条规定程序的,不得认定其为自愿交回。

※法规解读:承包期内发包人不得收回承包地。除法律规定的三种情形外,在承包合同中有关收回承包地的约定违反农村土地承包法的,该约定无效。承包方交回承包地不符合农村土地承包法的,不能认定为自愿交回。

因发包方违法收回、调整承包地,或者因发包方收回承包方弃耕、撂荒的承包地产生的纠纷,发包方未将承包地另行发包,承包方可以请求返还承包地;发包方已将承包地另行发包给第三人,承包方可以发包方和第三人为共同被告,请求确认其所签订的承包合同无效、返还承包地并赔偿损失。但属于承包方弃耕、撂荒情形的,不能要求被告赔偿损失,而且第三人可以请求受益方补偿其在承包地上的合理投入。

关联法规索引

《农村土地承包法》第27、28、30~31条、第57条第2项;《最高人民法院关于审理涉及农村土地承包纠纷案件适用法律问题的解释》第5~6、10条

第三百三十八条 【承包地的征收补偿】承包地被征收的,土地承包经营权人有权依据本法第二百四十三条的规定获得相应补偿。

条文解读

本条是关于承包地征收补偿的规定。

我国《民法典》第243条中规定,征收集体所有的土地,应当依法及时足额支付土地补偿费、安置补助费、地上附着物和青苗的补偿费等费用,并安排被征地农民的社会保障费用,保障被征地农民的生活,维护被征地农民的合法权益。

配套法规及解读

《最高人民法院关于审理涉及农村土地承包纠纷案件适用法律问题的解释》(2020年12月29日修正)

第二十条　承包地被依法征收，承包方请求发包方给付已经收到的地上附着物和青苗的补偿费的，应予支持。

承包方已将土地经营权以出租、入股或者其他方式流转给第三人的，除当事人另有约定外，青苗补偿费归实际投入人所有，地上附着物补偿费归附着物所有人所有。

第二十一条　承包地被依法征收，放弃统一安置的家庭承包方，请求发包方给付已经收到的安置补助费的，应予支持。

第二十二条　农村集体经济组织或者村民委员会、村民小组，可以依照法律规定的民主议定程序，决定在本集体经济组织内部分配已经收到的土地补偿费。征地补偿安置方案确定时已经具有本集体经济组织成员资格的人，请求支付相应份额的，应予支持。但已报全国人大常委会、国务院备案的地方性法规、自治条例和单行条例、地方政府规章对土地补偿费在农村集体经济组织内部的分配办法另有规定的除外。

※法规解读：关于地上附着物和青苗的补偿费的归属，承包地被依法征收，地上附着物和青苗的补偿费归承包方所有。但是承包方已将土地经营权以出租、入股或者其他方式流转给第三人的，除当事人另有约定外，青苗补偿费归实际投入人所有，地上附着物补偿费归附着物所有人所有。

安置补助费由农村集体所有，用于承包地被依法征收的家庭承包方的安置，但是家庭承包方放弃统一安置的，发包方应当将收到的安置补助费给付给放弃统一安置的家庭承包方。

土地补偿费由集体决定，在本集体经济组织成员间进行分配。除已报全国人大常委会、国务院备案的地方性法规、自治条例和单行条例、地方政府规章对土地补偿费在农村集体经济组织内部的分配办法另有规定外，农村集体经济组织或者村民委员会、村民小组，可以依照法律规定的民主议定程序，决定在本集体经济组织内部分配已经收到的土地补偿费。征地补偿安置方案确定时已经具有本集体经济组织成员资格的人均享有相应份额。

关联法规索引

《宪法》第13条第3款;《民法典》第243、327条;《土地管理法》第48~49、51条;《农村土地承包法》第17、62条;《草原法》第39条;《最高人民法院关于审理涉及农村集体土地行政案件若干问题的规定》第12条;《最高人民法院关于审理涉及农村土地承包纠纷案件适用法律问题的解释》第20~22条;《土地管理法实施条例》第32条

典型案例

王某某、刀某某承包地征收补偿费用分配纠纷案[1]

※案例解读:承包地的征收补偿费是国家依照法律规定给予失地者的补偿费用,费用包括土地补偿费、安置补助费、地上附着物和青苗的补偿费等。我国《土地管理法实施条例》第26条规定,土地补偿费归农村集体经济组织所有。农村集体经济组织或者村民委员会、村民小组,可以依照法律规定的民主议定程序,决定在本集体经济组织内部分配已经收到的土地补偿费。本案中,刀某某虽然将诉争承包地流转给王某某耕种,但该土地的承包经营权人并未发生变更,且刀某某仍为被征收土地所属的集体经济组织成员,其依法享有分配土地补偿款的权利。承包地被征收的,土地承包经营权人有权获得相应补偿。从查明的事实可知,双方位于岩抗箐相连的承包地已被淹没,承包地四至界线内的实际土地面积现已无法丈量核实。法院依据双方相连的承包地的土地经营权证所载明的面积比例,确定各自实际享有的承包土地面积,较为妥当。

第三百三十九条 【土地经营权的流转】土地承包经营权人可以自主决定依法采取出租、入股或者其他方式向他人流转土地经营权。

条文解读

本条是关于土地经营权流转的规定。

〔1〕 参见云南省普洱市中级人民法院民事判决书,(2014)普中民终字第53号。

《民法典》回应了我国“三权”分置改革，新增土地经营权规定，形成了农地承包经营下“土地所有权—土地承包经营权—土地经营权”三种物权架构。其中土地所有权归属于集体经济组织，土地承包经营权归属于与集体经济组织签订承包合同的土地承包经营权人，土地经营权属于未流转时的土地承包经营权人或者通过流转获得土地经营权的民事主体。

土地承包经营权人与相对人通过合同转让土地经营权，其本身依然享有对该土地的土地承包权经营权，只是该权利的权能受到一定限制。合同期限内，受让土地经营权人有权占有、使用土地，开展农业活动，获得收益，因此土地承包经营权人只能对该土地间接占有。土地承包经营权人可以采取出租、入股或者其他方式向他人转让土地经营权。其中，其他方式就是出租、入股之外的方式，如土地承包经营权人可以用承包地的土地经营权向金融机构融资担保。根据我国《农村土地承包法》第36条的规定，流转土地经营权应该向发包方备案。

配套法规及解读

《最高人民法院关于审理涉及农村土地承包纠纷案件适用法律问题的解释》(2020年12月29日修正)

第十一条　土地经营权流转中，本集体经济组织成员在流转价款、流转期限等主要内容相同的条件下主张优先权的，应予支持。但下列情形除外：

（一）在书面公示的合理期限内未提出优先权主张的；

（二）未经书面公示，在本集体经济组织以外的人开始使用承包地两个月内未提出优先权主张的。

第十二条　发包方胁迫承包方将土地经营权流转给第三人，承包方请求撤销其与第三人签订的流转合同的，应予支持。

发包方阻碍承包方依法流转土地经营权，承包方请求排除妨碍、赔偿损失的，应予支持。

第十四条　承包方依法采取出租、入股或者其他方式流转土地经营权，发包方仅以该土地经营权流转合同未报其备案为由，请求确认合同无效的，不予支持。

第十五条　因承包方不收取流转价款或者向对方支付费用的约定产生纠纷，

当事人协商变更无法达成一致,且继续履行又显失公平的,人民法院可以根据发生变更的客观情况,按照公平原则处理。

第十六条 当事人对出租地流转期限没有约定或者约定不明的,参照民法典第七百三十条规定处理。除当事人另有约定或者属于林地承包经营外,承包地交回的时间应当在农作物收获期结束后或者下一耕种期开始前。

对提高土地生产能力的投入,对方当事人请求承包方给予相应补偿的,应予支持。

第十七条 发包方或者其他组织、个人擅自截留、扣缴承包收益或者土地经营权流转收益,承包方请求返还的,应予支持。

发包方或者其他组织、个人主张抵销的,不予支持。

※法规解读:土地经营权流转时,本集体经济组织成员在流转价款、流转期限等主要内容相同的条件下享有优先权。但是在书面公示的合理期限内,其未主张优先权;未经书面公示,在本集体经济组织以外的人开始使用承包地两个月内未主张优先权的除外。

土地经营权流转由承包方决定。承包方可以依法采取出租、入股或者其他方式流转土地经营权,发包方阻碍承包方依法流转土地经营权,承包方可以请求排除妨碍、赔偿损失,发包方胁迫承包方将土地经营权流转给第三人,承包方可以请求撤销其与第三人签订的流转合同。

因土地经营权流转合同发生纠纷,根据不同的情形分别处理:

(1)因承包方不收取流转价款或者向对方支付费用的约定产生纠纷,当事人协商变更无法达成一致,且继续履行又显失公平的,人民法院可以根据发生变更的客观情况,按照公平原则处理。

(2)当事人对出租地流转期限没有约定或者约定不明的,参照租赁合同规范进行处理。除当事人另有约定或者属于林地承包经营外,承包地交回的时间应当在农作物收获期结束后或者下一耕种期开始前。对提高土地生产能力的投入,对方当事人可以要求承包方给予相应补偿。

流转土地经营权的收益由承包方享有。发包方或者其他组织、个人不得擅自截留、扣缴承包收益或者土地经营权流转收益,而在承包方请求予以返还的,发包方或者其他组织、个人不得主张抵销。

关联法规索引

《农村土地承包法》第17、36条

第三百四十条　【土地经营权的内容】土地经营权人有权在合同约定的期限内占有农村土地，自主开展农业生产经营并取得收益。

条文解读

本条是关于土地经营权人享有的土地经营权的内容。

土地经营权人是通过签订流转合同受让土地经营权，根据合同约定，在土地经营权的期限内，土地经营权人有权占有该土地，自主开展农业生产经营并取得收益。经承包方同意，受让方可以依法投资改良土壤，建设农业生产附属、配套设施，并按照合同约定对其投资部分获得合理补偿。经承包方书面同意，并向本集体经济组织备案，受让方可以再流转土地经营权。需要注意的是，承包方流转土地经营权的，其与发包方的承包关系不变。

关联法规索引

《农村土地承包法》第36～46条

第三百四十一条　【土地经营权的设立及登记】流转期限为五年以上的土地经营权，自流转合同生效时设立。当事人可以向登记机构申请土地经营权登记；未经登记，不得对抗善意第三人。

条文解读

本条是关于土地经营权设立时间和登记的规定。

实际生活中根据土地用途不同，土地经营权人对于土地经营权的期限不同，如回报周期短的粮食作物可以选择短期的土地经营权；投资较大、获得收益周期长的经营方式，如种植林地，就需要长期稳定的经营权。因此，土地经营权流转，当事人双方应当签订书面流转合同;承包方将土地交由他人代耕不超过1年的,可以不签订书面合同。土地经营权流转期限为5年以上的,土地经营权自流转合同生效时设立。因为通常土地经营权的流转在熟人之间进行,因此是否登记,法律没有强制性要求。但是法律规定,设立5年以上长期的土地经营权,当事人可以申请土地经营权登记。未经登记,不得对抗善意第三人。对于不满5年的土地经营权的流转,法律没有明文规定,土地经营权应当自流转合同生效时设立。

配套法规及解读

《最高人民法院关于审理涉及农村土地承包纠纷案件适用法律问题的解释》(2020年12月29日修正)

第十九条 发包方就同一土地签订两个以上承包合同,承包方均主张取得土地经营权的,按照下列情形,分别处理:

(一)已经依法登记的承包方,取得土地经营权;

(二)均未依法登记的,生效在先合同的承包方取得土地经营权;

(三)依前两项规定无法确定的,已经根据承包合同合法占有使用承包地的人取得土地经营权,但争议发生后一方强行先占承包地的行为和事实,不得作为确定土地经营权的依据。

※**法规解读:**发包方就同一土地签订两份以上承包合同,土地经营权归属的处理规则:已经依法登记的承包方,取得土地经营权;均未依法登记的,合同生效在先的承包方取得土地经营权;依前两项规定无法确定的,已经根据承包合同合法占有使用承包地的人取得土地经营权,但争议发生后一方强行先占承包地的行为和事实,不得作为确定土地经营权的依据。

关联法规索引

《农村土地承包法》第41条

第三百四十二条　【其他方式承包的土地经营权流转】通过招标、拍卖、公开协商等方式承包农村土地，经依法登记取得权属证书的，可以依法采取出租、入股、抵押或者其他方式流转土地经营权。

条文解读

本条是关于以招标、拍卖、公开协商等其他方式承包农村土地后，对土地经营权流转的规定。

对于“四荒地”，经依法登记取得权属证书的，可以依法采取出租、入股、抵押或者其他方式流转土地经营权，明确了其融资担保的权能，有助于调动农民的活动资金，促进农村经济活力。

关联法规索引

《农村土地承包法》第48~54条；《最高人民法院关于审理涉及农村土地承包纠纷案件适用法律问题的解释》第23条

典型案例

曹某运、王某英林业承包合同纠纷案〔1〕

※案例解读：我国农村承包经营采取以农户为代表颁发权证的方式，但是土地承包经营权在夫妻关系存续期间获得，应属于夫妻共同财产。所以在土地经营权流转时，由夫妻或者家庭所有成年成员签字，可避免无权代理的问题。通过招标、拍卖、公开协商等方式承包农村土地，经依法登记取得权属证书的，可以依法采取出租、入股、抵押或者其他方式流转土地经营权。因此以其他方式承包取得的土地经营权的流转，必须依法登记；未经登记，不产生物权变动效力，仅产生合同债权效力。本案中，曹某之通过公开协商方式有偿承包平陵庄村委会防护林，其承包经营权应为以其他方式获得。流转合同已成立生效，涉案林地业已交付，但由于未变更

〔1〕　参见山东省泰安市中级人民法院民事判决书，(2017)鲁09民终1740号。

登记林权证书,仅产生合同债权债务效力,不发生物权变动的效力。

第三百四十三条 【国有农用地承包】国家所有的农用地实行承包经营的,参照适用本编的有关规定。

条文解读

本条是关于国有农用地实行承包经营的规定。

根据《土地管理法》的规定,土地分为农用地、建设用地和未利用地。农用地是指直接用于农业生产的土地,包括耕地、林地、草地、农田水利用地、养殖水面等。对于国家所有用于农业的土地,有的采用农村土地承包经营模式,由农民集体长期使用,有的由单位或者个人承包开发,有的通过组建国有农场的方式经营,还有的没有开发利用。对交由农民集体使用以外的国有农用地实行承包经营的,可以在承包方式、承包权利义务、承包期限、登记等方面参照适用《民法典》物权编关于用益物权的规定。

关联法规索引

《土地管理法》第15、40条;《草原法》第10条

典型案例

郭某某、范某某土地承包经营权转包合同纠纷案[1]

※案例解读:《国务院关于进一步深化粮食流通体制改革的意见》(国发〔2004〕17号)文件明确指出:2004年起,全面实行对种粮农民的直接补贴。直接补贴的标准,按照能够补偿粮食生产成本并使种粮农民获得适当收益,有利于调动农民种粮积极性、促进粮食生产的原则确定。直接补贴的对象是主产区种粮农民(包

---

〔1〕 参见黑龙江省林区中级人民法院民事判决书,(2019)黑75民终84号。

括农垦企业、农场的粮食生产者)。直接补贴资金要真正补到种粮农户,确实起到促进粮食生产和增加种粮农民收入的作用。土地使用权人对土地享有占有、使用、支配的权利,但就土地流转后粮食直补款归谁所有,法律、法规没有明文规定。法律、法规没有明确规定的,应依照国家政策。依照国家政策和相关政府意见,该补贴对象原则上为拥有耕地承包权的实际耕种的农民,本案中范某某为实际耕种人,在其转包合同没有规定的情况下,应当享有粮食直补款。

第十二章　建设用地使用权

本章介绍

本章是用益物权中关于建设用地使用权的规定，从建设用地使用权的概念、设立方式、权利义务、流转、灭失等方面确定了我国建设用地使用制度，保障建设用地使用权人的合法权益。

第三百四十四条　【建设用地使用权的定义】建设用地使用权人依法对国家所有的土地享有占有、使用和收益的权利，有权利用该土地建造建筑物、构筑物及其附属设施。

条文解读

本条规定了建设用地使用权的定义。

建设用地使用权，是指自然人、法人、非法人组织依法在国家所有土地上建造建筑物、构筑物及其附属设施的权利。本条的建筑物主要指在土地之上建造的房屋，如公寓、商品房等；构造物主要是用于生产经营的非居住目的建造物，如堤防、桥梁、道路、隧道等；附属设施主要是排水设施、配电设施等辅助设施。

建设用地使用权具有以下法律特征：第一，建设用地使有权是一种典型的用益物权，具有较强的独立性。权利人不仅享有占有、使用、收益的权利，还可以对建设用地使用权进行转让、抵押、出租、继承。第二，建设用地使用权的客体原则上为城镇国有土地，例外为集体所有土地。第三，建设用地使用权的主体具有广泛性。自然人、法人、非法人组织都可以依法取得建设用地使用权，这与土地承包经营权要求具有集体组织成员身份不同。第四，建设用地使用权具有期限性。针对不同用途的建设用地，法律规定了不同的最高期限：居住用地 70 年，工业用地 50 年，教育、科技、文化、卫生、体育用地 50 年，商业、旅游、娱乐用地 40 年，综合或者其他用地50年。第五，建设用地使用权取得原则上具有有偿性。以出让方式取得建设用地使用权的，需要交纳出让金；例外情况下为无偿。第六，建设用地使用权流转原则上具有自由性。以出让方式取得的建设用地使用权，权利人可以转让、互换、出资、出租、继承、赠与、抵押等方式处分。但是以划拨方式取得的建设用地使用权，原则上不得转让、出租、抵押。

关联法规索引

《土地管理法》第4条第1款，第10、44条；《城镇国有土地使用权出让和转让暂行条例》第2~3条

第三百四十五条　【建设用地使用权的分层设立】建设用地使用权可以在土地的地表、地上或者地下分别设立。

条文解读

本条是关于建设用地使用权分层设立的规定。

当今社会土地资源极为稀缺，为节约土地，充分开发土地资源，采取分层次开发土地，让土地利用向空中和地下发展已经成为必然趋势。建设用地使用权可以在土地上分层设立，在地表上设立的为建设用地使用权，在地表之上和地表之下设立的建设用地使用权为分层建设用地使用权。[1]

在设立建设用地使用权时，一般默认建设用地使用权人享有一定的地上和地下的空间使用权。为了充分利用土地资源，土地所有权人可以在地表设立建设用地使用权的基础上，在地表之上和地表之下的空间设立分层建设用地使用权，可以将其赋予不同的主体。对于这些不同用益物权人关系的调整，可以适用《民法典》物权编调整不动产之间相邻关系和地役权等的规定。

保障分层建设用地使用权的物权效力，就必须对分层建设用地使用权进行登记，这种登记不同于以往的二维土地登记制度，除明确平面面积，还得登记空间体

〔1〕 参见杨立新：《中华人民共和国民法典条文要义》，中国法制出版社2020年版，第256页。

积，记载垂直方向与深度、高度，最终形成可以明确空间“四至”的三维立体的土地登记制度。

关联法规索引

《城乡规划法》第33条

典型案例

河北燕鑫房地产开发有限公司与平山县城镇供热有限公司建设用地使用权纠纷案〔1〕

※案例解读：建设用地使用权可以在土地的地表、地上或者地下分别设立。设立建设用地使用权，可以采取出让或者划拨等方式。根据上述规定，原告通过土地出让方式取得的建设用地使用权，涵盖地表、地上、地下。建设用地使用权本质是一种空间利用权，对其进行分割，就会获得不同层次的建设用地使用空间，而法律对于合法设立的建设用地使用权予以保护。涉案地下空间由被告占用，导致原告无法对其进行占有、使用和收益，所以被告应当赔偿原告的损失。

第三百四十六条 【建设用地使用权的设立原则】设立建设用地使用权，应当符合节约资源、保护生态环境的要求，遵守法律、行政法规关于土地用途的规定，不得损害已经设立的用益物权。

条文解读

本条是关于建设用地使用权设立原则的规定。

物权之间的优先效力一般依据“时间在先，权利优先”的规则确定，因此先设立的用益物权优于后设立的用益物权。因此设立建设用地使用权，不得损害已经设立的用益物权，以尊重保护已经存在的权利。除此之外，为了呼应《民法典》第9条

〔1〕参见河北省平山县人民法院民事判决书，(2016)冀0131民初2084号。

绿色原则以及第326条用益权人合理开发利用资源、保护生态环境的规定，设立建设用地使用权还应当符合节约资源、保护生态环境的要求，保证社会可持续发展。最后，还应该遵守法律、行政法规关于土地用途的规定，不得擅自改变土地用途。

关联法规索引

《民法典》第9、326条；《土地管理法》第52、64～65、79、81条

典型案例

黄某某、周某某等与凌云县供销合作社联合社侵权责任纠纷案[1]

※案例解读：设立建设用地使用权，应当符合节约资源、保护生态环境的要求，遵守法律、行政法规关于土地用途的规定，不得损害已经设立的用益物权。《物权法》第136条确立了取得的建设用地使用权不得损害已经设立的用益物权的原则，具体到本案中，供销社已经在通道上空建好楼房、取得了房屋所有权证后，原告取得了通道一半的土地使用权，原告的土地使用权不得损害已设立在前的被告的建筑物所有权，所以被告通道上空的房屋未构成对原告土地使用权的侵权。

第三百四十七条　【建设用地使用权的设立方式】设立建设用地使用权，可以采取出让或者划拨等方式。

工业、商业、旅游、娱乐和商品住宅等经营性用地以及同一土地有两个以上意向用地者的，应当采取招标、拍卖等公开竞价的方式出让。

严格限制以划拨方式设立建设用地使用权。

---

〔1〕 参见广西壮族自治区凌云县人民法院民事判决书，(2017)桂1027民初823号。

条文解读

本条是关于建设用地使用权设立方式的规定。

我国设立建设用地使用权主要采取出让或者划拨这两种方式。除此,也存在其他方式设立建设用地使用权,如法院的生效判决可以作为创设建设用地使用权的重要依据。

出让方式是建设用地使用权设立的主要方式,即国家作为土地所有权人通过订立出让合同,使相对人取得建设用地使用权,而相对人需要支付相应的土地出让金。[1] 建设用地使用权的设立,原则上应该遵循有偿使用的制度。有偿出让的方式主要是拍卖、招标、双方协议等。但是,工业、商业、旅游、娱乐和商品住宅等经营性用地以及同一土地有两个以上意向用地者的必须采取招标、拍卖等公开竞价的方式出让。

划拨是一种无偿取得建设用地使用权的方式,是指县级以上人民政府依法批准,在土地使用者缴纳补偿、安置等费用后将该幅土地交付其使用,或者将土地无偿交付给土地使用者使用的行为。根据《土地管理法》第54条的规定,可以以划拨方式取得的建设用地包括:(1)国家机关用地和军事用地;(2)城市基础设施用地和公益事业用地;(3)国家重点扶持的能源、交通、水利等基础设施用地;(4)法律、行政法规规定的其他用地。划拨土地无偿取得具有公益性,故除法律另有规定外,划拨土地使用权不得转让、出租、抵押。同时,划拨土地使用权没有明确的存续期限,根据划拨土地设立的公益目标是否实现决定其是否继续。

关联法规索引

《宪法》第10条;《城市房地产管理法》第2、7~14、22~24条;《土地管理法》第2、54~55条;《城镇国有土地使用权出让和转让暂行条例》第8、12~13、43条

〔1〕 参见王利明:《物权法研究》,中国人民大学出版社2002年版,第142页。

典型案例

河南省太行伟业房地产开发有限公司
与济源市丰田肥业有限公司合同纠纷案[1]

※案例解读：设立建设用地使用权，可以采取出让或者划拨等方式。工业、商业、旅游、娱乐和商品住宅等经营性用地以及同一土地有两个以上意向用地者的，应当采取招标、拍卖等公开竞价的方式出让。严格限制以划拨方式设立建设用地使用权。本案合同约定的房地产开发项目，属于开发经营性用地，应当通过招标、拍卖等竞价的方式出让所涉土地，《合作协议书》违反了上述法律强制性规定无效。

第三百四十八条　【建设用地使用权出让合同】通过招标、拍卖、协议等出让方式设立建设用地使用权的，当事人应当采用书面形式订立建设用地使用权出让合同。

建设用地使用权出让合同一般包括下列条款：

（一）当事人的名称和住所；

（二）土地界址、面积等；

（三）建筑物、构筑物及其附属设施占用的空间；

（四）土地用途、规划条件；

（五）建设用地使用权期限；

（六）出让金等费用及其支付方式；

（七）解决争议的方法。

条文解读

本条是关于建设用地使用权出让合同内容的规定。

以出让方式取得建设用地使用权的，双方当事人应当签订建设用地使用权出让合同。其中出让方是国家。国有土地的所有权人为国家，各级自然资源主管部

[1] 参见河南省济源市人民法院民事判决书，(2017)豫9001民初3069号。

门可以代表国家行使包括占有、使用、收益、处分等权能在内的国有土地所有权，自然资源主管部门签订及履行土地使用权出让合同即为其将所有权中的使用权能与所有权分离并将该权能单独处分给受让人以设立国有土地使用权，该行为是自然资源主管部门作为土地所有权人行使土地所有权的具体表现形式，所以建设用地使用权出让合同的性质是民事合同，而不是行政合同。对此《城镇国有土地使用权出让和转让暂行条例》第 11 条明确规定，“土地使用权出让合同应当按照平等、自愿、有偿的原则，由市、县人民政府土地管理部门（以下简称出让方）与土地使用者签订”。

建设用地使用权出让合同应采书面形式，出让合同的内容主要包括：

（1）当事人的名称和住所。合同应当明确当事人的名称住址，这是合同履行的基本信息。出让人一方为市、县人民政府自然资源主管部门，以土地所有权人的身份签订合同。根据《最高人民法院关于审理涉及国有土地使用权合同纠纷案件适用法律问题的解释》第 2 条的规定，开发区管理委员会作为出让方与受让方订立的土地使用权出让合同，在该司法解释之后实施的应当认定无效。

（2）土地界址、面积等，除此还会附“出让宗地界址图”，标明建设用地的位置、四至范围等。

（3）建筑物、构筑物及其附属设施占用的空间。根据《民法典》第 345 条的规定，“建设用地使用权可以在土地的地表、地上或者地下分别设立”。因此，分层建设用地使用权就必须明确建筑的深度、高度、面积、四至，以确定所占空间范围。

（4）土地用途、规划条件。土地用途可以分为工业、商业、娱乐、住宅等用途。建设用地使用权人不得在合同期限内擅自改变土地用途，根据《城市房地产管理法》第 18 条的规定，“土地使用者需要改变土地使用权出让合同约定的土地用途的，必须取得出让方和市、县人民政府城市规划行政主管部门的同意，签订土地使用权出让合同变更协议或者重新签订土地使用权出让合同，相应调整土地使用权出让金”。

（5）建设用地使用权期限。根据《城镇国有土地使用权出让和转让暂行条例》第 12 条的规定，土地使用权出让最高年限按下列用途确定：①居住用地 70 年；②工业用地 50 年；③教育、科技、文化、卫生、体育用地 50 年；④商业、旅游、娱乐用地 40 年；⑤综合或者其他用地 50 年。

（6）出让金等费用及其支付方式。出让金等费用及其支付方式，根据《土地管理法》和《城市房地产管理法》的有相关规定，按照国务院规定的标准和方法适用。

（7）解决争议的方法。例如，双方可约定协商、仲裁或者向法院起诉。

关联法规索引

《城乡规划法》第38～39条；《城市房地产管理法》第15条；《城镇国有土地使用权出让和转让暂行条例》第8、11～12、15～18条；《最高人民法院关于审理涉及国有土地使用权合同纠纷案件适用法律问题的解释》第1～6条

典型案例

福清市国土资源局、胜田（福清）房地产开发有限公司建设用地使用权出让合同纠纷案[1]

※案例解读：土地使用权出让合同，是指市、县人民政府土地管理部门作为出让方将国有土地使用权在一定年限内让与受让方，受让方支付土地使用权出让金的协议。国家所有权、集体所有权和私人所有权是三大民事权利，在土地使用权出让合同中，市、县人民政府土地管理部门代表国家以土地所有权人的身份签订土地使用权出让合同，是以民事主体的身份与其他民事主体从事的交易行为，他们之间发生的法律关系属于平等主体之间的民事关系。双方因该合同产生的纠纷属于民事合同纠纷。

第三百四十九条　【建设用地使用权的登记】设立建设用地使用权的，应当向登记机构申请建设用地使用权登记。建设用地使用权自登记时设立。登记机构应当向建设用地使用权人发放权属证书。

条文解读

本条是关于建设用地使用权登记的规定。

---

[1] 参见最高人民法院民事裁定书，（2017）最高法民再179号。

建设用地使用权适用登记生效的原则，经登记发生物权变动的效力。因此采用出让方式的，双方签订建设用地使用权出让合同，在办理建设用地使用权登记之前，出让合同虽然有效，但受让人仅享有请求合同履行的债权，不具有对抗第三人物权的效力，受让人为了保护自身利益应当及时申请办理登记。当事人办理登记之后，登记机构应当向建设用地使用权人发放权属证书。

对于划拨方式设立建设用地使用权的，并不需要签订合同，而是通过国有土地划拨决定书的形式，将建设用地使用权交给建设用地使用权人使用。但划拨土地的建设用地使用权人也应当及时办理登记。

关联法规索引

《城市房地产管理法》第60～61条；《土地管理法》第12、53条；《不动产登记暂行条例》第3、5条；《城镇国有土地使用权出让和转让暂行条例》第16条

第三百五十条 【土地用途管制制度】建设用地使用权人应当合理利用土地，不得改变土地用途；需要改变土地用途的，应当依法经有关行政主管部门批准。

条文解读

本条是关于土地用途管制制度的规定。

我国实行土地用途管制制度，国家编制土地利用总体规划，规定土地用途，将土地分为农用地、建设用地和未利用地。使用土地的单位和个人必须严格按照土地利用总体规划确定的用途使用土地。因土地用途也与城市规划密切相关，所以建设用地使用权人应当合理利用土地，不得改变土地用途。

建设用地使用权人在取得建设用地使用权后，确需改变该幅土地建设用途的，应当经有关人民政府自然资源主管部门同意，报原批准用地的人民政府批准。其中，在城市规划区内改变土地用途的，在报批前，应当先经有关城市规划行政主管部门同意。改变通过出让方式取得的建设用地使用权的土地用途，还需要重新签订出让合同，相应调整土地使用权出让金。如果建设用地使用权人擅自改变土地

用途，属于根本性违约，出让方享有合同解除权，并可以根据情节给予其警告、罚款、无偿收回土地使用权的处罚。

关联法规索引

《宪法》第 10 条第 5 款；《城市房地产管理法》第 18、26、40、44 条；《土地管理法》第 4、56、82 条；《城镇国有土地使用权出让和转让暂行条例》第 18、27 条；《最高人民法院关于审理涉及国有土地使用权合同纠纷案件适用法律问题的解释》第 5 ~6 条

典型案例

朱某某与叶某某房屋租赁合同纠纷案[1]

※案例解读：建设用地使用权人应当合理利用土地，不得改变土地用途；需要改变土地用途的，应当依法经有关行政主管部门批准。本案的租赁物所涉土地为工业用地，并非商业、旅游、娱乐用地，因此该土地上所建房屋不能用于开办住宿酒店等在内的商业用途，故原告将其所建房屋及国有土地出租给被告用于经营宾馆，违反行政法规的强制性规定，且在起诉前原告未经出让方同意并经相关土地管理部门和城市规划部门批准改变土地用途，故原、被告签订的《房屋租赁合同》因违反法律的强制性规定而无效。

第三百五十一条 【土地出让金】建设用地使用权人应当依照法律规定以及合同约定支付出让金等费用。

条文解读

本条是关于建设用地使用权人支付出让金等费用的规定。

我国确立了土地有偿使用原则，因此建设用地使用权人应当按照法律规定以

[1] 参见浙江省诸暨市人民法院民事判决书，(2019)浙 0681 民初 13054 号。

及合同约定支付出让金等费用。如果当事人逾期支付土地出让金,自然资源主管部门有权解除合同,并可以请求违约赔偿;如果受让人转让土地使用权,县级以上人民政府自然资源主管部门有权没收违法所得,同时可以处以罚款。

关联法规索引

《城市房地产管理法》第3、16、17、19、51、67条;《土地管理法》第2、55条;《城镇国有土地使用权出让和转让暂行条例》第14、15条;《最高人民法院关于审理涉及国有土地使用权合同纠纷案件适用法律问题的解释》第3条

第三百五十二条 【建筑物、构筑物及其附属设施归属】建设用地使用权人建造的建筑物、构筑物及其附属设施的所有权属于建设用地使用权人,但是有相反证据证明的除外。

条文解读

本条是关于建设用地使用权人建造的建筑物、构筑物及其附属设施的权属问题的规定。

建设用地使用权人建造的建筑物、构筑物及其附属设施的所有权推定属于建设用地使用权人,主要有两个理由:一是多数情况下,建设用地使用权人建造了建筑物、构筑物及其附属设施,因此事实行为而取得所有权;二是根据我国房地一体规则,需要保持交易中建筑物所有人和建筑用地使用权人的一致性。

但是这条规则属于推定规则,适用时需要满足两点:第一,建设用地使用权人建造了建筑物、构筑物及其附属设施;第二,建筑物、构筑物及其附属设施必须是合法建造。推翻这一推定规则,需要相反的证据证明。相反证据包括以下情形:第一,当事人之间特别约定了建筑物等所有权的归属。第二,法律的特别规定。比如,一部分市政公共设施,是开发商开发配套建设的,但是所有权归国家。第三,地上建筑物不是建设用地使用权人建造的。第四,建设用地使用权人与他人合资、合作建房,并对所有权进行了约定。第五,建设用地使用权人已经将建筑物预售给他人等。

关联法规索引

《民法典》第 231 条;《土地管理法》第 74、77、83 条;《最高人民法院关于审理涉及国有土地使用权合同纠纷案件适用法律问题的解释》第 21 ~24 条

典型案例

刘某某与泰安市宝丰农药厂建设用地使用权纠纷案[1]

※案例解读:建设用地使用权人建造的建筑物、构筑物及其附属设施的所有权属于建设用地使用权人,但有相反证据证明的除外。在本案中,涉案土地在拍卖前的使用权人为泰安市一山路桥有限公司,在没有相反证据的情况下,泰安市一山路桥有限公司系涉案土地及地上建筑物的权利人,在涉案土地及地上建筑物被泰安市中级人民法院查封、拍卖执行期间,其没有向执行法院提起执行异议,应视为泰安市一山路桥有限公司认可该土地及地上所有建筑物的执行行为。原告通过拍卖取得了本案中争议的涉案土地使用权及该土地范围内的所有地上建筑物的所有权及相应的其他权利。虽然被告签订租赁协议,但是该协议的出租方并不是案涉土地及建筑物的所有权人,所以其占有、使用案涉土地及建筑物的行为属于侵权,其应支付占有使用费。

第三百五十三条　【建设用地使用权的流转】建设用地使用权人有权将建设用地使用权转让、互换、出资、赠与或者抵押,但是法律另有规定的除外。

条文解读

本条是关于建设用地使用权流转的规定。

建设用地使用权可以依法在市场上进行自由流转,利用市场完成资源的合理配置,最大限度地发挥建设用地使用权的价值。建设用地使用权的流转具有以下特点:第一,流转类型多样化,如转让、互换、出资、赠与或者抵押。第二,流转

〔1〕 参见山东省泰安市岱岳区人民法院民事判决书,(2019)鲁 0911 民初 3816 号。

是建设用地使用权人对权利的处分。建设用地使用权是一种可以流转的权利,因此权利人有权通过自己的意志进行处分。第三,流转必须符合法律的规定。

需要注意的是,由于建设用地使用权与地上建筑物、构筑物及其附属设施具有不可分性,因此,在建设用地使用权转让时,其地上的建筑物、构筑物及其附属设施的所有权也应当一并转让,不允许单独转让建设用地使用权。

关联法规索引

《宪法》第 10 条第 4 款;《城市房地产管理法》第 37 ~42、47 ~48、51 条;《土地管理法》第 2 条;《公司法》第 27 条;《城镇国有土地使用权出让和转让暂行条例》第 4、19、44 ~45 条;《最高人民法院关于适用〈中华人民共和国公司法〉若干问题的规定(三)》第 8、10 条;《最高人民法院关于审理涉及国有土地使用权合同纠纷案件适用法律问题的解释》第 7 ~24 条

典型案例

张某甲、张某乙与张某丙建设用地使用权转让合同纠纷案〔1〕

※案例解读:建设用地使用权人有权将建设用地使用权转让、互换、出资、赠与或者抵押,但法律另有规定的除外。本案中,被告张某丙在以出让方式取得案涉国有土地的使用权后并予以转让的行为不违反法律法规的强制性规定,是法律允许的民事行为。当事人之间签订的建设用地使用权的转让协议中,被告负有协助办理过户等手续的义务,因此原告有权要求被告协助办理土地使用权变更登记。

---

〔1〕 参见江苏省如皋市人民法院民事判决书,(2017)苏 0682 民初 12447 号。

第三百五十四条　【建设用地使用权流转的形式要件与期限限制】 建设用地使用权转让、互换、出资、赠与或者抵押的，当事人应当采用书面形式订立相应的合同。使用期限由当事人约定，但是不得超过建设用地使用权的剩余期限。

条文解读

本条是关于建设用地使用权流转的形式要件与期限限制的规定。

建设用地使用权流转是要式法律行为，需要具备法定形式，即当事人应当采用书面形式订立相应的合同。这是因为建设用地使用权的流转涉及的标的物的金额往往较大，关系国家、社会和建设用地使用权人的重大利益，因此，当事人的合意必须采用要式合同，以明确权利义务。建设用地使用权流转的使用期限不得超过建设用地使用权的剩余期限，这是因为建设用地使用权人不能处分超过自身享有的权利，否则就会损害国家的利益，因此超过剩余期限的约定无效。

关联法规索引

《民法典》第 469 条；《城市房地产管理法》第 15、41、43、50 条；《城镇国有土地使用权出让和转让暂行条例》第 20～22 条

典型案例

欧某某、陈某某等与李某某建设用地使用权合同纠纷案[1]

※案例解读：建设用地使用权转让、互换、出资、赠与或者抵押的，当事人应当采取书面形式订立相应的合同。使用期限由当事人约定，但不得超过建设用地使用权的剩余期限。本案中《转买房屋协议书》是双方当事人的真实意思表示，没有损害国家、集体或者他人利益，不违反法律及行政法规的强制性规定，双方均已履

〔1〕 参见广东省广宁县人民法院民事判决书，(2018)粤 1223 民初 1311 号。

行完毕，双方所签订的协议中未超出土地使用权期限内的部分，应为合法有效。双方在协议中约定“使用年限为永久性”，超出了被告李某某受让土地的使用期限，违反了法律规定，应认定超出部分无效，但未超出部分有效。

第三百五十五条 【建设用地使用权流转登记】建设用地使用权转让、互换、出资或者赠与的，应当向登记机构申请变更登记。

条文解读

本条是关于建设用地使用权流转应申请变更登记的规定。

建设用地使用权流转适用登记要件主义，当事人之间未经登记不发生权利流转的效果。根据《民法典》第209条第1款的规定，“不动产物权的设立、变更、转让和消灭，经依法登记，发生效力；未经登记，不发生效力，但是法律另有规定的除外”。建设用地使用权作为典型的不动产用益物权，其转让、互换、出资或者赠与，非经登记不发生物权变动的效力。但应注意的是，建设用地使用权流转合同不因未经登记而无效，但为了保护受让人利益，应及时办理登记。

关联法规索引

《民法典》第209条第1款；《城市房地产管理法》第61～63条；《土地管理法》第12条；《城镇国有土地使用权出让和转让暂行条例》第25条；《最高人民法院关于审理涉及国有土地使用权合同纠纷案件适用法律问题的解释》第8条

第三百五十六条 【建设用地使用权流转之房随地走】建设用地使用权转让、互换、出资或者赠与的，附着于该土地上的建筑物、构筑物及其附属设施一并处分。

条文解读

本条是关于建设用地使用权流转之房随地走的规定。

我国确立了“房地一并处分”原则，即建设用地使用权与附着于该土地上的建筑物、构筑物及其附属设施一并处分。确立“房地一并处分”原则有利于充分发挥土地的使用价值，促进物尽其用。如果当事人只享有建设用地使用权，不对建筑物享有权利，就无法实质享有建设用地使用权的权利，可能会导致拆房还地的后果。如果当事人只对建筑物享有所有权，那么该建筑物上的建设用地使用权的流转势必会对建筑物的所有权人权利的稳定性造成影响，因此一并处分有利于稳定社会秩序。

本条是“房地一并处分”原则中“房随地走”的规定，即建设用地使用权转让、互换、出资或者赠与的，附着于该土地上的建筑物、构筑物及其附属设施一并处分。此时的建筑物，不仅包含地表，还包括地上和地下空间的建筑物。

关联法规索引

《城市房地产管理法》第 32 条；《城镇国有土地使用权出让和转让暂行条例》第 23、33 条；《最高人民法院关于人民法院民事执行中查封、扣押、冻结财产的规定》第 21 条

第三百五十七条　【建设用地使用权流转之地随房走】建筑物、构筑物及其附属设施转让、互换、出资或者赠与的，该建筑物、构筑物及其附属设施占用范围内的建设用地使用权一并处分。

条文解读

本条是关于建设用地使用权流转之地随房走的规定。

“地随房走”，是指建筑物、构筑物及其附属设施的权利人对其进行处分时，一并处分相对应的建设用地使用权，否则不发生建筑物、构筑物及其附属设施所有权的转移。但是根据《城镇国有土地使用权出让和转让暂行条例》第 25 条第 2 款的规定，“土地使用权和地上建筑物、其他附着物所有权分割转让的，应当经市、县人民政府土地管理部门和房产管理部门批准，并依照规定办理过户登记”。因此，建设用地使用权及地上建筑物在经市、县人民政府自然资源主管部门和房产管理部

门批准后,可以分割转让,并办理相应的过户登记。

关联法规索引

《城市房地产管理法》第 32 条;《城镇国有土地使用权出让和转让暂行条例》第 24、25、33 条

第三百五十八条 【建设用地使用权提前收回及其补偿】 建设用地使用权期限届满前,因公共利益需要提前收回该土地的,应当依据本法第二百四十三条的规定对该土地上的房屋以及其他不动产给予补偿,并退还相应的出让金。

条文解读

本条是关于建设用地使用权提前收回及其补偿的规定。

采用出让方式设立的建设用地使用权根据不同土地用途具有不同的期限,建设用地使用权期限届满前,出让人收回建设用地使用权,会损害建设用地使用权人的利益,因此收回必须基于公共利益的正当理由,且根据收回时地上建筑物、其他附着物的价值和剩余年期土地使用权价格,给予受让人相应的补偿,并退还相应的出让金。

关联法规索引

《民法典》第 243 条;《城市房地产管理法》第 20 条;《土地管理法》第 58、66 条;《国有土地上房屋征收与补偿条例》第 2、8、17～27 条;《城镇国有土地使用权出让和转让暂行条例》第 39、42 条

第三百五十九条 【建设用地使用权的续期】 住宅建设用地使用权期限届满的,自动续期。续期费用的缴纳或者减免,依照法律、行政法规的规定办理。

非住宅建设用地使用权期限届满后的续期，依照法律规定办理。该土地上的房屋以及其他不动产的归属，有约定的，按照约定；没有约定或者约定不明确的，依照法律、行政法规的规定办理。

条文解读

本条是关于建设用地使用权续期的规定。

根据土地用途，可以将建设用地使用权分为住宅建设用地使用权和非住宅建设用地使用权。建设用地使用权的续期规则，根据这两类建设用地使用权进行了不同的规定。

住宅建设用地使用权自动续期。自动续期，是指住宅建设用地使用权期限届满后，权利人不需要到政府相关部门办理续期手续，该权利即可自动延长。关于自动续期，一方面，避免了权利人再次办理续期手续的麻烦，减少了行政管理压力；另一方面，切实保护了民事主体的房屋所有权。至于续期费用的缴纳或者减免，《民法典》没有对此直接予以回应，而是留给法律、行政法规处理。

非住宅建设用地使用权期限届满后的续期，并不采用自动续期规则，而是有约定按照约定，没有约定或者约定不明确的，依照法律、行政法规的规定办理。根据《城市房地产管理法》第 22 条的规定，"土地使用权出让合同约定的使用年限届满，土地使用者需要继续使用土地的，应当至迟于届满前一年申请续期，除根据社会公共利益需要收回该幅土地的，应当予以批准。经批准准予续期的，应当重新签订土地使用权出让合同，依照规定支付土地使用权出让金。土地使用权出让合同约定的使用年限届满，土地使用者未申请续期或者虽申请续期但依照前款规定未获批准的，土地使用权由国家无偿收回"。

关联法规索引

《城市房地产管理法》第 22 条；《城镇国有土地使用权出让和转让暂行条例》第 12、39 ~ 41 条

第三百六十条 【建设用地使用权注销登记】建设用地使用权消灭的，出让人应当及时办理注销登记。登记机构应当收回权属证书。

条文解读

本条是关于建设用地使用权注销登记的规定。

建设用地使用权消灭的情况主要有：国家因为公共利益需要进行回收、建设用地使用权期限届满未续期、因自然灾害等原因造成建设用地使用权灭失、使用权人丧失主体资格或者不能按照原土地用途使用土地导致土地被收回、使用权人放弃等。建设用地使用权消灭后，出让人应当及时办理注销登记，登记机构应当收回权属证书。办理建设用地使用权注销登记的义务人是出让人，而不是建设用地使用权人。

关联法规索引

《不动产登记暂行条例实施细则》第28条

典型案例

雾凇房产公司与电力公司、第三人国土局合同纠纷案[1]

※案例解读：建设用地使用权消灭的，出让人应当及时办理注销登记。登记机构应当收回建设用地使用权证书。本案中被告电力公司系该土地原使用权人，根据法律规定，被告电力公司在交回土地使用权后应当及时办理注销登记，所以对于原告要求被告电力公司协助原告办理土地使用权登记的诉请，法院予以支持。

第三百六十一条 【集体所有土地作为建设用地】集体所有的土地作为建设用地的，应当依照土地管理的法律规定办理。

---

〔1〕 参见吉林省吉林市龙潭区人民法院民事判决书，(2014)龙民一初字第19号。

条文解读

本条是关于集体所有土地作为建设用地的规定。

集体建设用地使用权,是指乡(镇)、村企业等自然人、法人依法对集体所有的土地享有占有、使用、收益、建造并经营建筑物、构造物及附属设施的权利。[1] 集体建设用地使用权包括集体经营性建设用地使用权和集体公益性建设用地使用权。

集体公益性建设用地使用权包括基于乡村公共利益需要的乡村公共设施或公益事业用地。《土地管理法》第 61 条规定,乡(镇)村公共设施、公益事业建设,需要使用土地的,经乡(镇)人民政府审核,向县级以上地方人民政府自然资源主管部门提出申请,按照省、自治区、直辖市规定的批准权限,由县级以上地方人民政府批准;其中,涉及占用农用地的,依照《土地管理法》第 44 条的规定办理审批手续。

《土地管理法》第 63 条回应了集体经营性建设用地使用权入市的问题,该条规定:"土地利用总体规划、城乡规划确定为工业、商业等经营性用途,并经依法登记的集体经营性建设用地,土地所有权人可以通过出让、出租等方式交由单位或者个人使用,并应当签订书面合同,载明土地界址、面积、动工期限、使用期限、土地用途、规划条件和双方其他权利义务。前款规定的集体经营性建设用地出让、出租等,应当经本集体经济组织成员的村民会议三分之二以上成员或者三分之二以上村民代表的同意。通过出让等方式取得的集体经营性建设用地使用权可以转让、互换、出资、赠与或者抵押,但法律、行政法规另有规定或者土地所有权人、土地使用权人签订的书面合同另有约定的除外。集体经营性建设用地的出租,集体建设用地使用权的出让及其最高年限、转让、互换、出资、赠与、抵押等,参照同类用途的国有建设用地执行。具体办法由国务院制定。"对比国有土地建设用地使用权,集体建设用地使用权的权能有很多限制,导致国有建设用地使用权在市场上处于垄断地位,所以,目前土地制度改革的重点之一就是对集体建设用地使用权的改革。

关联法规索引

《土地管理法》第 12、44、59 ~ 61 条;《乡镇企业法》第 28 条;《不动产登记暂行条例实施细则》第 44 ~ 46 条

---

[1] 参见杨立新:《中华人民共和国民法典条文要义》,中国法制出版社 2020 年版,第 265 页。

第十三章　宅基地使用权

本章介绍

本章是关于用益物权中宅基地使用权的规定，从宅基地使用权的概念、取得、转让、灭失、登记等方面确定了我国独有的宅基地使用制度，保障集体经济组织中农村居民生活居住的权利。

第三百六十二条　【宅基地使用权的定义】宅基地使用权人依法对集体所有的土地享有占有和使用的权利，有权依法利用该土地建造住宅及其附属设施。

条文解读

本条规定了关于宅基地使用权的定义。

宅基地使用权，是指权利人依法在集体所有的土地上建造住宅及附属设施的权利。[1]

宅基地使用权主要有以下特征：第一，享有宅基地使用权的主体只能是集体经济组织的成员。宅基地使用权是一种成员权，只能由本集体经济组织的成员享有，而且以户为单位进行申请。第二，宅基地使用权的客体是集体所有的土地。第三，宅基地使用权只能用于建造住宅及其附属设施，不能挪作其他用途。第四，宅基地使用权的取得和使用是无偿的。宅基地使用权具有社会保障功能，具有一定的福利性，因此取得宅基地一般都是无偿的。第五，宅基地使用权没有期限的限制。第六，宅基地使用权的流转受到严格限制，一户家庭只能取得一处宅基地，农村村民出卖、出租住房后再申请宅基地的，不予批准。

---

〔1〕 参见王利明：《物权法研究》，中国人民大学出版社2002年版，第186页。

关联法规索引

《宪法》第10条第2款；《土地管理法》第4条第3款、第61～62条；《土地管理法实施条例》第36条

典型案例

李某某、贾某甲等与贾某乙、徐某某宅基地使用权纠纷案[1]

※案例解读：宅基地使用权人依法对集体所有的土地享有占有和使用的权利，有权依法利用该土地建造住宅及其附属设施。宅基地使用权的主体是特定的农村村民，一户的宅基地使用权应由本户的村集体经济组织成员共同享有。本案中，诉争的宅基地原登记在贾某丙名下，由贾某丙家共同享有。后贾某乙及其姐因结婚户口迁出丧失户内成员资格，不再享有该宅基地使用权，李某某因结婚、贾某某因出生取得户内成员资格，享有该宅基地使用权。但是在贾某丙及其母黄某死亡后，其继承人（被告贾某乙系黄某的继承人之一）未对上述遗产进行分割，因继承取得物权的，自继承开始时发生效力，因此，二原告要求二被告腾出、搬离该房屋并返还房屋的所有权并不合适。本案中，一、二审法院的判决结果并不相同，原因就是将宅基地使用权与宅基地使用权人利用该权利建造房屋后房屋所有权等同或者区分处理。只有本村集体经济组织成员才能享有宅基地使用权，但是其上的建筑物可以由非本村集体经济组织成员的继承人继承，不应将二者混为一谈。

第三百六十三条 【宅基地使用权取得、行使和转让的法律适用】宅基地使用权的取得、行使和转让，适用土地管理的法律和国家有关规定。

条文解读

本条是关于宅基地使用权取得、行使和转让的法律适用的规定。

---

[1] 参见河南省许昌市中级人民法院民事判决书，（2016）豫10民终553号。

宅基地使用权的取得、行使和转让的规定，目前主要体现在《土地管理法》中。根据该法，农村村民一户只能拥有一处宅基地，其宅基地的面积不得超过省、自治区、直辖市规定的标准。农村村民建住宅，应当符合乡（镇）土地利用总体规划、村庄规划，不得占用永久基本农田，并应尽量使用原有的宅基地和村内空闲地。农村村民住宅用地，由乡（镇）人民政府审核批准；其中，涉及占用农用地的，依法办理审批手续。

农村村民出卖、出租、赠与住宅后，再申请宅基地的，不予批准。国家允许进城落户的农村村民依法自愿有偿退出宅基地，鼓励农村集体经济组织及其成员盘活利用闲置宅基地和闲置住宅。另外，根据《民法典》第399条的规定，宅基地使用权不得抵押。

需要注意的是，我国目前正在不少地市进行宅基地使用权转让工作的试点，这些试点地区的政策规定将影响当事人对宅基地使用权的处分。

关联法规索引

《土地管理法》第44、59、61～62、77条；《不动产登记暂行条例实施细则》第40～43条；《土地管理法实施条例》第33～36条

第三百六十四条 【宅基地的灭失和重新分配】宅基地因自然灾害等原因灭失的，宅基地使用权消灭。对失去宅基地的村民，应当依法重新分配宅基地。

条文解读

本条是关于宅基地的灭失和重新分配的规定。

本条确定了宅基地使用权人重新分配宅基地的权利。宅基地使用权人行使该权利必须满足以下条件：第一，宅基地因自然灾害等原因灭失，如地震、洪水等造成宅基地土地灭失，宅基地使用权自然不复存在。如果自然灾害导致建筑物或者附属物灭失，但土地未灭失，宅基地使用权人有权在原宅基地上建造房屋。第二，申请重新分配的权利人必须是本集体经济组织的成员。第三，重新分配宅基地应当

按照国家有关规定和法定程序进行。

关联法规索引

《不动产登记暂行条例实施细则》第40～43条

第三百六十五条　【宅基地使用权变更和注销登记】已经登记的宅基地使用权转让或者消灭的，应当及时办理变更登记或者注销登记。

条文解读

本条是关于宅基地使用权变更和注销登记的规定。

宅基地使用权涉及农村居民基本生存和国家对土地资源的管理，因此为了明确权属、便于管理，在宅基地使用权转让或者消灭时，权利人必须办理变更登记或者注销登记。当然，适用前提是对宅基地使用权进行了登记。如果不办理变更登记或者注销登记，则不能产生对抗善意第三人的效力。

关联法规索引

《不动产登记暂行条例》第5条第6项；《不动产登记暂行条例实施细则》第42条

第十四章　居　住　权

本章介绍

本章是《民法典》新增的一章，是关于居住权这一新的用益物权的规定，明确了居住权的性质，规定了居住权人的权利以及居住权的设立、处分与消灭，并且为保障当事人的权利设置了禁止行为。

第三百六十六条　【居住权的定义】居住权人有权按照合同约定，对他人的住宅享有占有、使用的用益物权，以满足生活居住的需要。

条文解读

本条是关于居住权定义的规定。

居住权源于罗马法，该权利属于人役权的一种。人役权，是指为特定人的利益而利用他人所有的物的权利，该权利不得让与。[1] 居住权为用益物权，且以合同约定或者遗嘱为其成立的基础行为，该种用益物权包括占有和使用两个权能，即居住权人对他人住宅享有占有和使用的权利。

关联法规索引

《民法典》第369、371条

第三百六十七条　【居住权合同】设立居住权，当事人应当采用书面形式订立居住权合同。

---

〔1〕 参见周枏：《罗马法原论》（上），商务印书馆1994年版，第398页。

居住权合同一般包括下列条款：

（一）当事人的姓名或者名称和住所；

（二）住宅的位置；

（三）居住的条件和要求；

（四）居住权期限；

（五）解决争议的方法。

条文解读

本条是关于居住权合同订立形式与主要条款的规定。

订立居住权合同时，当事人应当采用书面形式。采用合同书、信件、电报、电传、传真等可以有形地表现所载内容的形式，或者电子数据交换、电子邮件等能够有形地表现所载内容，并可以随时调取查用的形式。

居住权合同的主要条款包括以下内容：第一，明确当事人的姓名或者名称和住所。第二，合同中一般应包括住宅的位置。居住权合同是占有、使用他人特定住宅的合同，因此应当明确标的物即住宅的位置以防止纠纷之发生。第三，约定居住的条件和要求，即居住权人在享有居住权的同时需履行的义务。第四，约定居住权的期限。该期限届满或期限未届满但居住权人死亡的，居住权消灭。第五，约定解决争议的方法，即当事人之间约定采用协商、调解、仲裁或者诉讼等方法解决争议。

关联法规索引

《民法典》第370、469～470条

第三百六十八条　【居住权的设立】居住权无偿设立，但是当事人另有约定的除外。设立居住权的，应当向登记机构申请居住权登记。居住权自登记时设立。

条文解读

本条是关于居住权设立的规定。

首先,居住权原则上为无偿设立。因居住权的目的是保障特定人群有房可居,且居住权人一般为社会中较为弱势的群体,所以除当事人另有约定外,居住权一般无偿设立。

其次,居住权为用益物权。设立居住权,当事人之间除了采用书面形式签订合法有效的居住权合同或者以遗嘱设立居住权外,还需向登记机构申请登记,居住权自登记时设立。

关联法规索引

《民法典》第214、367条

第三百六十九条 【居住权的转让、继承和设立居住权的住宅出租】居住权不得转让、继承。设立居住权的住宅不得出租,但是当事人另有约定的除外。

条文解读

本条是关于居住权的限制与处分事项的规定。

居住权是住宅的所有权人或者处分权人为保障居住权人有房可居而设立的,其目的在于保障该特定人必需的生活而非使其获利,因此居住权不得转让与继承。此外,居住权人对于设立居住权的住宅一般只享有占有和使用的权利,不享有收益和处分的权利。所以,除当事人另有约定外,该住宅不得出租。本条为强制性民事法律规范,若当事人之间没有约定或者居住权人未经所有权人同意私自将住宅出租,其所为的民事行为无效。[1]

---

〔1〕 参见房绍坤:《论民法典中的居住权》,载《现代法学》2020年第4期。

关联法规索引

《民法典》第 366 条

第三百七十条　【居住权的消灭】居住权期限届满或者居住权人死亡的,居住权消灭。居住权消灭的,应当及时办理注销登记。

条文解读

本条是关于居住权消灭的规定。

当事人之间订立居住权合同时,或者设定居住权的遗嘱中应当规定居住权的期限,该期限届满后居住权消灭。如果对该期限没有规定或者规定不明,应当依据合同或遗嘱的其他条款或者从保障居住权人有房可居的立法目的出发,对居住权的存续期限进行确定。居住权人死亡后,因合同或者遗嘱规定的居住权的目的不能实现,所以居住权归于消灭。

居住权属于经登记后方可设立的用益物权,故居住权消灭后,应当及时向居住权登记机关申请办理注销登记。

关联法规索引

《民法典》第 367 条

第三百七十一条　【以遗嘱方式设立居住权的参照适用】以遗嘱方式设立居住权的,参照适用本章的有关规定。

条文解读

本条是关于以遗嘱方式设立居住权参照适用的规定。

居住权可依合同或者遗嘱设立。以合同方式设立居住权的,适用《民法典》合同编一般规定与本章的规定;以遗嘱方式设立居住权的,参照适用本章的规定,即无偿设立、居住权人享有占有和使用的权利、住宅原则上不得出租、居住权自登记时设立等。

关联法规索引

《民法典》第 366～370、464 条

第十五章　地　役　权

本章介绍

本章规定了用益物权之一的地役权，首先明确了地役权的定义和设立，其次阐述了地役权人与供役地人的权利及义务，再次规定了地役权与其他权利的关系，最后明确了地役权的消灭问题。

第三百七十二条　【地役权】地役权人有权按照合同约定，利用他人的不动产，以提高自己的不动产的效益。

前款所称他人的不动产为供役地，自己的不动产为需役地。

条文解读

本条是关于地役权的规定。

地役权，是指地役权人依据合同约定，利用供役地人的不动产，以提高自己不动产的效益的权利。地役权具有以下特点：第一，地役权是依据当事人之间的合同设立的，地役权人为了提高自己不动产效益，而与相对人签订合同，地役权合同应当采用书面形式订立。第二，地役权是利用他人的不动产，即供役地和需役地的所有权或使用权需为不同的人享有。相邻关系虽然也是利用他人的不动产，但与地役权不同的是，相邻关系中利用他人不动产的目的在于使不动产权利人拥有基本及必要的便利，而不是增进其不动产的效益。利用他人的不动产并不以实际上占有他人不动产为要件，而是对他人的不动产设置一定的负担，即供役地人负有容忍和不妨害地役权人行使权利的义务。第三，地役权人订立合同利用他人不动产的目的在于提高自己不动产的收益，该类效益需高于相邻关系之基本便利，即该行为不是地役权人利用其不动产所必需的，而是出于增进不动产效益的目的。

第三百七十三条 【地役权的设立】 设立地役权，当事人应当采用书面形式订立地役权合同。

地役权合同一般包括下列条款：

（一）当事人的姓名或者名称和住所；

（二）供役地和需役地的位置；

（三）利用目的和方法；

（四）地役权期限；

（五）费用及其支付方式；

（六）解决争议的方法。

条文解读

本条是关于地役权设立的规定。

地役权的设立应当采用书面形式，即当事人之间应当采用合同书、信件、电报、电传、传真等可以有形地表现所载内容的形式，或者以可以随时调取查用的电子数据交换、电子邮件等能够有形地表现所载内容的方式订立地役权合同。一般而言，地役权应当包括以下条款：

第一，当事人的姓名或者名称和住所以及供役地和需役地的详细位置。这样不仅可以明确地役权当事人权利义务的承担，还可以防止纠纷的发生。

第二，需役地人利用供役地的目的和方法、利用期限。地役权是不动产权利人为增进其不动产效益而利用他人不动产的权利，因此地役权合同当事人应约定地役权人使用何种方式（如占用他人承包地修路）以达增进其不动产效益。同时，由于我国土地归国家或者集体所有，使用权人或者承包经营人对土地享有的权利均有一定的期限，故地役权合同亦应约定期限。没有约定期限或者约定不明确的，地役权人可以随时终止合同。

第三，地役权的费用及其支付方式。地役权人设立地役权的目的在于增进效益，所以当事人可以约定地役权的费用及其支付方式；当然，如果当事人约定为无偿的，在不损害第三人利益的情况下，也未尝不可。

第四，地役权合同还应包括争议解决方式，即诉讼、仲裁、调解和协商等方式。

关联法规索引

《民法典》第377、469~470条

第三百七十四条　【地役权生效】地役权自地役权合同生效时设立。当事人要求登记的，可以向登记机构申请地役权登记；未经登记，不得对抗善意第三人。

条文解读

本条是关于地役权效力的规定。

《民法典》物权编对于不动产权利原则上采用的是登记生效主义，但也有不动产权利采取的是登记对抗主义，地役权即采登记对抗主义。登记对抗主义，是指当事人之间的物权行为虽未登记，但其仍然有效并导致了物权变动，只是未经登记不得对抗善意第三人。

根据本条规定，地役权自供役地人与需役地人签订的地役权合同生效时设立，当事人未登记的不影响地役权的效力。当事人要求登记的，可依照《不动产登记暂行条例》向登记机构申请地役权登记；未登记的，不得对抗善意第三人。

关联法规索引

《不动产登记暂行条例》第5条第8项；《最高人民法院关于适用〈中华人民共和国民法典〉物权编的解释（一）》第4条；《不动产登记暂行条例实施细则》第60、64条

典型案例

黄某甲与黄某乙、黄某丙排除妨害纠纷案[1]

※案例解读：地役权自地役权合同生效时设立。本案中，黄某丙与黄某乙与案外人黄某丁签订的《地役权合同》是双方当事人的真实意思表示，未违反法律、行政法规的效力性强制性规定，合法有效。地役权在合同有效时即可设立，未登记的，仅是不得对抗善意第三人，并不影响合同以及地役权的效力。原告作为地役权人有权按照合同的约定，利用他人的不动产，以提高自己不动产的效益。本案是为通行方便而在供役地上设立的通行权，而被告在该自留地与乡路之间堆砌石墙的行为，现实地阻碍原告从自留地上正常通行，影响其对供役地的使用，原告有权要求被告拆除其堆砌的石墙。

第三百七十五条 【供役地人的义务】供役地权利人应当按照合同约定，允许地役权人利用其不动产，不得妨害地役权人行使权利。

条文解读

本条是关于供役地人义务的规定。

地役权自地役权合同生效时设立，地役权设立后，供役地人应当按照合同的约定，履行相应的义务。本条款从两个方面对供役地人的义务进行了规范。

第一，允许地役权人利用其土地。地役权设立的目的在于地役权人为提高自己不动产的效益而利用他人不动产，故供役地人应当允许地役权人利用其不动产以达到增进自己不动产效益的目的。这需要供役地人按照合同的约定，提供自己土地供地役权人利用，并容忍供役地上的负担。

第二，不得妨碍地役权人行使权利。供役地人在行使地役权时，在权利行使的范围内，有权在供役地上修建必要的附属设施或者从事某种必要的行为，对此，供役地人不得妨害地役权人行使其权利。在供役地人妨害或者可能妨害其地役权

[1] 参见福建省福州市中级人民法院民事判决书，(2016)闽01民终107号。

时，可以请求其排除妨害或者消除危险。

关联法规索引

《民法典》第236、326、374条

典型案例

叶某甲、叶某乙地役权纠纷案[1]

※案例解读：供役地权利人应当按照合同约定，允许地役权人利用其不动产，不得妨害地役权人行使权利。本案中，叶某甲、叶某乙、叶某丙就相邻不动产的使用、利用事宜达成协议，该协议书是双方关于涉讼土地地役权之供需双方的权利义务的约定，是双方真实意思表示，且未违反法律、行政法规的效力性强制性规定，合法有效。该协议书约定"叶某甲同意留下宽3米、高3.5~4米的永久性通道，永不作他用"，叶某甲作为供役地权利人应当按照合同约定，允许地役权人即叶某乙利用土地，不得妨碍地役权人行使权利。现叶某甲违反该地役权协议，在通道上堆放杂物，构成违约，叶某乙有权要求叶某甲及其子叶某丁排除通道上的妨碍物。

第三百七十六条　【地役权人的权利与义务】地役权人应当按照合同约定的利用目的和方法利用供役地，尽量减少对供役地权利人物权的限制。

条文解读

本条是关于地役权人权利与义务的规定。

地役权人在享有地役权的同时，也应当履行必要的义务。

第一，地役权人应当按照地役权合同的约定利用供役地。地役权设立的目的在于利用他人的不动产增进自身不动产的效益，且地役权当当事人合意一致才能设立，故地役权人应当按照双方约定的目的和方法利用供役地。

[1] 参见福建省泉州市中级人民法院民事判决书，(2017)闽05民终520号。

第二,尽量减少对供役地权利人物权的限制。因地役权人对供役地施加了限制,其应按照合同约定,在行使地役权时,应尽量避免给供役地权利人造成损害;无法避免损害的,应当选择损害最小的方式为之,减少对供役地人物权的干扰。

关联法规索引

《民法典》第241、372~375条

典型案例

张某与申某某排除妨碍、赔偿损失纠纷案[1]

※案例解读:供役地权利人不得妨碍地役权人行使权利,地役权人也应当尽量减少对供役地权利人权利的限制。本案中,申某某作为供役地权利人不得妨碍张某按照约定利用土地灌溉耕地,但张某亦应采用对申某某土地限制最小的方式行使其地役权。故张某有权请求申某某排除妨害,但应当改变其经过申某某土地中间位置铺设水龙带的措施,改由申某某土地一侧铺设。

第三百七十七条 【地役权的期限】地役权期限由当事人约定;但是,不得超过土地承包经营权、建设用地使用权等用益物权的剩余期限。

条文解读

本条是关于地役权期限的规定。

地役权当事人可以协商确定地役权的期限,当事人对地役权的期限没有约定或者约定不明确的,可以事后达成补充协议。

我国实行土地的国家所有和集体所有制度。因此,在地役权的双方当事人是土地承包经营权人、建设用地使用权人等用益物权人时,他们之间设立地役权的期限不得超过他们各自的用益物权的剩余期限。如果供役地和需役地的剩余期限不

〔1〕 参见陕西省西安市中级人民法院民事判决书,(2018)陕01民终2159号。

一致，在当事人没有明确约定的情况下，以时间较短的期限作为地役权的期限。

关联法规索引

《民法典》第332、359条；《农村土地承包法》第21条；《城镇国有土地使用权出让和转让暂行条例》第12条

典型案例

安达市汇龙房地产开发有限公司与丁某某、胡某某建设用地使用权转让合同纠纷案[1]

※案例解读：当事人之间约定的地役权期限不得超过土地承包经营权、建设用地使用权等用益物权的剩余期限。本案中，当事人双方在《协议书》中约定对涉案部分土地永久使用，超过了商业用地40年的使用年限，因此超过部分无效，但该部分无效不影响《协议书》的整体效力。而且协议的订立是双方真实意思表示，不存在胁迫、显失公平等情形。故汇龙房地产开发有限公司无权请求撤销《协议书》。

第三百七十八条　【地役权承继】土地所有权人享有地役权或者负担地役权的，设立土地承包经营权、宅基地使用权等用益物权时，该用益物权人继续享有或者负担已经设立的地役权。

条文解读

本条是关于地役权承继的规定。

土地所有权人享有地役权，之后在该土地上设立土地承包经营权、宅基地使用权等用益物权时，为了促进承包地或者宅基地的充分利用，新的用益物权人如土地承包经营权人、宅基地使用权人继续享有已经设立的地役权。

如果土地所有权人负担地役权，设立土地承包经营权、宅基地使用权等用益物

〔1〕 参见黑龙江省绥化市中级人民法院民事判决书，(2014)绥中法民一民终字第310号。

权时,该用益物权人继续承受已经存在的地役权。

关联法规索引

《土地管理法》第 62 条;《民法典》第 241 条

第三百七十九条 【已设立用益物权的土地上设立地役权】 **土地上已经设立土地承包经营权、建设用地使用权、宅基地使用权等用益物权的,未经用益物权人同意,土地所有权人不得设立地役权。**

条文解读

本条是关于在已设立用益物权的土地上设立地役权的规定。

用益物权人不仅对用益物权的标的物享有占有、使用和收益的权利,而且可以排除包括土地所有权人在内的一切人的干涉。地役权的设立是为了利用他人不动产增进自身不动产的效益,所以地役权的设立对需役地人所享有的物权多有限制。现用益物权人已在土地上设立用益物权,若所有权人未经其同意擅自在该土地上又设立地役权,势必会对用益物权人行使物权造成妨害,故所有权人不得干涉用益物权人行使权利,未经其同意,不得设立地役权。本条规定的目的在于保护土地承包经营权、建设用地使用权、宅基地使用权等用益物权人之合法权益。

关联法规索引

《民法典》第 372 条

第三百八十条 【地役权转让】 **地役权不得单独转让。土地承包经营权、建设用地使用权等转让的,地役权一并转让,但是合同另有约定的除外。**

条文解读

本条是关于地役权转让规则的规定。

地役权的成立必须有需役地和供役地同时存在，所以其具有从属性。地役权的从属性，表现为以下三种情形：第一，地役权人不得自己保留需役地的使用权，而单独将地役权进行转让；第二，地役权人不得自己保留地役权，而单独将需役地的使用权转让出去；第三，地役权人不得将地役权和需役地的使用权分别转让给不同的民事主体。因此，除了地役权合同另有约定之外，地役权不得单独转让，土地承包经营权和建设用地使用权等转让的，地役权一并转让。地役权的转让没有随需役地使用权的转让而转让的，转让无效。

第三百八十一条　【地役权抵押】地役权不得单独抵押。土地经营权、建设用地使用权等抵押的，在实现抵押权时，地役权一并转让。

条文解读

本条是关于地役权抵押的规定。

与地役权转让的规则相同，地役权的从属性在抵押方面也有体现。地役权设立的目的在于提升不动产权利人的效益，其与土地经营权、建设用地使用权等用益物权无法分割，故地役权不得单独抵押。土地经营权和建设用地使用权等用益物权抵押后，债务人无法清偿债务或发生其他抵押权实现的事由的，用益物权发生转让，地役权随之转让。

关联法规索引

《民法典》第380、407条

第三百八十二条　【需役地及其上用益物权的部分转让】需役地以及需役地上的土地承包经营权、建设用地使用权等部分转让时，转让部分涉及地役权的，受让人同时享有地役权。

条文解读

本条是关于需役地及其上土地承包经营权、建设用地使用权等部分转让后受让人的权利的规定。

地役权除具有从属性,不得单独转让与抵押外,亦具有不可分性。当需役地及其上土地承包经营权、建设用地使用权等用益物权部分转让,产生了分属不同权利人的两个或者多个用益物权时,地役权并非被分割后分别存在于未转让或者已转让部分,其效力仍及于需役地全部。如果转让部分涉及地役权的,则受让人同时享有地役权。但是,如果受让人所受让部分土地或其上用益物权与地役权设立的目的不相关联,即不存在利用供役地以提高其受让部分收益的情形,则受让人不享有地役权。

典型案例

蔡某甲与蔡某乙排除妨害纠纷案[1]

※**案例解读:**需役地以及需役地上的土地承包经营权、建设用地使用权等部分转让时,转让部分涉及地役权的,受让人同时享有地役权。本案中蔡某受让案外人蔡某丙宅基地使用权后,蔡某丙在该宅基地上设立的通行地役权,在原告受让(调换)蔡某丙土地后,作为需役地受让人的原告蔡某甲同时享有,被告蔡某乙不得妨碍原告蔡某甲通行的权利。故原告有权要求被告清除妨碍其通行的砖块和混凝土蹬并赔偿相应损失。

第三百八十三条　【供役地及其上用益物权部分转让】供役地以及供役地上的土地承包经营权、建设用地使用权等部分转让时,转让部分涉及地役权的,地役权对受让人具有法律约束力。

[1] 参见贵州省怀仁市人民法院民事判决书,(2020)黔0382民初300号。

条文解读

本条是关于供役地及其上土地承包经营权、建设用地使用权等部分转让后受让人的义务的规定。

地役权具有不可分性。供役地及供役地上的土地承包经营权、建设用地使用权等部分转让时，如果分属于不同的权利人，地役权在转让后的供役地的各个部分继续存在，受让人需受前权利人与需役地权利人订立的地役权协议的约束。但是如果受让人受让的部分不涉及地役权，则不受其约束，即地役权作为整个供役地的负担，应有部分的变化不影响地役权的存在。

关联法规索引

《民法典》第 382 条

第三百八十四条　【供役地权利人合同解除权】地役权人有下列情形之一的，供役地权利人有权解除地役权合同，地役权消灭：

（一）违反法律规定或者合同约定，滥用地役权；

（二）有偿利用供役地，约定的付款期限届满后在合理期限内经两次催告未支付费用。

条文解读

本条是关于供役地权利人合同解除权的规定。

为保护供役地人的合法权益，保证供役地权利人享有的权利不受侵害，本条规定了在特定情形下，供役地权利人享有法定解除权。法定解除权属于形成权，自供役地权利人解除合同的意思表示到达需役地人处时，地役权合同解除，地役权随之消灭。

第一，需役地人违反法律规定或者地役权合同约定，滥用地役权。地役权设立后，地役权人与供役地权利人的任何一方都不得擅自解除合同，但是需役地人并非可以用任何方式实现其地役权，地役权的实现应当符合合同约定的利用方式和目的，不得妨害供役地权利人对供役地享有的权利，即需役地人实现地役权时应当选择对供役地损害最小的方式实施。如果地役权人违反法律规定或者合同约定，供役地权利人可以解除地役权合同。地役权人超越地役权行使的范围，不按照约定的方法使用供役地，属于滥用地役权。

第二，有偿利用供役地，约定的付款期限届满后在合理期限内经两次催告未支付费用。地役权合同是否有偿由地役权人与供役地权利人进行约定。如果为有偿使用地役权，地役权人必须按照合同的约定履行付款的义务。如果地役权人无正当理由，在合同约定的付款期限届满后，没有按照合同的约定向供役地人支付费用，而且在供役地权利人确定的合理期限经过两次催告，地役权人仍没有支付费用，供役地人可以解除地役权合同，地役权消灭。

关联法规索引

《民法典》第563条

第三百八十五条 【地役权变动登记】已经登记的地役权变更、转让或者消灭的，应当及时办理变更登记或者注销登记。

条文解读

本条是关于地役权变动登记的规定。

我国地役权的设立采取登记对抗主义。如果当事人之间设立地役权，在登记机构办理设立登记，则其便具有对抗善意第三人的效力。此时地役权设立登记便成为一种公示方式，为保障其他不特定第三人的利益，已经登记的地役权发生变动即发生变更、转让或者消灭的情形的，应当及时向登记机构办理变更登记或者注销登记。

关联法规索引

《民法典》第208～209、374条；《不动产登记暂行条例实施细则》第61～63条

第四分编　担 保 物 权

分编介绍

本分编明确了担保物权的含义及共同适用的规则，并分别规定了抵押权、质权和留置权等三大担保物权制度。

第十六章　一 般 规 定

本章介绍

本章明确了担保物权的含义。但为了应对非典型担保不断发展的蓬勃势头，本章明确了此类合同法律适用的参照标准。除此之外，本章明确了担保物权的担保范围、担保物毁损、灭失时担保物权的物上代位性规则、担保物权的消灭规则。对于未经担保人同意的债务移转规则以及人保和物保共同存在的混合担保等担保可能面临的共同问题，也在本章予以了规范。

第三百八十六条　【担保物权的定义】担保物权人在债务人不履行到期债务或者发生当事人约定的实现担保物权的情形，依法享有就担保财产优先受偿的权利，但是法律另有规定的除外。

条文解读

本条规定了担保物权的定义。

根据本条的规定，担保物权具有以下特征：

第一,担保物权以确保债权清偿为目的。当事人设立担保物权的目的是保证债权的实现,因此在担保物权设立之时或者设立之前,必须存在被担保债权,而且担保物权从属于所担保的债权,这是担保物权的从属性的体现。除了最高额抵押权和最高额质权外,被担保债权必须特定。

第二,担保物权是在债务人或者第三人的物或者权利上成立的权利。担保物权的标的必须是债权人之外的债务人或者第三人所有的物或者权利。对于债权人而言,债务人自己的财产或者第三人的财产并无质的区别。同时,作为担保物权的标的物的范围较广,既包括动产、不动产,也包括权利;既包括现在的财产,也包括将来的财产。担保物权的标的物原则上为特定的、既定的财产,在例外情况下如在动产浮动抵押制度中,标的物具有浮动性。

第三,担保物权能够担保其债权享有优先受偿权。有担保物权担保的债权享有优先受偿权。在债务人到期不履行债务或者出现当事人约定的实现担保物权的情形时,担保物权人可以对担保财产进行拍卖、变卖担保财产,并用所得价款优先实现自己的债权。担保物权的优先性不仅体现在其优先于没有担保物权的普通债权,还体现在其优先于顺位在后的其他物权。但是,担保物权的优先受偿性并不是绝对的,在法律另有规定的情形下,这一优先受偿的效力会受到影响。

配套法规及解读

《最高人民法院关于适用〈中华人民共和国民法典〉有关担保制度的解释》(2020年12月31日)

第四条 有下列情形之一,当事人将担保物权登记在他人名下,债务人不履行到期债务或者发生当事人约定的实现担保物权的情形,债权人或者其受托人主张就该财产优先受偿的,人民法院依法予以支持:

(一)为债券持有人提供的担保物权登记在债券受托管理人名下;

(二)为委托贷款人提供的担保物权登记在受托人名下;

(三)担保人知道债权人与他人之间存在委托关系的其他情形。

《最高人民法院关于适用〈中华人民共和国民事诉讼法〉的解释》(2022年4月1日修正)

第一百五十四条 人民法院在财产保全中采取查封、扣押、冻结财产措施时,应当妥善保管被查封、扣押、冻结的财产。不宜由人民法院保管的，人民法院可以指定被保全人负责保管；不宜由被保全人保管的，可以委托他人或者申请保全人保管。

查封、扣押、冻结担保物权人占有的担保财产，一般由担保物权人保管；由人民法院保管的，质权、留置权不因采取保全措施而消灭。

第一百五十七条　人民法院对抵押物、质押物、留置物可以采取财产保全措施，但不影响抵押权人、质权人、留置权人的优先受偿权。

《最高人民法院关于人民法院执行工作若干问题的规定（试行）》（2020 年 12 月 29 日修正）

31. 人民法院对被执行人所有的其他人享有抵押权、质押权或留置权的财产，可以采取查封、扣押措施。财产拍卖、变卖后所得价款，应当在抵押权人、质押权人或留置权人优先受偿后，其余额部分用于清偿申请执行人的债权。

《税收征收管理法》（2015 年 4 月 24 日修正）

第四十五条第一款　税务机关征收税款，税收优先于无担保债权，法律另有规定的除外；纳税人欠缴的税款发生在纳税人以其财产设定抵押、质押或者纳税人的财产被留置之前的，税收应当先于抵押权、质权、留置权执行。

※法规解读：第一，担保物权人并不限于登记的名义权利人，存在为债券持有人提供的担保物权登记在债券受托管理人名下，为委托贷款人提供的担保物权登记在受托人名下以及担保人知道债权人与他人之间存在委托关系的等情形时，债权人或者其受托人可以就担保财产主张优先受偿权。

第二，人民法院在财产保全中采取查封、扣押、冻结财产措施时，查封、扣押、冻结担保物权人占有的担保财产，一般由担保物权人保管；由人民法院保管的，质权、留置权不因采取保全措施而消灭，而且人民法院对抵押物、质押物、留置物可以采取财产保全措施，但不影响抵押权人、质权人、留置权人的优先受偿权。财产拍卖、变卖后所得价款，应当在抵押权人、质押权人或留置权人优先受偿后，用其余额部分清偿申请执行人的债权。

第三，规定了税款优先担保物的条件。

关联法规索引

《民法典》第 416、417、456、807 条;《海商法》第 21 ~ 26 条;《民用航空法》第 18 ~ 25 条;《企业破产法》第 109、110 条

第三百八十七条 【担保物权的适用范围和反担保】债权人在借贷、买卖等民事活动中,为保障实现其债权,需要担保的,可以依照本法和其他法律的规定设立担保物权。

第三人为债务人向债权人提供担保的,可以要求债务人提供反担保。反担保适用本法和其他法律的规定。

条文解读

本条是关于担保物权适用范围及反担保的规定。

本条列举规定了借贷、买卖等民事活动,但是该规定仅是示例性规定,不是限制性规定,债权人进行其他类型的民事活动时,依然可以采取担保物权的方式来保护自己的合法权益。本条实际上是强调担保物权适用于平等主体之间的民事活动,不适用于国家行政行为、司法行为等非平等主体之间的关系。这里的民事活动不仅指自然人向银行购买房屋等民事活动,还包括公司经营需要向银行借款等商事活动。当然,债权人设立担保物权不仅可以依据《民法典》的规定,还可以依据海商法、民用航空法等法律。

为债务人向债权人提供担保的第三人,为了保证自己的追偿权得到实现,可以要求债务人提供担保,即反担保。反担保是第三人为了保护自己的债权而采取的必要手段。因为在债权人实行担保物权后,第三人成为债务人的债权人,其有权向债务人进行追偿。为了保障自己追偿权的实现,其可以要求债务人向自己提供担保,担保的方式既可以是债务人或者第三人提供的担保物权,也可以是第三人提供的保证。当然,反担保的设立程序与担保是一样的,因此,《民法典》规定,反担保适用于《民法典》和其他法律的规定。

配套法规及解读

《最高人民法院关于适用〈中华人民共和国民法典〉有关担保制度的解释》(2020年12月31日)

第十九条　担保合同无效，承担了赔偿责任的担保人按照反担保合同的约定，在其承担赔偿责任的范围内请求反担保人承担担保责任的，人民法院应予支持。

反担保合同无效的，依照本解释第十七条的有关规定处理。当事人仅以担保合同无效为由主张反担保合同无效的，人民法院不予支持。

※法规解读：这一条款确定了反担保合同的独立性，其独立于担保合同的效力。在担保合同无效，而担保人承担了赔偿责任时，其有权按照反担保合同的约定，在其承担赔偿责任的范围内请求反担保人承担担保责任。

第三百八十八条　【担保合同】设立担保物权，应当依照本法和其他法律的规定订立担保合同。担保合同包括抵押合同、质押合同和其他具有担保功能的合同。担保合同是主债权债务合同的从合同。主债权债务合同无效的，担保合同无效，但是法律另有规定的除外。

担保合同被确认无效后，债务人、担保人、债权人有过错的，应当根据其过错各自承担相应的民事责任。

条文解读

本条是关于担保合同的规定。

设立担保物权，应当按照《民法典》和其他法律的规定订立担保合同。担保合同包括抵押合同、质押合同和其他具有担保功能的合同。这是我国第一次使用“具有担保功能的合同”的称谓，这一界定扩张了担保合同的范围，明确了融资租赁、保理、所有权保留等非典型担保合同的担保功能，为优化营商环境提供了法治保障。[1] 除了扩大担保合同的范围，该条款采用功能主义的立法技术，间接承认了各类担保合同的效力。

---

〔1〕 参见王晨：《关于〈中华人民共和国民法典(草案)〉的说明——2020年5月22日在第十三届全国人民代表大会第三次会议上》，载《中华人民共和国全国人民代表大会常务委员会公报》2020年特刊。

担保合同是主债权债务合同的从合同,其在效力上具有从属性。主债权债务合同无效的,担保合同无效。违反担保合同从属性的约定,如担保合同的效力独立于主合同,或者约定担保人对主合同无效的法律后果承担担保责任,则该约定无效。主合同有效,有关担保独立性的约定无效不影响担保合同的效力;如果主合同无效,担保合同也将无效。但是,从属性仅为一般规则,并不绝对。如果法律另有规定,担保合同可以作为独立合同存在,不受主债权债务合同效力的影响。比如,金融金融机构开立的独立保函、最高额抵押合同等。

担保合同被确认无效后,并不意味着责任的免除;如果债务人、担保人、债权人有过错的,还应当根据其过错承担相应的民事责任。

配套法规及解读

《最高人民法院关于适用〈中华人民共和国民法典〉有关担保制度的解释》(2020年12月31日)

第一条 因抵押、质押、留置、保证等担保发生的纠纷,适用本解释。所有权保留买卖、融资租赁、保理等涉及担保功能发生的纠纷,适用本解释的有关规定。

第二条 当事人在担保合同中约定担保合同的效力独立于主合同,或者约定担保人对主合同无效的法律后果承担担保责任,该有关担保独立性的约定无效。主合同有效的,有关担保独立性的约定无效不影响担保合同的效力;主合同无效的,人民法院应当认定担保合同无效,但是法律另有规定的除外。

因金融机构开立的独立保函发生的纠纷,适用《最高人民法院关于审理独立保函纠纷案件若干问题的规定》。

第三条 当事人对担保责任的承担约定专门的违约责任,或者约定的担保责任范围超出债务人应当承担的责任范围,担保人主张仅在债务人应当承担的责任范围内承担责任的,人民法院应予支持。

担保人承担的责任超出债务人应当承担的责任范围,担保人向债务人追偿,债务人主张仅在其应当承担的责任范围内承担责任的,人民法院应予支持;担保人请求债权人返还超出部分的,人民法院依法予以支持。

第十七条 主合同有效而第三人提供的担保合同无效,人民法院应当区分不同情形确定担保人的赔偿责任:

（一）债权人与担保人均有过错的，担保人承担的赔偿责任不应超过债务人不能清偿部分的二分之一；

（二）担保人有过错而债权人无过错的，担保人对债务人不能清偿的部分承担赔偿责任；

（三）债权人有过错而担保人无过错的，担保人不承担赔偿责任。

主合同无效导致第三人提供的担保合同无效，担保人无过错的，不承担赔偿责任；担保人有过错的，其承担的赔偿责任不应超过债务人不能清偿部分的三分之一。

第十九条　担保合同无效，承担了赔偿责任的担保人按照反担保合同的约定，在其承担赔偿责任的范围内请求反担保人承担担保责任的，人民法院应予支持。

反担保合同无效的，依照本解释第十七条的有关规定处理。当事人仅以担保合同无效为由主张反担保合同无效的，人民法院不予支持。

※法规解读：《最高人民法院关于适用〈中华人民共和国民法典〉有关担保制度的解释》不仅确定了抵押、质押、留置、保证等担保发生的纠纷，适用解释的有关规定，还确定了所有权保留买卖、融资租赁、保理等涉及担保功能发生的纠纷，也适用该解释的有关规定。其显然将《民法典》第388条的规定作为上位法，从而统一调整各类担保，消除了各类具有担保功能的合同和权利公示方法不统一的问题，解决了其效力顺位问题。并且强调了担保合同的从属性不仅体现为担保合同的效力，还包括担保责任的范围；另外，这一规则也明确了担保独立性的适用情形，从而明确了法律的适用。

对于担保合同无效的责任承担分为两种情形：第一，主合同有效而第三人提供的担保合同无效，债权人与担保人均有过错的，担保人承担的赔偿责任不应超过债务人不能清偿部分的1/2；担保人有过错而债权人无过错的，担保人对债务人不能清偿的部分承担赔偿责任；债权人有过错而担保人无过错的，担保人不承担赔偿责任。第二，主合同无效导致第三人提供的担保合同无效，担保人无过错的，不承担赔偿责任；担保人有过错的，其承担的赔偿责任不应超过债务人不能清偿部分的1/3。

关联法规索引

《最高人民法院关于审理独立保函纠纷案件若干问题的规定》第4、6～8条；

《全国法院民商事审判工作会议纪要》第54、55、62条;《不动产登记暂行条例实施细则》第69、70条

第三百八十九条 【担保物权的担保范围】担保物权的担保范围包括主债权及其利息、违约金、损害赔偿金、保管担保财产和实现担保物权的费用。当事人另有约定的,按照其约定。

条文解读

本条是关于担保物权的担保范围的规定。根据本条的规定,担保物权的范围包括:

(1)主债权。主债权是指债权人与债务人之间的主合同产生的债权。主债权不包括利息债权、违约金或赔偿金债权。

(2)利息。利息是指作为主债权的金钱债权产生的孳息。利息既可以是法定利息,也可以是约定利息,但是当事人不能超过法律规定约定过高的利息。

(3)违约金。违约金是指按照合同当事人的约定,一方当事人违约,应当向另一方支付的金钱。在债务人因为违约行为导致不能履行债务时,违约金才属于担保物权的担保范围。约定的违约金低于造成的损失的,人民法院或者仲裁机构可以根据当事人的请求予以增加;约定的违约金过分高于造成的损失的,人民法院或者仲裁机构可以根据当事人的请求予以适当减少。

(4)损害赔偿金。损害赔偿金是指一方当事人不履行合同义务或者履行合同义务不符合约定,给债权人造成损失而需要支付的赔偿。损害赔偿金的范围既可以由法律直接规定,也可以由当事人进行约定;如果法律没有规定或者当事人没有约定,则损害赔偿金应当按照完全赔偿的原则确定具体的赔偿金额。[1]

(5)保管担保财产的费用。保管担保财产的费用是指债权人在占有担保财产期间因履行保管担保财产的义务而支付的各种费用。根据《民法典》第432、451条的规定,在担保期间,质权人和留置权人有妥善保管担保财产的义务,保管担保财

〔1〕 参见全国人大常委会法制工作委员会民法室编:《〈中华人民共和国物权法〉条文说明、立法理由及相关规定》(第2版),北京大学出版社2017年版,第349页。

产的费用属于担保物权的担保范围。

(6)实现担保物权的费用。实现担保物权的费用是债权人实现担保物权所支出的费用,如诉讼费或者仲裁费、执行费用等。

需要强调的是,以登记作为公示方式的不动产担保物权的担保范围,一般应当以登记的范围为准。对担保物权所担保的债权的范围,当事人可以按照合同进行约定,当事人可以约定与本条款完全不同的债权担保范围。

关联法规索引

《民法典》第584、585条;《全国法院民商事审判工作会议纪要》第58条

第三百九十条 【担保物权的物上代位性及代位物的提存】担保期间,担保财产毁损、灭失或者被征收等,担保物权人可以就获得的保险金、赔偿金或者补偿金等优先受偿。被担保债权的履行期限未届满的,也可以提存该保险金、赔偿金或者补偿金等。

条文解读

本条规定了担保物权的物上代位性。

法律规定担保物权的代位性,是因为设立担保物权的目的是通过支配担保物的交换价值来实现保障债权人债权,所以在标的物具体化为交换价值时,担保物权的效力就附着在其替代物上。从该条款可以看出,担保物权的物上代位物应符合以下要件:第一,担保财产毁损、灭失或者被征收等。第二,必须因担保财产的灭失而产生了代偿请求权。比如,因为第三人的侵权行为或者其他原因导致担保财产毁损、灭失,担保人获得了损害赔偿金,或者因保险事故的发生或者担保财产被国家征收等,担保人获得了保险金或者补偿金。第三,必须是担保物权人有权获得的保险金、赔偿金或者补偿金。

在担保财产毁损、灭失或者被征收而产生代位物时,可能出现两种情况:第一种情况是担保物权人的债权已经到期或者出现当事人约定可以实现担保物权的情形,在这种情形下担保物权人可以就代位物进行优先受偿;第二种情况是担保物权

的债权还未届履行期，在这种情形下，担保物权人可以与担保人协商就代位物提前实现自己的债权，也可以由担保人提存该代位物，在债权履行期届满后再进行清偿。

配套法规及解读

《最高人民法院关于适用〈中华人民共和国民法典〉有关担保制度的解释》(2020年12月31日)

第四十二条 抵押权依法设立后，抵押财产毁损、灭失或者被征收等，抵押权人请求按照原抵押权的顺位就保险金、赔偿金或者补偿金等优先受偿的，人民法院应予支持。

给付义务人已经向抵押人给付了保险金、赔偿金或者补偿金，抵押权人请求给付义务人向其给付保险金、赔偿金或者补偿金的，人民法院不予支持，但是给付义务人接到抵押权人要求向其给付的通知后仍然向抵押人给付的除外。

抵押权人请求给付义务人向其给付保险金、赔偿金或者补偿金的，人民法院可以通知抵押人作为第三人参加诉讼。

※法规解读：本条规定了抵押权人行使物上代位权的规则，并合理分配了给付义务人的责任及诉讼地位。

关联法规索引

《海商法》第20条

典型案例

陈某某与厦门聚德兴投资有限公司抵押权纠纷案〔1〕

※案例解读：担保期间，担保财产毁损、灭失或者被征收，担保物权人可以就获得的保险金、赔偿金或者补偿金等优先受偿。本案中，抵押权人有权对设定抵押的

〔1〕 参见福建省厦门市思明区人民法院民事判决书，(2020)闽0203民初13948号。

两套房产折价或拍卖、变卖所得价款优先受偿。抵押担保期间，前述两套房产被征收，陈某某作为抵押权人可以就置换的房产优先受偿。

第三百九十一条　【未经担保人同意转移债务的法律后果】第三人提供担保，未经其书面同意，债权人允许债务人转移全部或者部分债务的，担保人不再承担相应的担保责任。

条文解读

本条是关于未经担保人同意转移债务的法律后果的规定。

本条的适用条件为：第一，第三人提供担保。只有在第三人提供担保，债权人允许债务人转移债务时，担保人责任才发生变化。第二，债权人允许债务人转移债务必须得到第三人的书面同意。第三，债权人既可以允许债务人转移全部债务，也可以允许债务人转移部分债务，但是这两种情形都需要得到第三人（担保人）的书面同意。第四，未经担保人书面同意，债权人允许债务人转移全部债务的，担保人不再承担担保责任；债权人允许债务人转移部分债务的，担保人对已经转移的债务不再承担担保责任，但仍对债务人承担的债务承担责任。

配套法规及解读

《最高人民法院关于适用〈中华人民共和国民法典〉有关担保制度的解释》（2020 年 12 月 31 日）

第二十条　人民法院在审理第三人提供的物的担保纠纷案件时，可以适用民法典第六百九十五条第一款、第六百九十六条第一款、第六百九十七条第二款、第六百九十九条、第七百条、第七百零一条、第七百零二条等关于保证合同的规定。

第三十六条　第三人向债权人提供差额补足、流动性支持等类似承诺文件作为增信措施，具有提供担保的意思表示，债权人请求第三人承担保证责任的，人民法院应当依照保证的有关规定处理。

第三人向债权人提供的承诺文件，具有加入债务或者与债务人共同承担债务等意思表示的，人民法院应当认定为民法典第五百五十二条规定的债务加入。

前两款中第三人提供的承诺文件难以确定是保证还是债务加入的，人民法院应当将其认定为保证。

第三人向债权人提供的承诺文件不符合前三款规定的情形，债权人请求第三人承担保证责任或者连带责任的，人民法院不予支持，但是不影响其依据承诺文件请求第三人履行约定的义务或者承担相应的民事责任。

第三十九条 主债权被分割或者部分转让，各债权人主张就其享有的债权份额行使担保物权的，人民法院应予支持，但是法律另有规定或者当事人另有约定的除外。

主债务被分割或者部分转移，债务人自己提供物的担保，债权人请求以该担保财产担保全部债务履行的，人民法院应予支持；第三人提供物的担保，主张对未经其书面同意转移的债务不再承担担保责任的，人民法院应予支持。

※法规解读：主债务被分割或者被部分转移时，债务人提供的物的担保不受影响，但是第三人提供物的担保的，如果未经其书面同意，则其不再承担担保责任。关于保证合同规则的适用，则明确了第三人加入债务时，担保人仍需要承担担保的规则，强调了债务加入与债务转移在担保责任规则中的不同。

关联法规索引

《民法典》第469、551~552、697条

典型案例

天津市嘉苑置业有限公司与盛京银行股份有限公司天津分行抵押合同纠纷案[1]

※案例解读：第三人提供担保，未经其书面同意，债权人允许债务人转移全部或者部分债务的，担保人不再承担相应的担保责任。《物权法》第175条[2]的规定较为明确，因此争议的问题并没有集中在第三人书面同意问题上，因为这一证据

〔1〕 参见天津市第二中级人民法院民事判决书，(2018)津02民初695号。
〔2〕 现为《民法典》第391条。

是否存在也较为直观。但是目前主要的争议是债务人为企业时,该企业发生了相应的变化,比如本案中债务人的名称、股东、法定代表人、监事发生了变化,是否属于债权人允许债务人移转了全部或者部分债务呢?债务发生变化,如果债务完全转移,则原债务人不再承担债务;如果债务部分转移,则原债务人债务减少。但是,在本案中显然并不存在这种情形,因此,担保人不能免责。但是也有法院认为,公司最核心的部分是其所有人或股东,当公司这部分内容发生完全本质变化时,实际上公司也不再是原来的公司,而是一个新的民事主体,担保人给债务人担保,其实质是基于与其当时的股东或者经营者之间的信任而发生的,当股东或者经营者发生完全本质变化后,实质是债务进行了概括转移,在没有征得担保人同意的情况下,担保合同的基础丧失或者动摇,在此期间,合同约定的主债权偿还期限届满,之后债权人作为担保权人怠于行使查询权、告知权和担保权,仍然让担保人承担担保义务,明显违反了民法中的公平自愿原则,同时对担保人的合法权益造成了损害。法院对债权人同意债务转移的判断,转而成为债务人是否为原来主体的判断,法院的结论虽然建立在债权人怠于对债务人行使债权这一事实基础上,但是这一推理显然不符合《物权法》第175条[1]的内涵,是错误的。

第三百九十二条　【人保和物保并存时担保权的实行规则】被担保的债权既有物的担保又有人的担保的,债务人不履行到期债务或者发生当事人约定的实现担保物权的情形,债权人应当按照约定实现债权;没有约定或者约定不明确,债务人自己提供物的担保的,债权人应当先就该物的担保实现债权;第三人提供物的担保的,债权人可以就物的担保实现债权,也可以请求保证人承担保证责任。提供担保的第三人承担担保责任后,有权向债务人追偿。

条文解读

本条是关于物的担保与人的担保关系的规定。

在被担保的债权既有物的担保又有人的担保,债务人不履行到期债务或者发生当事人约定的实现担保物权的情形时,债权人债权的实现分为以下三种情形:

[1] 现为《民法典》第391条。

第一，当事人之间有约定的，债权人按照约定实现债权。

第二，当事人对债权的实现没有约定或者约定不明确，如果物的担保是由债务人提供的，则债权人应当先就该物的担保实现债权。因为如果不这样，债权人先实行人保，则保证人在承担保证责任后，仍有权向债务人追偿，徒增讼累。

第三，当事人对债权的实现没有约定或者约定不明确，在第三人提供物的担保时，债权人既可以就物的担保实现债权，也可以请求保证人承担保证责任。这种情况下，法律给予了债权人选择权。

提供担保的第三人承担担保责任后，无论其为物的提供人还是保证人，都有权向债务人追偿。

需要注意的是，该条款并没有规定担保人和保证人之间的相互追偿权问题。如果担保人在担保合同中约定可以相互追偿，基于意思自治原则，他们可以根据约定进行追偿。

配套法规及解读

《最高人民法院关于适用〈中华人民共和国民法典〉有关担保制度的解释》(2020年12月31日)

第十三条 同一债务有两个以上第三人提供担保，担保人之间约定相互追偿及分担份额，承担了担保责任的担保人请求其他担保人按照约定分担份额的，人民法院应予支持；担保人之间约定承担连带共同担保，或者约定相互追偿但是未约定分担份额的，各担保人按照比例分担向债务人不能追偿的部分。

同一债务有两个以上第三人提供担保，担保人之间未对相互追偿作出约定且未约定承担连带共同担保，但是各担保人在同一份合同书上签字、盖章或者按指印，承担了担保责任的担保人请求其他担保人按照比例分担向债务人不能追偿部分的，人民法院应予支持。

除前两款规定的情形外，承担了担保责任的担保人请求其他担保人分担向债务人不能追偿部分的，人民法院不予支持。

第十四条 同一债务有两个以上第三人提供担保，担保人受让债权的，人民法院应当认定该行为系承担担保责任。受让债权的担保人作为债权人请求其他担保人承担担保责任的，人民法院不予支持；该担保人请求其他担保人分担相应份额的,依照本解释第十三条的规定处理。

※法规解读:《最高人民法院关于适用〈中华人民共和国民法典〉有关担保制度的解释》肯定并细化了担保人之间相互追偿的规则:同一债务有两个以上第三人提供担保时,第一,担保人之间约定相互追偿及分担份额的,承担了担保责任的担保人可以请求其他担保人按照约定分担相应的份额。第二,担保人之间约定承担连带共同担保,或者约定相互追偿但是未约定分担份额的,各担保人按照比例分担向债务人不能追偿的部分。第三,同一债务有两个以上第三人提供担保,担保人之间未对相互追偿作出约定且未约定承担连带共同担保,但是各担保人在同一份合同书上签字、盖章或者按指印的,承担了担保责任的担保人可以请求其他担保人按照比例分担向债务人不能追偿的部分。第四,同一债务有两个以上第三人提供担保,担保人受让债权的,人民法院应当认定该行为系承担担保责任。该担保人请求其他担保人分担相应份额的,按照前三项规定处理。

关联法规索引

《全国法院民商事审判工作会议纪要》第56条;《最高人民法院关于适用〈中华人民共和国民事诉讼法〉的解释》第363~372条

第三百九十三条 【担保物权消灭事由】 有下列情形之一的,担保物权消灭:

(一)主债权消灭;

(二)担保物权实现;

(三)债权人放弃担保物权;

(四)法律规定担保物权消灭的其他情形。

条文解读

本条规定了担保物权消灭的情形。

根据本条款,担保物权因下列原因而消灭:

第一,主债权消灭。担保物权是其所担保的主债权的从权利,主债权消灭,担保物权也随之消灭。需要注意的是,主债权消灭是指主债权全部消灭,如果主债权仅有部分消灭,则担保物权依然存在,担保剩余的债权。

第二,担保物权实现。担保物权实现是指在债务人到期不履行债务时,债权人与担保人约定,将担保物予以拍卖、变卖,并将所得的价款优先受偿。担保物权是为了担保主债权而设立的,担保物权的实现意味着担保物权人权利的实现,无论其所担保的主债权是否已经得到全部清偿,均不影响担保物权的消灭。

第三,债权人放弃担保物权。主债权人放弃担保物权,其对担保物享有的权利当然消灭。主债权人放弃担保物权必须采取明示的方式,如用书面形式明确表示放弃担保物权。

第四,法律规定担保物权消灭的其他情形。这是一个兜底性的条款,主要是规范《民法典》或者其他法律规定的担保物权消灭的情形,如抵押物灭失导致抵押权消灭等,再如《民法典》第457条规定,留置权人对留置财产丧失占有或者留置权人接受债务人另行提供担保的,留置权消灭。

配套法规及解读

《最高人民法院关于适用〈中华人民共和国民法典〉有关担保制度的解释》(2020年12月31日)

第三十八条 主债权未受全部清偿,担保物权人主张就担保财产的全部行使担保物权的,人民法院应予支持,但是留置权人行使留置权的,应当依照民法典第四百五十条的规定处理。

担保财产被分割或者部分转让,担保物权人主张就分割或者转让后的担保财产行使担保物权的,人民法院应予支持,但是法律或者司法解释另有规定的除外。

※法规解读:本条强调主债权未受全部清偿,担保物权人可以就其担保财产行使担保物权。

关联法规索引

《民法典》第435、457条

第十七章　抵　押　权

本章介绍

抵押权是指为担保债务的履行，债务人或者第三人不转移财产的占有，将该财产抵押给债权人，在债务人不履行到期债务或者发生当事人约定的实现抵押权的情形时，债权人有权就该财产优先受偿的权利。

我国可以设定抵押的财产范围较为广泛，不仅包括建筑物和其他土地附着物、建设用地使用权、海域使用权，还包括生产设备、原材料、半成品、产品，正在建造的建筑物、船舶、航空器，交通运输工具等，只要是法律、行政法规未规定禁止抵押的财产都可以作为抵押的标的。虽然乡镇、村企业的建设用地使用权不得单独抵押，但是可以将乡镇、村企业的厂房等建筑物进行抵押。以集体所有土地的使用权依法抵押的，实现抵押权后，未经法定程序，不得改变土地所有权的性质和土地用途。土地所有权，所有权、使用权不明或者有争议的财产，依法被查封、扣押、监管的财产，学校、幼儿园、医疗机构等为公益目的成立的非营利法人的教育设施、医疗卫生设施和其他公益设施及法律、行政法规规定不得抵押的财产，除法律规定可以抵押的外，宅基地、自留地、自留山等集体所有土地的使用权也不得作为抵押的标的。

我国实行房地一体规则，以建筑物抵押的，该建筑物占用范围内的建设用地使用权一并抵押。以建设用地使用权抵押的，该土地上的建筑物一并抵押。抵押人未一并抵押时，未抵押的财产视为一并抵押。但是建设用地使用权抵押后，该土地上新增的建筑物不属于抵押财产。该建设用地使用权实现抵押权时，应当将该土地上新增的建筑物与建设用地使用权一并处分。需要注意的是，对于新增建筑物所得的价款，抵押权人无权优先受偿。

设立抵押权，当事人应当采用书面形式订立抵押合同。但是抵押权人在债务履行期限届满前，与抵押人约定债务人不履行到期债务时抵押财产归债权人所有的，只能依法就抵押财产优先受偿。

我国不动产抵押采取登记设立，抵押权自登记时设立。以动产抵押的，抵押权自抵押合同生效时设立;未经登记,不得对抗善意第三人。抵押权设立后,以动产抵押的,不得对抗正常经营活动中已经支付合理价款并取得抵押财产的买受人。抵押权设立前,抵押财产已经出租并转移占有的,原租赁关系不受该抵押权的影响。抵押期间,抵押人可以转让抵押财产。当事人另有约定外,按照其约定。抵押财产转让的,抵押权不受影响。

抵押权具有从属性,不得与债权分离而单独转让或者作为其他债权的担保。除法律另有规定或者当事人另有约定外,债权转让的,担保该债权的抵押权一并转让。为了保护抵押权人的利益,法律规定了抵押权人的价值保全请求权和优先受偿权,抵押财产折价或者拍卖、变卖后,其价款超过债权数额的部分归抵押人所有,不足部分由债务人清偿。抵押权作为财产权,抵押权人可以放弃抵押权或者抵押权的顺位。

为了平衡抵押权人之间及其与其他权利人之间的利益,法律规定了同一财产向两个以上债权人抵押的,相互之间的先后顺序:(1)抵押权已经登记的,按照登记的时间先后确定清偿顺序;(2)抵押权已经登记的先于未登记的受偿;(3)抵押权未登记的,按照债权比例清偿。同一财产既设立抵押权又设立质权的,拍卖、变卖该财产所得的价款按照登记、交付的时间先后确定清偿顺序。动产抵押担保的主债权是抵押物的价款,标的物交付后10日内办理抵押登记的,该抵押权人优先于抵押物买受人的其他担保物权人受偿,但是留置权人除外。

另外,有两类特殊的抵押权制度,即浮动抵押和最高额抵押。其中浮动抵押是指企业、个体工商户、农业生产经营者可以将现有的以及将有的生产设备、原材料、半成品、产品抵押,债务人不履行到期债务或者发生当事人约定的实现抵押权的情形时,债权人有权就抵押财产确定时的动产优先受偿。最高额抵押是指为担保债务的履行,债务人或者第三人对一定期间内将要连续发生的债权提供担保财产,债务人不履行到期债务或者发生当事人约定的实现抵押权的情形,抵押权人有权在最高债权额限度内就该担保财产优先受偿。

第一节 一般抵押权

第三百九十四条 【抵押权的定义】 为担保债务的履行，债务人或者第三人不转移财产的占有，将该财产抵押给债权人的，债务人不履行到期债务或者发生当事人约定的实现抵押权的情形，债权人有权就该财产优先受偿。

前款规定的债务人或者第三人为抵押人，债权人为抵押权人，提供担保的财产为抵押财产。

条文解读

本条规定了抵押权的定义。

抵押权是指债权人对于债务人或者第三人提供的、不转移财产的占有而作为履行债务的担保的财产，在债务人不履行债务时，有权就该财产优先受偿的担保物权。在抵押法律关系中，提供担保财产的债务人或者第三人，为抵押人。享有抵押权的债权人为抵押权人；抵押人提供的担保财产为抵押财产，也称抵押物。

抵押权的法律特征有以下几点：

第一，抵押权为担保物权。抵押权是为了担保债权的实现而在他人所有的财产上设置的一种他物权，在满足特定条件时，抵押权人就担保所卖出的价款享有的优先受偿的权利，其属于担保物权。

第二，抵押权是在债务人或者第三人提供的财产上设定的物权。这一特征强调两点：一是抵押物是由债务人或者第三人所有或者他们有权处分，我国不承认在债权人自己的财产上设立抵押权；二是抵押物不仅包括不动产、动产，而且包括权利。

第三，抵押权是不转移标的物占有的物权。抵押权无须转移标的物的占有，这是抵押权与质权和留置权等担保物权的显著区别。抵押权的设立和存续不转移标的物的占有，抵押人在设立抵押获得融资后，仍可以占有抵押物，并对其进行使用、收益，有利于抵押人发挥抵押物的效用；对抵押权人而言，其不用承担保存标的物的义务，并能够享有完全的担保物权。

第四，抵押权人有权就抵押物所卖的价金优先受偿。

抵押权实现应当两个条件：其一，债务清偿期届满，债务人不履行债务；其二，发生当事人约定的实现抵押权的情形。

第三百九十五条 【抵押财产的范围】 债务人或者第三人有权处分的下列财产可以抵押：

（一）建筑物和其他土地附着物；

（二）建设用地使用权；

（三）海域使用权；

（四）生产设备、原材料、半成品、产品；

（五）正在建造的建筑物、船舶、航空器；

（六）交通运输工具；

（七）法律、行政法规未禁止抵押的其他财产。

抵押人可以将前款所列财产一并抵押。

条文解读

本条是关于抵押财产范围的规定。

根据本条的规定，抵押财产必须具备两个条件：

第一，债务人或者第三人对抵押财产具有处分权。债务人或者第三人对抵押财产具有处分权，不仅包括债务人或者第三人为抵押财产的所有权人的情形，而且包括债务人或者第三人不是抵押财产的所有权人，但是对抵押财产具有处分权的情形，如建设用地使用权人等用益物权人。

第二，属于本条款规定的能够抵押的财产。本条款规定可以抵押的财产既包括不动产，如建筑物和其他土地附着物；又包括动产，如生产设备、原材料、半成品、产品、交通运输工具；也包括权利，如建设用地使用权，海域使用权；还包括正在建造的建筑物、船舶、航空器。另外，根据本条第1款第7项的规定，法律、行政法规未禁止抵押的其他财产可以抵押。从这一规定可以看出，只要是法律、行政法规没有禁止抵押的财产都可以抵押，这一兜底性条款丰富了担保财产的类型，以应对不断变化的经济生活的需要。

与《物权法》相比，有两个变化：其一，明确了海域使用权可以设定抵押。我国

《海域使用管理法》并未明确这一问题，实践中也存有争议，《民法典》明确这一点有利于定分止争。其二，在可以抵押的财产中，删除了以招标、拍卖、公开协商等方式取得的荒地等土地承包经营权。这是因为我国农村土地已经实施了“三权”分置改革，不仅荒地的土地经营权可以抵押，家庭承包方式下的土地经营权也可以抵押。

另外，本条款最后规定抵押人可以将企业的不动产、动产及某些权利作为一个整体进行担保，从而发挥财产的整体价值，获得更多的融资。

关联法规索引

《城市房地产管理法》第32、47、48条；《农村土地承包法》第47、53条；《全民所有制工业企业转换经营机制条例》第15条第2款；《民用航空法》第16、17条；《海商法》第11、12、14条；《不动产登记暂行条例实施细则》第65条

典型案例

中国农业银行股份有限公司中山分行与周某某抵押权纠纷案[1]

※案例解读：债务人有权处分的财产可以设定抵押。本案中，周某某用其所购汽车进行抵押担保。2015年1月20日，办理了车辆的抵押登记手续，抵押权人为农行石岐支行，所以抵押权人有权就该车辆行使优先受偿权。

第三百九十六条　【浮动抵押】企业、个体工商户、农业生产经营者可以将现有的以及将有的生产设备、原材料、半成品、产品抵押，债务人不履行到期债务或者发生当事人约定的实现抵押权的情形，债权人有权就抵押财产确定时的动产优先受偿。

〔1〕参见广东省中山市第一人民法院民事判决书，(2017)粤2071民初20469号。

条文解读

本条是关于动产浮动抵押的规定。

浮动抵押是指权利人以现有的和将有的生产设备、原材料、半成品、产品为其债务提供担保。在债务人不履行债务或者发生当事人约定的实现抵押权的情形时,债权人有权就抵押财产确定时的动产优先受偿。设立浮动抵押应当具备以下条件:

第一,设立浮动抵押的主体限于企业、个体工商户、农业生产经营者。除了这三类主体,其他类型的民事主体不得设立浮动抵押。

第二,设立浮动抵押的财产限于生产设备、原材料、半成品、产品。除此之外的动产不得设立浮动抵押。不动产和权利上不得作为浮动抵押的标的物。

第三,设立浮动抵押需要采取书面形式,而且书面合同中一般需要包括设定抵押的财产的范围。

第四,实现抵押权的条件是债务人不履行到期债务或者发生当事人约定的实现抵押权的情形。

第五,债权人有权就约定实现抵押权时的动产优先受偿。在浮动抵押中,在抵押权实现之前,抵押人可以自由处分抵押物,这是浮动抵押与固定抵押非常重要的区别。

第三百九十七条 【建筑物与建设用地使用权同时抵押规则】以建筑物抵押的,该建筑物占用范围内的建设用地使用权一并抵押。以建设用地使用权抵押的,该土地上的建筑物一并抵押。

抵押人未依据前款规定一并抵押的,未抵押的财产视为一并抵押。

条文解读

本条是关于房地产抵押关系的规定。

我国法律将土地和建筑物作为两个物,但现实中建筑物依附于土地,所以在建筑物所有权发生转让时,必然发生其占有范围内的建设用地使用权是否一并转让的问题;当然,在建设用地使用权发生转让时,也会产生该土地上的建筑物是否一并转让的问题。我国法律规范房地关系的重要原则是“房随地走”或者“地随房走”。房随地走是指转让建设用地使用权时,其土地上的房屋一并转让;地随房走是指转让房屋时,该土地上的房屋也一并转让。抵押权实现时,正在处理的房屋或者建设用地使用权也需要一并转让。因此,法律规定,设定抵押权时,房屋所有权和建设用地使用权一并抵押规则,这样方便抵押权的实现。另外,需要注意的是,抵押人即使在办理抵押登记时没有将二者一并抵押,未被抵押的财产也被视为一并抵押,在抵押权实现时一并处理。

配套法规及解读

《最高人民法院关于适用〈中华人民共和国民法典〉有关担保制度的解释》(2020年12月31日)

第四十九条　以违法的建筑物抵押的,抵押合同无效,但是一审法庭辩论终结前已经办理合法手续的除外。抵押合同无效的法律后果,依照本解释第十七条的有关规定处理。

当事人以建设用地使用权依法设立抵押,抵押人以土地上存在违法的建筑物为由主张抵押合同无效的,人民法院不予支持。

第五十条　抵押人以划拨建设用地上的建筑物抵押,当事人以该建设用地使用权不能抵押或者未办理批准手续为由主张抵押合同无效或者不生效的,人民法院不予支持。抵押权依法实现时,拍卖、变卖建筑物所得的价款,应当优先用于补缴建设用地使用权出让金。

当事人以划拨方式取得的建设用地使用权抵押,抵押人以未办理批准手续为由主张抵押合同无效或者不生效的,人民法院不予支持。已经依法办理抵押登记,抵押权人主张行使抵押权的,人民法院应予支持。抵押权依法实现时所得的价款,参照前款有关规定处理。

第五十一条　当事人仅以建设用地使用权抵押,债权人主张抵押权的效力及于土地上已有的建筑物以及正在建造的建筑物已完成部分的,人民法院应予支持。债权人主张抵押权的效力及于正在建造的建筑物的续建部分以及新增建筑物的,人民法院不予支持。

当事人以正在建造的建筑物抵押,抵押权的效力范围限于已办理抵押登记的部分。当事人按照担保合同的约定,主张抵押权的效力及于续建部分、新增建筑物以及规划中尚未建造的建筑物的,人民法院不予支持。

抵押人将建设用地使用权、土地上的建筑物或者正在建造的建筑物分别抵押给不同债权人的,人民法院应当根据抵押登记的时间先后确定清偿顺序。

※法规解读:我国虽然确定了房地一体规则,但是现实生活中建筑物和土地的情况较为复杂,根据《最高人民法院关于适用〈中华人民共和国民法典〉有关担保制度的解释》的规定,需要注意以下问题:

第一,以违法的建筑物抵押的,抵押合同无效,但是一审法庭辩论终结前已经办理合法手续的除外。抵押合同无效的,依照各方当事人的过错情况来处理责任问题。

当事人以建设用地使用权设立抵押,抵押人不得以土地上存在违法的建筑物为由主张抵押合同无效。

第二,抵押人以划拨建设用地上的建筑物抵押,当事人不得以该建设用地使用权不能抵押或者未办理批准手续为由而主张抵押合同无效或者不生效。但是,抵押权依法实现时,拍卖、变卖建筑物所得的价款,应当优先用于补缴建设用地使用权出让金。

当事人以通过划拨方式取得的建设用地使用权抵押,抵押人不得以未办理批准手续为由主张抵押合同无效或者不生效。已经依法办理抵押登记的,抵押权人享有抵押权。但是,抵押权依法实现时所得的价款,应当优先用于补缴建设用地使用权出让金。

第三,当事人以建设用地使用权抵押,抵押权的效力及于土地上已有的建筑物以及正在建造的建筑物已完成的部分,但不及于正在建造的建筑物的续建部分以及新增建筑物。

当事人以正在建造的建筑物抵押,抵押权的效力范围限于已办理抵押登记的部分。即使当事人担保合同约定,抵押权的效力及于续建部分、新增建筑物以及规划中尚未建造的建筑物的,该约定也无效。

第四,抵押人将建设用地使用权、土地上的建筑物或者正在建造的建筑物分别抵押给不同债权人的,抵押权人应当根据抵押登记的时间先后确定清偿顺序。

关联法规索引

《城市房地产管理法》第32、48条;《不动产登记暂行条例实施细则》第65条

第三百九十八条 【乡镇、村企业的建设用地使用权抵押限制】乡镇、村企业的建设用地使用权不得单独抵押。以乡镇、村企业的厂房等建筑物抵押的,其占用范围内的建设用地使用权一并抵押。

条文解读

本条是关于乡镇、村企业的建设用地使用权抵押的规定。

根据本条的规定,乡镇、村企业不能将建设用地使用权单独抵押,但乡镇、村企业可以将其厂房等建筑物设立抵押。以厂房等建筑物设立抵押的,其占用范围内的建设用地使用权一并抵押。但是,该类抵押在实现抵押权时,未经法定程序,不得改变土地所有权的性质和土地用途。

关联法规索引

《民法典》第418条;《乡镇企业法》第28条;《土地管理法》第59~61、63条;《土地管理法实施条例》第43条

典型案例

芜湖市鸠江中小企业融资担保有限公司与安徽和电普华电气有限公司、芜湖明远电线电缆有限责任公司等追偿权纠纷案[1]

※案例解读:乡镇、村集体的建设用地使用权不得单独抵押。以乡镇、村企业的厂房等建筑物抵押的,其占用范围内的建设用地使用权一并抵押。本案中,抵押

〔1〕 参见安徽省芜湖市中级人民法院民事判决书,(2016)皖02民初19号。

人与抵押权人签订《抵押反担保合同》，约定以其所有的土地使用权和抵押物上的房产为和电普华电气有限公司的上述借款向芜湖市鸠江中小企业融资担保有限公司提供抵押反担保，并已办理了抵押登记，所以芜湖市鸠江中小企业融资担保有限公司对该房产享有抵押权，其有权以芜湖明远电线电缆有限责任公司抵押担保范围内的财产折价或拍卖、变卖所得价款优先受偿。但是从规范的角度而言，当事人应该直接约定以乡镇、村企业的厂房等建筑物抵押并办理抵押登记。

第三百九十九条 【禁止抵押的财产范围】下列财产不得抵押：

（一）土地所有权；

（二）宅基地、自留地、自留山等集体所有土地的使用权，但是法律规定可以抵押的除外；

（三）学校、幼儿园、医疗机构等为公益目的成立的非营利法人的教育设施、医疗卫生设施和其他公益设施；

（四）所有权、使用权不明或者有争议的财产；

（五）依法被查封、扣押、监管的财产；

（六）法律、行政法规规定不得抵押的其他财产。

条文解读

本条是关于禁止抵押的财产范围的规定。

根据本条规定，下列财产不得抵押：

第一，土地所有权。我国土地所有权归国家和集体所有，其他主体不能享有土地所有权。担保物权在债务人不履行债务或者发生当事人约定的实现抵押权的情形时，需要拍卖、变卖抵押物，在这种情况下，如果土地所有权可以抵押，将发生非法定主体享有土地所有权的情形，显然违反法律的规定，因此土地所有权不得抵押。

第二，宅基地、自留地、自留山等集体所有土地的使用权，但是法律规定可以抵押的除外。这一条款删除了《物权法》规定的耕地的土地使用权不得抵押的规定。因为我国农村土地已经实施了“三权”分置改革，所有的土地经营权都可以抵押，所以将耕地的土地使用权不得抵押予以删除。我国目前法律规定，通过出让等方式取得的集体经营性建设用地使用权也可以设立抵押，这可以当作法律规定可以抵押的例外情形。

第三，学校、幼儿园、医疗机构等为公益目的成立的非营利法人的教育设施、医疗卫生设施和其他公益设施。我国目前将学校、幼儿园、医疗机构等法人分为营利法人和非营利法人。这一条款仅仅限制以公益为目的成立的非营利法人的学校、幼儿园和医疗机构，除了法律规定外，如公共图书馆、科学技术馆、美术馆等以公益为目的的法人也在限制之列；而且此类机构不能以教育设施、医疗卫生设施和其他公益设施设定抵押，并没有限制其所有的其他类别的财产的抵押。

第四，所有权、使用权不明或者有争议的财产。规定此类财产不得设定抵押的主要目的是减少社会关系的混乱，但是《最高人民法院关于适用〈中华人民共和国民法典〉有关担保制度的解释》第 37 条认为，对于此类财产，按照善意取得处理。这意味着此类财产不是都不可设定抵押的。

第五，依法被查封、扣押、监管的财产。对于此类财产的合法性往往会引起争议，但是按照目前减少对财产进行不合理限制的精神，《最高人民法院关于适用〈中华人民共和国民法典〉有关担保制度的解释》第 37 条认为，抵押人不得以抵押权设立时财产被查封或者扣押、监管为由，主张抵押合同无效；当事人以依法被查封或者扣押的财产抵押，经审查查封或者扣押措施已经解除的，抵押权人可以请求行使抵押权。

第六，法律、行政法规规定不得抵押的其他财产。这是一项兜底性的规定，但是需要注意只有法律、行政法规规定不得抵押的财产，才不可以设定抵押。

配套法规及解读

《最高人民法院关于适用〈中华人民共和国民法典〉有关担保制度的解释》(2020 年 12 月 31 日)

第六条 以公益为目的的非营利性学校、幼儿园、医疗机构、养老机构等提供担保的，人民法院应当认定担保合同无效，但是有下列情形之一的除外：

（一）在购入或者以融资租赁方式承租教育设施、医疗卫生设施、养老服务设施和其他公益设施时，出卖人、出租人为担保价款或者租金实现而在该公益设施上保留所有权；

（二）以教育设施、医疗卫生设施、养老服务设施和其他公益设施以外的不动产、动产或者财产权利设立担保物权。

登记为营利法人的学校、幼儿园、医疗机构、养老机构等提供担保，当事人以其不具有担保资格为由主张担保合同无效的，人民法院不予支持。

第三十七条 当事人以所有权、使用权不明或者有争议的财产抵押，经审查构成无权处分的，人民法院应当依照民法典第三百一十一条的规定处理。

当事人以依法被查封或者扣押的财产抵押，抵押权人请求行使抵押权，经审查查封或者扣押措施已经解除的，人民法院应予支持。抵押人以抵押权设立时财产被查封或者扣押为由主张抵押合同无效的，人民法院不予支持。

以依法被监管的财产抵押的，适用前款规定。

第四十九条 以违法的建筑物抵押的，抵押合同无效，但是一审法庭辩论终结前已经办理合法手续的除外。抵押合同无效的法律后果，依照本解释第十七条的有关规定处理。

当事人以建设用地使用权依法设立抵押，抵押人以土地上存在违法的建筑物为由主张抵押合同无效的，人民法院不予支持。

第五十二条 当事人办理抵押预告登记后，预告登记权利人请求就抵押财产优先受偿，经审查存在尚未办理建筑物所有权首次登记、预告登记的财产与办理建筑物所有权首次登记时的财产不一致、抵押预告登记已经失效等情形，导致不具备办理抵押登记条件的，人民法院不予支持；经审查已经办理建筑物所有权首次登记，且不存在预告登记失效等情形的，人民法院应予支持，并应当认定抵押权自预告登记之日起设立。

当事人办理了抵押预告登记，抵押人破产，经审查抵押财产属于破产财产，预告登记权利人主张就抵押财产优先受偿的，人民法院应当在受理破产申请时抵押财产的价值范围内予以支持，但是在人民法院受理破产申请前一年内，债务人对没有财产担保的债务设立抵押预告登记的除外。

※法规解读：《最高人民法院关于适用〈中华人民共和国民法典〉有关担保制度的解释》明确了登记为营利法人的学校、幼儿园、养老机构的财产可以设立抵押，以及所有权、使用权或者有争议财产，查封、扣押和监管财产的可抵押性，扩充了抵押财产的范围。

以违法的建筑物抵押的，一审法庭辩论终结前已经办理合法手续的，不能以此认定抵押合同无效。当事人以建设用地使用权依法设立抵押,抵押人不能以土地上存在违法的建筑物为由主张抵押合同无效。

预告登记权利人已经办理建筑物所有权首次登记,且不存在预告登记失效等情形的,抵押权自预告登记之日起设立。

典型案例

罗某某与张某某、于某某确认合同效力纠纷案[1]

※案例解读:我国法律规定,以乡镇、村企业的厂房等建筑物抵押的,其占用范围内的建设用地使用权一并抵押。以建筑物抵押的,该建筑物占用范围内的建设用地使用权一并抵押。以建设用地使用权抵押的,该土地上的建筑物一并抵押。抵押人未依照上述规定一并抵押的,未抵押的财产视为一并抵押。我国建筑物抵押效力及于其占用范围的土地使用权的情形主要是指国有土地的建筑物和乡镇企业的厂房建筑物,而本案显然不属于这一情形,因此本案中抵押权人的权利仅及于房屋,而不及于该房屋占用范围内的土地使用权。

第四百条 【抵押合同】设立抵押权,当事人应当采用书面形式订立抵押合同。

抵押合同一般包括下列条款:

(一)被担保债权的种类和数额;

(二)债务人履行债务的期限;

(三)抵押财产的名称、数量等情况;

(四)担保的范围。

条文解读

本条是关于抵押合同的规定。

---

〔1〕 参见吉林省松原市中级人民法院民事判决书,(2019)吉07民终157号。

设立抵押权是抵押人与抵押权人之间的民事法律行为,其不仅需要当事人之间意思表示达成一致,还必须采用书面的形式。根据本条的规定,抵押合同一般包括下列条款:(1)被担保债权的种类和数额;(2)债务人履行债务的期限;(3)抵押财产的名称、数量等情况;(4)担保的范围。需要说明的是,本条第2款中第3项抵押财产情况的规定删除了《物权法》规定的抵押财产的质量、状况、所在地、所有权归属或者使用权归属等内容。

因为抵押合同是抵押人与抵押权人双方的法律行为,对于合同的内容,当事人当然可以约定他们认为需要约定的其他事项,如解决纠纷的仲裁条款等。

关联法规索引

《海商法》第12条;《土地管理法实施条例》第43条;《城市房地产管理法》第50条;《不动产登记暂行条例实施细则》第66条

典型案例

刘某某诉陈某抵押权纠纷案[1]

※案例解读:抵押物登记记载的内容与抵押合同约定的内容不一致的,以登记记载的内容为准。本案中抵押人与抵押权人签订《借款抵押合同》并进行了公证,约定了用于抵押的财产名称及具体状况、抵押期限、抵押担保范围,以及债务人到期不能按时偿还借款时抵押物的处置办法,并将抵押物进行登记,抵押权人享有抵押权。但是抵押权人与抵押人未能达成一致,抵押权人可以就抵押折价或者拍卖、变卖的价金优先受偿。

第四百零一条 【流押】抵押权人在债务履行期限届满前,与抵押人约定债务人不履行到期债务时抵押财产归债权人所有的,只能依法就抵押财产优先受偿。

---

〔1〕 参见云南省弥勒市人民法院民事判决书,(2016)云2504民初1748号。

条文解读

本条是关于流押的规定。

《物权法》第 186 条规定，抵押权人在债务履行期限届满前，不得与抵押人约定债务人不履行到期债务时抵押财产归债权人所有。这一条款被认为是为了保护抵押人的利益，防止抵押权人利用抵押人急迫需要而获利。《民法典》第 401 条与《物权法》第 186 条相比存有不同。但是我们不能从这一不同得出我国承认流押条款的合法效力。因为这一条款仅仅肯定了抵押权人对抵押财产优先受偿的效力，而这本身为抵押权的效力所及。如果法律肯定流押条款有效，则法律应肯定抵押财产归属于抵押权人，而不是抵押权人享有优先受偿权。

配套法规及解读

《最高人民法院关于适用〈中华人民共和国民法典〉有关担保制度的解释》(2020 年 12 月 31 日)

第四十五条　当事人约定当债务人不履行到期债务或者发生当事人约定的实现担保物权的情形，担保物权人有权将担保财产自行拍卖、变卖并就所得的价款优先受偿的，该约定有效。因担保人的原因导致担保物权人无法自行对担保财产进行拍卖、变卖，担保物权人请求担保人承担因此增加的费用的，人民法院应予支持。

当事人依照民事诉讼法有关“实现担保物权案件”的规定，申请拍卖、变卖担保财产，被申请人以担保合同约定仲裁条款为由主张驳回申请的，人民法院经审查后，应当按照以下情形分别处理：

(一)当事人对担保物权无实质性争议且实现担保物权条件已经成就的，应当裁定准许拍卖、变卖担保财产；

(二)当事人对实现担保物权有部分实质性争议的，可以就无争议的部分裁定准许拍卖、变卖担保财产，并告知可以就有争议的部分申请仲裁；

(三)当事人对实现担保物权有实质性争议的，裁定驳回申请，并告知可以向仲裁机构申请仲裁。

债权人以诉讼方式行使担保物权的，应当以债务人和担保人作为共同被告。

※法规解读：《最高人民法院关于适用〈中华人民共和国民法典〉有关担保制度的解释》肯定了此类抵押条款的有效性，即当债务人不履行到期债务或者发生当

事人约定的实现担保物权的情形时，担保物权人有权将担保财产自行拍卖、变卖并就所得的价款优先受偿的约定有效。

典型案例

李某与昭和塑料（济南）有限公司动产抵押权纠纷案[1]

※案例解读：抵押权人在债务履行期届满前，不得与抵押人约定债务人不履行到期债务时抵押财产归债权人所有。当事人作出约定的，该约定内容无效。但是该条款的无效，不影响抵押合同其他部分内容的效力，抵押权人依然享有优先受偿的权利。

第四百零二条 【不动产抵押登记】以本法第三百九十五条第一款第一项至第三项规定的财产或者第五项规定的正在建造的建筑物抵押的，应当办理抵押登记。抵押权自登记时设立。

条文解读

本条是关于不动产抵押登记的规定。

不动产抵押是非常重要的民事法律行为，不仅需要抵押人与抵押权人签订书面合同，还要求其办理抵押登记。未办理抵押登记，抵押权不发生法律效力。根据本条款的规定，需要进行抵押登记的财产为：(1)建筑物和其他土地附着物；(2)建设用地使用权；(3)海域使用权；(4)正在建造的建筑物。

不动产登记簿就抵押财产、被担保的债权范围等所作的记载与抵押合同约定不一致的，应当根据登记簿的记载确定抵押财产、被担保的债权范围等事项。[2]

---

〔1〕 参见山东省济南市历城区人民法院民事判决书，(2014)历城民初字第3106号。

〔2〕 参见《最高人民法院关于适用〈中华人民共和国民法典〉有关担保制度的解释》第47条。

配套法规及解读

《最高人民法院关于适用〈中华人民共和国民法典〉有关担保制度的解释》(2020年12月31日)

第四条　有下列情形之一,当事人将担保物权登记在他人名下,债务人不履行到期债务或者发生当事人约定的实现担保物权的情形,债权人或者其受托人主张就该财产优先受偿的,人民法院依法予以支持:

(一)为债券持有人提供的担保物权登记在债券受托管理人名下;

(二)为委托贷款人提供的担保物权登记在受托人名下;

(三)担保人知道债权人与他人之间存在委托关系的其他情形。

第四十六条　不动产抵押合同生效后未办理抵押登记手续,债权人请求抵押人办理抵押登记手续的,人民法院应予支持。

抵押财产因不可归责于抵押人自身的原因灭失或者被征收等导致不能办理抵押登记,债权人请求抵押人在约定的担保范围内承担责任的,人民法院不予支持;但是抵押人已经获得保险金、赔偿金或者补偿金等,债权人请求抵押人在其所获金额范围内承担赔偿责任的,人民法院依法予以支持。

因抵押人转让抵押财产或者其他可归责于抵押人自身的原因导致不能办理抵押登记,债权人请求抵押人在约定的担保范围内承担责任的,人民法院依法予以支持,但是不得超过抵押权能够设立时抵押人应当承担的责任范围。

第四十七条　不动产登记簿就抵押财产、被担保的债权范围等所作的记载与抵押合同约定不一致的,人民法院应当根据登记簿的记载确定抵押财产、被担保的债权范围等事项。

第四十八条　当事人申请办理抵押登记手续时,因登记机构的过错致使其不能办理抵押登记,当事人请求登记机构承担赔偿责任的,人民法院依法予以支持。

第五十二条　当事人办理抵押预告登记后,预告登记权利人请求就抵押财产优先受偿,经审查存在尚未办理建筑物所有权首次登记、预告登记的财产与办理建筑物所有权首次登记时的财产不一致、抵押预告登记已经失效等情形,导致不具备办理抵押登记条件的,人民法院不予支持;经审查已经办理建筑物所有权首次登记,且不存在预告登记失效等情形的,人民法院应予支持,并应当认定抵押权自预告登记之日起设立。

当事人办理了抵押预告登记，抵押人破产，经审查抵押财产属于破产财产，预告登记权利人主张就抵押财产优先受偿的，人民法院应当在受理破产申请时抵押财产的价值范围内予以支持，但是在人民法院受理破产申请前一年内，债务人对没有财产担保的债务设立抵押预告登记的除外。

※法规解读：第一，不动产抵押登记的效力。不动产登记簿就抵押财产、被担保的债权范围等所作的记载与抵押合同约定不一致的，应当根据登记簿的记载确定抵押财产、被担保的债权范围等事项。而且登记的权利人在特定情况下可以是第三人，此时并不影响担保物权的行使。

第二，未能办理不动产抵押登记的责任承担。

（1）不动产抵押合同生效后，债权人可以请求抵押人办理抵押登记手续。

（2）抵押财产因不可归责于抵押人自身的原因灭失或者被征收等导致不能办理抵押登记，抵押权人仅可在抵押人所获保险金、赔偿金或者补偿金等金额范围内请求其承担赔偿责任。

（3）因抵押人转让抵押财产或者其他可归责于抵押人自身的原因导致不能办理抵押登记，债权人请求抵押人在约定的担保范围内承担责任，但是不得超过抵押权能够设立时抵押人应当承担的责任范围。

（4）因登记机构的过错致使其不能办理抵押登记，当事人可以请求登记机构承担赔偿责任。

第三，预告登记抵押登记效力。

当事人办理抵押预告登记后，根据是否具备办理抵押物登记而具有不同的效力。预告登记权利人因存在抵押财产存在尚未办理建筑物所有权首次登记、预告登记的财产与办理建筑物所有权首次登记时的财产不一致、抵押预告登记已经失效等情形，而不具备办理抵押登记条件的，抵押权人不享有优先受偿权。如果已经办理建筑物所有权首次登记，且不存在预告登记失效等情形的，抵押权人享有抵押权，且抵押权自预告登记之日起设立。

如果当事人办理了抵押预告登记，抵押人破产，经审查抵押财产属于破产财产，预告登记权利人可以在受理破产申请时抵押财产的价值范围内主张优先受偿权，但是在人民法院受理破产申请前一年内，债务人对没有财产担保的债务设立抵押预告登记的除外。

关联法规索引

《不动产登记暂行条例》第 5 条;《城市房地产管理法》第 49、62 条;《全国法院民商事审判工作会议纪要》第 60 条;《不动产登记暂行条例实施细则》第 20、65、66、75、76、78 条

第四百零三条 【动产抵押的效力】 以动产抵押的,抵押权自抵押合同生效时设立;未经登记,不得对抗善意第三人。

条文解读

本条规定了动产抵押的效力。

根据本条规定,当事人以动产设定抵押,抵押权不以登记为生效要件,而是自抵押合同生效时生效。但是当事人是否办理抵押登记,后果不同。未经登记,不得对抗善意第三人。善意第三人包括抵押财产的善意取得人和后顺位已经登记的抵押权人。对动产抵押进行抵押登记后,抵押财产的取得人无法善意取得抵押财产的所有权,抵押权人就不仅优先于之后设立的抵押权人,而且优先于之前设立但未登记的抵押权人。

配套法规及解读

《最高人民法院关于适用〈中华人民共和国民法典〉有关担保制度的解释》(2020 年 12 月 31 日)

第五十四条 动产抵押合同订立后未办理抵押登记,动产抵押权的效力按照下列情形分别处理:

(一)抵押人转让抵押财产,受让人占有抵押财产后,抵押权人向受让人请求行使抵押权的,人民法院不予支持,但是抵押权人能够举证证明受让人知道或者应当知道已经订立抵押合同的除外;

(二)抵押人将抵押财产出租给他人并移转占有,抵押权人行使抵押权的,租赁关系不受影响,但是抵押权人能够举证证明承租人知道或者应当知道已经订立抵押合同的除外;

（三）抵押人的其他债权人向人民法院申请保全或者执行抵押财产，人民法院已经作出财产保全裁定或者采取执行措施，抵押权人主张对抵押财产优先受偿的，人民法院不予支持；

（四）抵押人破产，抵押权人主张对抵押财产优先受偿的，人民法院不予支持。

※法规解读：本条款确定了未办理抵押登记，动产抵押权人不得对抗抵押财产的受让人和承租人，除非抵押权人能够举证证明受让人或者承租人知道或者应当知道已经订立抵押合同。在抵押人破产或者抵押财产被人民法院采取了财产保全裁定或者执行措施时，抵押权人也不能对抵押财产优先受偿。

关联法规索引

《海商法》第13条；《民用航空法》第16条；《动产和权利担保统一登记办法》第2、4、6、9条

第四百零四条　【动产抵押权无追及效力】以动产抵押的，不得对抗正常经营活动中已经支付合理价款并取得抵押财产的买受人。

条文解读

本条是关于动产抵押权的规定。

不同于不动产抵押登记具有的绝对效力，动产所有权的公示方式为占有，买受人与出卖人进行交易时，往往注重占有动产的民事主体，而通常不考虑该动产是否设定抵押。因此，为了保护交易安全，法律规定，以动产抵押的，不得对抗正常经营活动中已经支付合理价款并取得抵押财产的买受人。

配套法规及解读

《最高人民法院关于适用〈中华人民共和国民法典〉有关担保制度的解释》（2020年12月31日）

第五十六条　买受人在出卖人正常经营活动中通过支付合理对价取得已被设立担保物权的动产，担保物权人请求就该动产优先受偿的，人民法院不予支持，但

是有下列情形之一的除外：

（一）购买商品的数量明显超过一般买受人；

（二）购买出卖人的生产设备；

（三）订立买卖合同的目的在于担保出卖人或者第三人履行债务；

（四）买受人与出卖人存在直接或者间接的控制关系；

（五）买受人应当查询抵押登记而未查询的其他情形。

前款所称出卖人正常经营活动，是指出卖人的经营活动属于其营业执照明确记载的经营范围，且出卖人持续销售同类商品。前款所称担保物权人，是指已经办理登记的抵押权人、所有权保留买卖的出卖人、融资租赁合同的出租人。

※法规解读：第一，出卖人正常经营活动，是指出卖人的经营活动属于其营业执照明确记载的经营范围，且出卖人持续销售同类商品。

第二，不属于正常经营活动中已经支付合理价款并取得抵押财产的买受人的主体有以下五类：(1)购买商品的数量明显超过一般买受人；(2)购买出卖人的生产设备；(3)订立买卖合同的目的在于担保出卖人或者第三人履行债务；(4)买受人与出卖人存在直接或者间接的控制关系；(5)买受人应当查询抵押登记而未查询的其他情形。

第三，扩充了担保物权人的范围。担保物权人是指已经办理登记的抵押权人、所有权保留买卖的出卖人、融资租赁合同的出租人。

第四百零五条　【抵押权与租赁关系】抵押权设立前，抵押财产已经出租并转移占有的，原租赁关系不受该抵押权的影响。

条文解读

本条是关于抵押权与租赁关系的规定。

抵押权与租赁关系从逻辑上看，存在两种情形。第一种是出租在先，抵押在后；第二种是抵押在先，出租在后。本条款规定的是第一种情形，出租在先，抵押在后。本条款强调，抵押财产设立前抵押财产具备已经出租并移转占有这两个要件，原租赁关系不受该抵押权的影响，抵押权人行使抵押权不得影响租赁合同中承租人的权利。与我国《物权法》相比，本条款强调了承租人对租赁财产的占有这一要件，并且删除了《物权法》第190条规定的第二种情形，即抵押权设立后抵押财产出租的，该租赁关系不得对抗已登记的抵押权。在动产抵押设定后，如果其没有登记，根据《民法典》第403条的规定，不得对抗善意第三人，而租赁关系的承租人当然属于善意第三人的范畴，故原《物权法》的规定错误，应该予以修改。如果在不动产抵押权设定后，再设立租赁，根据《民法典》第406条的规定，抵押财产转让的，抵押权不受影响。举重以明轻，在抵押设定后，抵押财产出租，当然也不会影响抵押权。因此删除原《物权法》第190条的相关规定较为合适。

配套法规及解读

《最高人民法院关于适用〈中华人民共和国民法典〉有关担保制度的解释》(2020年12月31日)

第五十四条 动产抵押合同订立后未办理抵押登记，动产抵押权的效力按照下列情形分别处理：

……

(二)抵押人将抵押财产出租给他人并移转占有，抵押权人行使抵押权的，租赁关系不受影响，但是抵押权人能够举证证明承租人知道或者应当知道已经订立抵押合同的除外；

……

※法规解读：因为动产抵押未办理登记，不能对抗善意第三人，因此明确租赁关系中的承租人为善意第三人。但是抵押权人如果能够举证证明承租人知道或者应当知道订立抵押合同，则其已经不属于善意第三人，当然不需要给予特别的保护。

关联法规索引

《最高人民法院关于人民法院办理执行异议和复议案件若干问题的规定》第31条；《最高人民法院关于审理城镇房屋租赁合同纠纷案件具体应用法律若干问题的解释》第14条

典型案例

恒丰银行股份有限公司重庆分行与代某某、毛某等申请执行人执行异议案[1]

※案例解读:在租赁与抵押的关系上,我国法律确定了时间在先、权利在先的规则。但是我国《物权法》并没有在条款中明确可以对抗抵押权的租赁关系的要件,所以导致现实中,抵押权设立后,抵押人为了对抗抵押权人往往采取签订租赁合同的方式,影响抵押权人权利的实现。虽然实务中强调承租人对租赁财产实质意义上的实际占有使用的要件,但是很多抵押人还是心存侥幸,变造或者捏造租赁合同。《民法典》明确了占有和签订合同的双重要件,有利于抵押权人权利的实现。本案中租赁关系早于抵押权的设定,且抵押财产一直被承租人占有使用,所以承租人的权利可以对抗抵押权人。

第四百零六条　【抵押财产的处分】抵押期间,抵押人可以转让抵押财产。当事人另有约定的,按照其约定。抵押财产转让的,抵押权不受影响。

抵押人转让抵押财产的,应当及时通知抵押权人。抵押权人能够证明抵押财产转让可能损害抵押权的,可以请求抵押人将转让所得的价款向抵押权人提前清偿债务或者提存。转让的价款超过债权数额的部分归抵押人所有,不足部分由债务人清偿。

条文解读

本条规定了抵押期间抵押财产转让的规则。

《物权法》将抵押财产转让规则分为抵押权人同意和抵押权人不同意两种情形,而《民法典》删除了抵押财产不允许转让的规定。但为了保护抵押权人的利益,法律规定抵押财产转让的,抵押权不受影响。

根据本条规定,除非当事人另有约定,否则抵押人可以转让抵押财产。但是为

〔1〕 参见重庆市第五中级人民法院民事判决书,(2020)渝05民初69号。

了保护抵押权人的利益,法律规定了以下三项措施:

第一,抵押人转让抵押财产的,应当及时通知抵押权人,方便抵押权人了解抵押财产的变动状况。

第二,抵押财产转让的,抵押权不受影响。这意味着抵押权人可以追及抵押物所在行使担保物权,抵押权人可以就转让抵押财产所得的价金优先受偿。当然,抵押财产转让的价款超过债权数额的部分归抵押人所有,不足部分由债务人清偿。

第三,如果抵押权人能够证明抵押财产转让可能损害其抵押权,可以请求抵押人将转让所得的价款向抵押权人提前清偿债务或者提存。

配套法规及解读

《最高人民法院关于适用〈中华人民共和国民法典〉有关担保制度的解释》(2020年12月31日)

第四十三条 当事人约定禁止或者限制转让抵押财产但是未将约定登记,抵押人违反约定转让抵押财产,抵押权人请求确认转让合同无效的,人民法院不予支持;抵押财产已经交付或者登记,抵押权人请求确认转让不发生物权效力的,人民法院不予支持,但是抵押权人有证据证明受让人知道的除外;抵押权人请求抵押人承担违约责任的,人民法院依法予以支持。

当事人约定禁止或者限制转让抵押财产且已经将约定登记,抵押人违反约定转让抵押财产,抵押权人请求确认转让合同无效的,人民法院不予支持;抵押财产已经交付或者登记,抵押权人主张转让不发生物权效力的,人民法院应予支持,但是因受让人代替债务人清偿债务导致抵押权消灭的除外。

※法规解读:《最高人民法院关于适用〈中华人民共和国民法典〉有关担保制度的解释》确定了当事人另有约定的规则下,相关当事人权利义务的承担。其分为两种情形:

第一,当事人约定禁止或者限制转让抵押财产且已经将约定登记的,在抵押财产已经交付或者登记的情况下,抵押权人可以主张该转让不发生物权效力,抵押权人可以就该抵押财产行使抵押权。但是抵押财产的受让人可以代替债务人清偿债务,从而导致抵押权消灭。

第二,当事人约定禁止或者限制转让抵押财产但是未将约定登记的,抵押权人可以请求抵押人承担违约责任，并且抵押权人在有证据证明受让人知道抵押财产存在禁止或者限制的约定，在抵押财产已经交付或者登记时，抵押权人可以行使抵押权，请求确认转让不发生物权效力。

关联法规索引

《民用航空法》第17条

典型案例

杨某某与向某某、中国建设银行股份有限公司龙山支行抵押权纠纷案[1]

※案例解读：《物权法》规定，抵押期间，抵押人未经抵押权人同意，不得转让抵押财产，但受让人代为清偿债务消灭抵押权的除外。本案被告向某某在抵押期间，未经抵押权人同意，转让抵押财产，但受让人原告杨某某已代为清偿债务，所以抵押权已经消灭。按照《民法典》的规定，抵押人可以转让抵押财产，但是不影响抵押权的行使，本案的判决结果也不会发生改变。

第四百零七条　【抵押权处分的从属性】抵押权不得与债权分离而单独转让或者作为其他债权的担保。债权转让的，担保该债权的抵押权一并转让，但是法律另有规定或者当事人另有约定的除外。

条文解读

本条是关于抵押权处分的从属性的规定。

本条款规定抵押权处分具有从属性，抵押权转让，应当与所担保的债权一同转让；以抵押权作为其他债权的担保，应当将抵押权与其所担保的债权一同向他人提供担保。

〔1〕参见湖南省龙山县人民法院民事判决书，(2018)湘3130民初1753号。

债权转让，担保该债权的抵押权一并转让，这再次确定了抵押权从属于主债权这一规定。但是法律另有规定或者当事人另有约定的除外。对于法律另有规定的，如《民法典》第421条规定，最高额抵押担保的债权确定前，部分债权转让的，最高额抵押权不得转让，但是当事人另有约定的除外。当事人另有约定包括两种情形：第一种情形是抵押权人转让债权时与受让人约定，仅转让债权而不转让抵押权；第二种情形是抵押人仅为特定的债权人进行抵押担保，第三人与债权人约定，被担保的债权转让未经抵押人同意的，抵押权不发生转移。

配套法规及解读

《最高人民法院关于适用〈中华人民共和国民法典〉有关担保制度的解释》(2020年12月31日)

第三十九条第一款 主债权被分割或者部分转让，各债权人主张就其享有的债权份额行使担保物权的，人民法院应予支持，但是法律另有规定或者当事人另有约定的除外。

※法规解读：本条款规定了主债权被分割或者部分转让时担保物权的行使规则。主债权被分割或者部分转让时，除法律另有规定或者当事人另有约定外，各债权人可以就其享有的债权份额行使担保物权。

关联法规索引

《民法典》第421、547条

第四百零八条 【抵押权的保护】抵押人的行为足以使抵押财产价值减少的，抵押权人有权请求抵押人停止其行为；抵押财产价值减少的，抵押权人有权请求恢复抵押财产的价值，或者提供与减少的价值相应的担保。抵押人不恢复抵押财产的价值，也不提供担保的，抵押权人有权请求债务人提前清偿债务。

条文解读

本条是关于保全抵押权的规定。

根据本条规定,抵押权人可以通过以下两种方法来保全抵押权:

第一,防止抵押财产价值减少请求权。在抵押人的行为可能使抵押财产价值减少时,抵押权人有权请求抵押人停止其行为。行使这一请求权必须具备两个条件:一是抵押权人有证据证明抵押人有足以导致抵押财产价值减少的行为,而不需要证明抵押财产的价值减少;二是导致抵押财产价值减少的原因是抵押人的行为,而不能是第三人的行为。因为抵押权人行使这一请求权的费用是抵押人的行为导致的,所以该费用应由抵押人承担。

第二,恢复抵押财产价值或者增加担保请求权。在因抵押人的原因导致抵押财产毁损或者价值减少时,抵押权人有权请求抵押人恢复抵押财产的价值或者增加担保。至于抵押权人是请求恢复抵押财产的价值还是请求抵押人提供与减少的价值相应的担保,完全取决于抵押权人的自由选择。经抵押权人要求,抵押人既不恢复抵押财产的价值也不提供担保的,抵押权人为保护自己的利益,有权请求债务人提前清偿债务。

关联法规索引

《不动产登记暂行条例实施细则》第69条

第四百零九条　【抵押权及其顺位的处分】抵押权人可以放弃抵押权或者抵押权的顺位。抵押权人与抵押人可以协议变更抵押权顺位以及被担保的债权数额等内容。但是,抵押权的变更未经其他抵押权人书面同意的,不得对其他抵押权人产生不利影响。

债务人以自己的财产设定抵押,抵押权人放弃该抵押权、抵押权顺位或者变更抵押权的,其他担保人在抵押权人丧失优先受偿权益的范围内免除担保责任,但是其他担保人承诺仍然提供担保的除外。

条文解读

本条是关于抵押权人放弃抵押权、抵押权顺位以及变更抵押权的规定。

抵押权作为抵押权人享有的一项权利，抵押权人可以放弃抵押权，抵押权人一旦放弃抵押权，其债权就属于无担保的普通债权。但是抵押权人不行使抵押权或者怠于行使抵押权，不能径行推论出抵押权人放弃抵押权。

抵押权的顺位是指在抵押财产上存在两个或者两个以上的担保债权，各债权人就担保财产优先受偿的先后次序。抵押权人可以放弃抵押权的顺位。抵押权人放弃抵押权顺位，意味着其放弃了就抵押财产优先受偿的利益，该抵押权人处于所有担保债权最后受偿；在其之后顺位的抵押权人的顺位依次递进。但是在抵押权人放弃抵押权顺位后新设定的抵押权的顺位不受该放弃影响，因为放弃人的顺位从时间上看仍在后设定抵押权之前。

抵押权人与抵押人可以协议变更抵押权顺位以及被担保的债权数额等内容。变更抵押权的顺位是指将同一抵押财产上的数个抵押权的优先受偿的顺序进行互换。抵押权顺位变更后，各抵押权人只能根据变更后的顺序行使抵押权。抵押权的变更，未经其他抵押权人书面同意的，不得对其他抵押权人产生不利影响。

在债务人以自己的财产设定抵押的情况下，抵押权人放弃该抵押权、抵押权顺位或者变更抵押权的，其他担保人在抵押权人丧失优先受偿权益的范围内免除担保责任，但是其他担保人承诺仍然提供担保的除外情形。

关联法规索引

《不动产登记暂行条例实施细则》第 68、70 条

第四百一十条 【抵押权的实现】债务人不履行到期债务或者发生当事人约定的实现抵押权的情形，抵押权人可以与抵押人协议以抵押财产折价或者以拍卖、变卖该抵押财产所得的价款优先受偿。协议损害其他债权人利益的，其他债权人可以请求人民法院撤销该协议。

抵押权人与抵押人未就抵押权实现方式达成协议的，抵押权人可以请求人民法院拍卖、变卖抵押财产。

抵押财产折价或者变卖的，应当参照市场价格。

条文解读

本条是关于抵押权实现的条件、方式和程序的规定。

根据本条款，抵押权实现的条件有两个：第一，债务履行期届满，债务人不履行债务；第二，发生当事人约定的实现抵押权的情形。满足上述条件之一，并且抵押权有效存在，债权人的债权未受清偿时，抵押权人就可以实现抵押权。

本条款规定了抵押权的实现程序：第一，协议实现。在抵押权的实现条件具备时，抵押权人可以与抵押人协议以抵押财产折价或者以拍卖、变卖该抵押财产所得的价款优先受偿。但是双方的协议不得损害其他债权人的利益，否则其他债权人可以请求人民法院撤销该协议。第二，诉讼实现。抵押权人与抵押人无法就抵押权实现方式达成协议的，抵押权人可以请求人民法院拍卖、变卖抵押财产。

本条款还规定了对抵押财产进行折价、拍卖或者变卖的三种抵押权实现的方式。当然，抵押财产折价或者变卖的，应当参照市场价格。

配套法规及解读

《最高人民法院关于适用〈中华人民共和国民法典〉有关担保制度的解释》(2020年12月31日)

第四十五条　当事人约定当债务人不履行到期债务或者发生当事人约定的实现担保物权的情形，担保物权人有权将担保财产自行拍卖、变卖并就所得的价款优先受偿的，该约定有效。因担保人的原因导致担保物权人无法自行对担保财产进行拍卖、变卖，担保物权人请求担保人承担因此增加的费用的，人民法院应予支持。

当事人依照民事诉讼法有关“实现担保物权案件”的规定，申请拍卖、变卖担保财产，被申请人以担保合同约定仲裁条款为由主张驳回申请的，人民法院经审查后，应当按照以下情形分别处理：

（一）当事人对担保物权无实质性争议且实现担保物权条件已经成就的，应当裁定准许拍卖、变卖担保财产；

（二）当事人对实现担保物权有部分实质性争议的，可以就无争议的部分裁定准许拍卖、变卖担保财产，并告知可以就有争议的部分申请仲裁；

（三）当事人对实现担保物权有实质性争议的，裁定驳回申请，并告知可以向仲裁机构申请仲裁。

债权人以诉讼方式行使担保物权的，应当以债务人和担保人作为共同被告。

※法规解读：本条款肯定了约定实现抵押权的效力，在因抵押人的原因导致担保物权人无法自行对担保财产进行拍卖、变卖的，担保人承担因此增加的费用。在担保合同约定仲裁条款的情形下，当事人依照民事诉讼法有关“实现担保物权案件”的规定行使权利时，当事人对担保物权无实质性争议且实现担保物权条件已经成就的，应当裁定准许拍卖、变卖担保财产；当事人对实现担保物权有部分实质性争议的，可以就无争议的部分裁定准许拍卖、变卖担保财产，并告知当事人可以就有争议的部分申请仲裁；在当事人对实现担保物权有实质性争议的，应裁定驳回申请，并告知可以向仲裁机构申请仲裁。

关联法规索引

《民法典》第152条；《民事诉讼法》第203、204条；《最高人民法院关于适用〈中华人民共和国民事诉讼法〉的解释》第361、364条

典型案例

兴业银行股份有限公司金华永康支行、徐某某担保物权纠纷案[1]

※案例解读：我国现实中担保物权案件逐渐增多，《民法典》规定了实现以抵押权为代表的担保物权的条件、方式、程序。在具备抵押权实现条件后，根据《民事诉讼法》的规定，人民法院依法适用特别程序审理此类案件，以裁定的方式解决了此类担保物权的纠纷，较快地完成担保案件的审理，较好地保护了当事人的合法权益。

---

[1] 参见浙江省永康市人民法院民事裁定书，(2021)浙0784民特149号。

第四百一十一条 【浮动抵押财产的确定】依据本法第三百九十六条规定设定抵押的，抵押财产自下列情形之一发生时确定：

（一）债务履行期限届满，债权未实现；

（二）抵押人被宣告破产或者解散；

（三）当事人约定的实现抵押权的情形；

（四）严重影响债权实现的其他情形。

条文解读

本条规定了浮动抵押财产的确定的规则。

根据本条款，抵押财产确定的情形为：

第一，债务履行期限届满，债权未实现，抵押财产确定。自债务履行期间届满之日起，抵押财产确定，抵押人不得再处分抵押财产。

第二，抵押人被宣告破产或者解散。一旦抵押人被宣告破产或者解散，抵押人就进入了清算阶段，不得再从事与清算无关的事务，抵押人的财产确定，抵押权人可以对抵押财产享有优先受偿权。

第三，发生当事人约定的实现抵押权的情形。在当事人约定了抵押权实现条件时，抵押财产被确定。

第四，发生严重影响债权实现的其他情形。在这种情形下，因为抵押人的行为严重影响到债权的实现，抵押权人为了有足够的抵押财产来实现其债权，可以向抵押人发送通知，来确定抵押财产。

上述四种情形发生任一情形，抵押财产就可确定。浮动抵押转化为固定抵押，抵押人即不可再处分抵押财产。

关联法规索引

《全国法院民商事审判工作会议纪要》第64条

第四百一十二条 【抵押权对抵押财产孳息的效力】 债务人不履行到期债务或者发生当事人约定的实现抵押权的情形，致使抵押财产被人民法院依法扣押的，自扣押之日起，抵押权人有权收取该抵押财产的天然孳息或者法定孳息，但是抵押权人未通知应当清偿法定孳息义务人的除外。

前款规定的孳息应当先充抵收取孳息的费用。

条文解读

本条是关于抵押财产孳息的规定。

根据本条款，抵押权人收取抵押财产的孳息必须具备两个条件：第一，债务人不履行到期债务或者发生当事人约定的实现抵押权的情形，致使抵押财产被人民法院依法扣押。第二，抵押财产被扣押后，抵押权人可以自行收取天然孳息，在通知清偿法定孳息的义务人后可以收取法定孳息。在收取孳息的过程中支付的费用可以先用孳息冲抵，剩余的孳息再用于清偿抵押权人的债权。

配套法规及解读

《最高人民法院关于适用〈中华人民共和国民法典〉有关担保制度的解释》（2020年12月31日）

第四十条 从物产生于抵押权依法设立前，抵押权人主张抵押权的效力及于从物的，人民法院应予支持，但是当事人另有约定的除外。

从物产生于抵押权依法设立后，抵押权人主张抵押权的效力及于从物的，人民法院不予支持，但是在抵押权实现时可以一并处分。

第四十一条 抵押权依法设立后，抵押财产被添附，添附物归第三人所有，抵押权人主张抵押权效力及于补偿金的，人民法院应予支持。

抵押权依法设立后，抵押财产被添附，抵押人对添附物享有所有权，抵押权人主张抵押权的效力及于添附物的，人民法院应予支持，但是添附导致抵押财产价值增加的，抵押权的效力不及于增加的价值部分。

抵押权依法设立后，抵押人与第三人因添附成为添附物的共有人，抵押权人主张抵押权的效力及于抵押人对共有物享有的份额的，人民法院应予支持。

本条所称添附,包括附合、混合与加工。

※法规解读:第一,抵押权对于从物的效力。除非当事人另有约定,抵押权人主张抵押权的效力及于抵押权设立之前产生的从物,但不及于抵押权设立后产生的从物。无论抵押权的效力是否及于抵押物,在抵押权实现时都可以一并处分。

第二,抵押权依法设立后,抵押财产添附后对抵押权的影响具体分为三种情形:(1)添附物归第三人所有的,抵押权的效力及于补偿金。(2)抵押人对添附物享有所有权,抵押权的效力及于添附物,但是抵押权的效力不及于抵押财产增加的价值。(3)抵押人与第三人因添附成为添附物的共有人,抵押权的效力及于抵押人对共有物享有的份额。

第四百一十三条 【抵押财产变价后的处理】抵押财产折价或者拍卖、变卖后,其价款超过债权数额的部分归抵押人所有,不足部分由债务人清偿。

条文解读

本条是关于抵押财产折价或者拍卖、变卖后的价款的处理的规定。

根据本条的规定,抵押财产变现后,其价款超过债权数额的部分归抵押人所有。如果其价款不足以清偿债务,因抵押人已经就抵押财产承担了担保责任,所以不足部分应由债务人清偿。

第四百一十四条 【数个抵押权的清偿顺序】同一财产向两个以上债权人抵押的,拍卖、变卖抵押财产所得的价款依照下列规定清偿:

(一)抵押权已经登记的,按照登记的时间先后确定清偿顺序;

(二)抵押权已经登记的先于未登记的受偿;

(三)抵押权未登记的,按照债权比例清偿。

其他可以登记的担保物权,清偿顺序参照适用前款规定。

条文解读

本条是关于同一财产向两个以上债权人抵押的数个抵押权的清偿顺序的

规定。

根据本条款，同一财产向两个以上债权人抵押的，拍卖、变卖抵押财产所得的价款按照以下原则清偿：

第一，抵押权已登记的，按照登记的先后顺序清偿。第一顺位抵押登记的被担保债权，就拍卖、变卖抵押财产优先受偿，清偿完第一顺位的担保债权后还有剩余的，清偿处于第二顺位的担保债权。在此删除了原《物权法》规定的"顺序相同的，按照债权比例清偿"的规定，原因在于我国已经统一了不动产登记以及动产和权利的担保统一登记，通常不存在登记顺序相同的情况。

第二，抵押权已经登记的先于未登记的受偿。这一原则主要是针对动产抵押而言，因为不动产抵押时抵押财产未登记的，抵押权不发生效力，也就不会发生未登记的抵押权与已经登记的抵押权的受偿顺序的问题。

第三，抵押权未登记的，按照债权比例清偿。

关联法规索引

《不动产登记暂行条例实施细则》第 67 条；《动产和权利担保统一登记办法》第 10 条；《全国法院民商事审判工作会议纪要》第 64 条

典型案例

尹某某、沈某某等抵押权纠纷案[1]

※案例解读：同一财产向两个以上债权人抵押的，拍卖、变卖抵押财产所得的价款，抵押权已登记的，按照登记的先后顺序清偿。本案中，案涉 2601 房第一顺位的抵押权人为招行广州分行，第二顺位的抵押权人为尹某某。案涉 2601 房第已经在天河区法院（2019）粤 0106 执 20068 号案件中被拍卖完毕，尹某某对案涉 2601 房拍卖所得价款在招行广州分行优先受偿后的余额享有优先受偿权。不能因为案涉房屋的抵押权因法院文书执行，而后被涂销就否定第二顺位抵押权人依法取得的优先受偿权。

[1] 参见广东省广州市中级人民法院民事判决书，（2021）粤 01 民终 23089 号。

第四百一十五条 【抵押权与质权并存时清偿顺序】同一财产既设立抵押权又设立质权的，拍卖、变卖该财产所得的价款按照登记、交付的时间先后确定清偿顺序。

条文解读

本条是关于同一财产既设立抵押权又设立质权时二者的清偿顺序规则的规定。

根据本条，同一财产既设立抵押权又设立质权的，拍卖、变卖该财产所得的价款按照各自权利的公示时间先后来确定清偿顺序，抵押权登记时间和质权交付的时间，何者时间在先，权利在先。该条款改变了《最高人民法院关于适用〈中华人民共和国担保法〉若干问题的解释》第79条的规定，因为抵押权登记和质权的交付作为两种权利产生的方式，并无优劣先后之分，不能笼统地认为质物的交付公示力弱于抵押权登记的公示力。

关联法规索引

《全国法院民商事审判工作会议纪要》第65条

第四百一十六条 【动产购买价款抵押担保的优先权】动产抵押担保的主债权是抵押物的价款，标的物交付后十日内办理抵押登记的，该抵押权人优先于抵押物买受人的其他担保物权人受偿，但是留置权人除外。

条文解读

本条是关于动产购买价款抵押担保的超级优先权的规定。

根据本条的规定，动产购买价款抵押担保的优先权的条件为：

第一，价款债权抵押权的标的物为动产，不仅包括一般动产，而且包括机动车、船舶、航空器等特殊动产，但是不包括不动产。

第二，动产购买价款担保的债权是买卖合同约定的买受人应当支付的交易价金。

第三,动产购买价款抵押权必须在标的物交付后10日内办理抵押登记。

第四,动产购买价款抵押权人优先于抵押物买受人的其他担保物权人受偿,但不能优先于留置权人受偿。

配套法规及解读

《最高人民法院关于适用〈中华人民共和国民法典〉有关担保制度的解释》(2020年12月31日)

第五十七条 担保人在设立动产浮动抵押并办理抵押登记后又购入或者以融资租赁方式承租新的动产,下列权利人为担保价款债权或者租金的实现而订立担保合同,并在该动产交付后十日内办理登记,主张其权利优先于在先设立的浮动抵押权的,人民法院应予支持:

(一)在该动产上设立抵押权或者保留所有权的出卖人;

(二)为价款支付提供融资而在该动产上设立抵押权的债权人;

(三)以融资租赁方式出租该动产的出租人。

买受人取得动产但未付清价款或者承租人以融资租赁方式占有租赁物但是未付清全部租金,又以标的物为他人设立担保物权,前款所列权利人为担保价款债权或者租金的实现而订立担保合同,并在该动产交付后十日内办理登记,主张其权利优先于买受人为他人设立的担保物权的,人民法院应予支持。

同一动产上存在多个价款优先权的,人民法院应当按照登记的时间先后确定清偿顺序。

※法规解读:第一,浮动抵押权设立登记后,担保人在办理抵押登记后又购入或者以融资租赁方式承租新的动产,并在该动产交付后10日内办理登记的,在该动产上设立抵押权或者保留所有权的出卖人,为价款支付提供融资而在该动产上设立抵押权的债权人和以融资租赁方式出租该动产的出租人都优先于浮动抵押权人。

第二,买受人取得动产但未付清价款或者承租人以融资租赁方式占有租赁物但是未付清全部租金,又以标的物为他人设立担保物权,出卖人或者出资人为担保价款债权或者租金的实现而订立担保合同,并在该动产交付后10日内办理登记的,其权利优先于买受人为他人设立的担保物权。

第三,同一动产上存在多个价款优先权的,按照登记的时间先后确定清偿顺序。

第四百一十七条　【抵押权对新增建筑物的效力】建设用地使用权抵押后,该土地上新增的建筑物不属于抵押财产。该建设用地使用权实现抵押权时,应当将该土地上新增的建筑物与建设用地使用权一并处分。但是,新增建筑物所得的价款,抵押权人无权优先受偿。

条文解读

本条是关于抵押权对新增建筑物的效力的规定。

在我国,建设用地使用权和地上的建筑物分别属于两个物,都可以设立抵押权。但是,在处分上,我国实行房地一体处分规则。因此,在当事人以建设用地使用权作为抵押财产设立抵押时,其土地上的建筑物视为一并抵押。抵押权的效力及于该地上的建筑物。当事人以建设用地使用权设定抵押后,抵押人依然可以在土地上建造建筑物,而该建筑物并不属于抵押财产。根据房地一体规则,抵押权人就该建设用地使用权实现抵押权时,应当将该土地上的建筑物与建设用地使用权一并处分,但是新增的建筑物所得的价款,抵押权人无权优先受偿。

配套法规及解读

《最高人民法院关于适用〈中华人民共和国民法典〉有关担保制度的解释》(2020 年 12 月 31 日)

第四十九条　以违法的建筑物抵押的,抵押合同无效,但是一审法庭辩论终结前已经办理合法手续的除外。抵押合同无效的法律后果,依照本解释第十七条的有关规定处理。

当事人以建设用地使用权依法设立抵押,抵押人以土地上存在违法的建筑物为由主张抵押合同无效的,人民法院不予支持。

第五十条　抵押人以划拨建设用地上的建筑物抵押,当事人以该建设用地使用权不能抵押或者未办理批准手续为由主张抵押合同无效或者不生效的,人民法院不予支持。抵押权依法实现时,拍卖、变卖建筑物所得的价款,应当优先用于补缴建设用地使用权出让金。

当事人以划拨方式取得的建设用地使用权抵押,抵押人以未办理批准手续为由主张抵押合同无效或者不生效的，人民法院不予支持。已经依法办理抵押登记，抵押权人主张行使抵押权的，人民法院应予支持。抵押权依法实现时所得的价款，参照前款有关规定处理。

第五十一条 当事人仅以建设用地使用权抵押，债权人主张抵押权的效力及于土地上已有的建筑物以及正在建造的建筑物已完成部分的，人民法院应予支持。债权人主张抵押权的效力及于正在建造的建筑物的续建部分以及新增建筑物的，人民法院不予支持。

当事人以正在建造的建筑物抵押，抵押权的效力范围限于已办理抵押登记的部分。当事人按照担保合同的约定，主张抵押权的效力及于续建部分、新增建筑物以及规划中尚未建造的建筑物的，人民法院不予支持。

抵押人将建设用地使用权、土地上的建筑物或者正在建造的建筑物分别抵押给不同债权人的，人民法院应当根据抵押登记的时间先后确定清偿顺序。

第五十二条 当事人办理抵押预告登记后，预告登记权利人请求就抵押财产优先受偿，经审查存在尚未办理建筑物所有权首次登记、预告登记的财产与办理建筑物所有权首次登记时的财产不一致、抵押预告登记已经失效等情形，导致不具备办理抵押登记条件的，人民法院不予支持；经审查已经办理建筑物所有权首次登记，且不存在预告登记失效等情形的，人民法院应予支持，并应当认定抵押权自预告登记之日起设立。

当事人办理了抵押预告登记，抵押人破产，经审查抵押财产属于破产财产，预告登记权利人主张就抵押财产优先受偿的，人民法院应当在受理破产申请时抵押财产的价值范围内予以支持，但是在人民法院受理破产申请前一年内，债务人对没有财产担保的债务设立抵押预告登记的除外。

※法规解读：第一，以违法的建筑物抵押的，除非当事人一审法庭辩论终结前已经办理合法手续，否则抵押合同无效。但是当事人以建设用地使用权依法设立抵押，抵押人不能以土地上存在违法的建筑物为由主张抵押合同无效。

第二，抵押人可以通过划拨方式取得的建设用地使用权或者划拨建设用地上的建筑物抵押，抵押权依法实现时，拍卖、变卖建筑物所得的价款，应当优先用于补缴建设用地使用权出让金，剩余的部分抵押权人有优先受偿权。

第三，当事人以建设用地使用权抵押，抵押权的效力及于土地上已有的建筑物以及正在建造的建筑物已完成部分，但是不及于正在建造的建筑物的续建部分以及新增建筑物。

当事人以正在建造的建筑物抵押，抵押权的效力范围限于已办理抵押登记的部分。

抵押人将建设用地使用权、土地上的建筑物或者正在建造的建筑物分别抵押给不同债权人的，应当根据抵押登记的时间先后确定清偿顺序。

第四，当事人办理抵押预告登记后，已经办理建筑物所有权首次登记，且不存在预告登记失效等情形的，抵押权自预告登记之日起设立。

当事人办理了抵押预告登记，抵押人破产，经审查抵押财产属于破产财产，预告登记权利人可以就抵押财产主张优先受偿权。但是在人民法院受理破产申请前1年内，债务人对没有财产担保的债务设立抵押预告登记的除外。

关联法规索引

《城市房地产管理法》第51、52条；《全国法院民商事审判工作会议纪要》第61条

第四百一十八条　【集体所有土地使用权抵押权的实行效果】以集体所有土地的使用权依法抵押的，实现抵押权后，未经法定程序，不得改变土地所有权的性质和土地用途。

条文解读

为了保护我国农村集体土地，防止农业用地的流失，促进农村经济的发展，在农村土地使用权的流转过程中应当坚持土地所有权的性质和土地用途不变。因此本条规定，以集体所有土地的使用权依法抵押的，实现抵押权后，未经法定程序，不得改变土地所有权的性质和土地用途。

第四百一十九条　【抵押权存续期间】抵押权人应当在主债权诉讼时效期间行使抵押权；未行使的，人民法院不予保护。

条文解读

本条是关于抵押权存续期间的规定。

主债权消灭、抵押权实现、债权人放弃抵押权或者抵押财产灭失,都将导致抵押权消灭。抵押权行使期间的重要目的是促使抵押权人积极地行使抵押权,迅速了结债权债务关系,维系社会经济秩序的稳定。在法律已设定行使期限后,抵押权人仍长期怠于行使权利时,法律也无特别保护的必要,应使抵押权消灭。另外,因为抵押权为支配权,其不是请求权,故不适用诉讼时效,所以抵押权人没有在主债权诉讼时效期间内行使抵押权的,抵押权消灭,而非胜诉权的丧失。抵押权消灭后,抵押人要求解除抵押权登记的,人民法院应当支持。[1]

配套法规及解读

《最高人民法院关于适用〈中华人民共和国民法典〉有关担保制度的解释》(2020年12月31日)

第四十四条 主债权诉讼时效期间届满后,抵押权人主张行使抵押权的,人民法院不予支持;抵押人以主债权诉讼时效期间届满为由,主张不承担担保责任的,人民法院应予支持。主债权诉讼时效期间届满前,债权人仅对债务人提起诉讼,经人民法院判决或者调解后未在民事诉讼法规定的申请执行时效期间内对债务人申请强制执行,其向抵押人主张行使抵押权的,人民法院不予支持。

主债权诉讼时效期间届满后,财产被留置的债务人或者对留置财产享有所有权的第三人请求债权人返还留置财产的,人民法院不予支持;债务人或者第三人请求拍卖、变卖留置财产并以所得价款清偿债务的,人民法院应予支持。

主债权诉讼时效期间届满的法律后果,以登记作为公示方式的权利质权,参照适用第一款的规定;动产质权、以交付权利凭证作为公示方式的权利质权,参照适用第二款的规定。

※法规解读:债权诉讼时效期间届满后,抵押权人起诉抵押人主张行使抵押权的,抵押人可以主债权诉讼时效期间届满为由进行抗辩。主债权诉讼时效期间届满前,债权人仅对债务人提起诉讼,经人民法院判决或者调解后未在民事诉讼法规

[1] 参见王某诉李某抵押合同纠纷案,载《最高人民法院公报》2017年第7期。

定的申请执行时效期间内对债务人申请强制执行的，其也不可向抵押人主张行使抵押权。

关联法规索引

《不动产登记暂行条例实施细则》第70条

典型案例

赵某某、本溪实华新世界物业管理有限公司抵押权纠纷案[1]

※案例解读：担保物权人在债务人不履行到期债务或者发生当事人约定的实现担保物权的情形时，可依法行使担保物权。担保物权人行使担保物权的方式和途径法律并没有进行限制，目前来看，担保物权人既可以先向人民法院提起申请实现担保物权的特别程序，如该申请被人民法院裁定驳回，再依法向人民法院提起担保物权的普通诉讼程序；也可以直接向人民法院提起担保物权的普通诉讼程序。担保物权人依提起普通诉讼程序的方式行使担保物权时，既可以在主债权诉讼中一并提出，也可以在法定期间内单独以担保人为被告提起诉讼。在担保物权人初始提起申请实现担保物权特别程序而被人民法院裁定驳回的情况下，因特别程序与普通程序具有法定程序的接续性，只要担保物权人后续并未明显不合理迟延地向人民法院提起诉讼，则其初始提起申请实现担保物权特别程序的时间，就应当认定为行使担保物权的时间。

本案中，无论抵押权人赵某某是初始提起申请实现抵押权特别程序还是后续提起抵押权诉讼普通程序，均为行使抵押权的行为，只要其初始行使抵押权行为发生在抵押权的行使期间内，人民法院就不能在后续抵押权诉讼中再简单以行使抵押权超过法定期间为由而不予支持。

---

[1] 参见最高人民法院民事判决书，(2020)最高法民再110号。

第二节　最高额抵押权

第四百二十条　【最高额抵押权的定义】 为担保债务的履行，债务人或者第三人对一定期间内将要连续发生的债权提供担保财产的，债务人不履行到期债务或者发生当事人约定的实现抵押权的情形，抵押权人有权在最高债权额限度内就该担保财产优先受偿。

最高额抵押权设立前已经存在的债权，经当事人同意，可以转入最高额抵押担保的债权范围。

条文解读

本条是关于最高额抵押的定义的规定。

根据本条的规定，最高额抵押权具有以下特征：

第一，最高额抵押权是为一定期限内连续发生的不特定债权提供担保的抵押权。一定期限内连续发生的债权作担保，是指在某一确定的期限内，所发生的债权次数不确定，且可能连续发生。

第二，最高额抵押权是最高债权额限度内的担保。最高债权额限度是指抵押权人与抵押人协议约定抵押财产担保的最高债权限额，这一限额不是担保的债务数额，也不是债务人必须清偿的债权数额，而是最高限度数额。在债权高于最高限额时，以最高限额为限；不到最高限额的，以实际发生的债权余额为限。

第三，最高额抵押权一般是为将来发生的债权提供担保。最高额抵押权设立时，并不以主债权的存在为前提，其所担保的债权不是特定的，而是典型的担保将来债权的抵押权。但是经当事人同意，可以将最高额抵押权设立前已经存在的债权，转入最高额抵押担保的债权范围。

第四，最高额抵押权所担保的最高债权额是确定的，但实际担保额要等到抵押权实现时才能确定。

配套法规及解读

《最高人民法院关于适用〈中华人民共和国民法典〉有关担保制度的解释》(2020年12月31日)

第十五条　最高额担保中的最高债权额，是指包括主债权及其利息、违约金、损害赔偿金、保管担保财产的费用、实现债权或者实现担保物权的费用等在内的全部债权，但是当事人另有约定的除外。

登记的最高债权额与当事人约定的最高债权额不一致的，人民法院应当依据登记的最高债权额确定债权人优先受偿的范围。

※法规解读：第一，最高额担保中最高债权额的确定依据为登记，登记的最高债权额与当事人约定的最高债权额不一致时，根据登记的最高债权额确定债权人的优先受偿的范围。

第二，最高额担保中的最高债权额，除当事人另有约定外，包括主债权及利息、违约金、损害赔偿金、保管担保财产的费用、实现债权或者实现担保物权的费用等在内的全部债权，而不是仅指本金，利息、违约金、损害赔偿金等另外计算。

关联法规索引

《不动产登记暂行条例实施细则》第71条

第四百二十一条　【最高额抵押权担保的债权转让】最高额抵押担保的债权确定前，部分债权转让的，最高额抵押权不得转让，但是当事人另有约定的除外。

条文解读

本条是关于最高额抵押权转让的规定。

普通抵押权可以随被担保债权的转让一并转让，法律并不加以限制。最高额抵押担保的债权确定前，部分债权转让的，最高额抵押权并不随之转让，但当事人另有约定的从其约定。对于当事人的约定，可能存在两种情形：第一，部分债权转让,抵押权也部分转让,原担保的债权额随之相应减少。但是,就抵押权转让而言,受让的债权可能依然是最高额抵押,也可能是一般抵押。第二,部分债权转让,最高额抵押权全部转让,未转让的剩余债权成为无担保债权。

配套法规及解读

《不动产登记暂行条例实施细则》(2019 年 7 月 24 日修正)

第七十四条 最高额抵押权发生转移的,应当持不动产登记证明、部分债权转移的材料、当事人约定最高额抵押权随同部分债权的转让而转移的材料等必要材料,申请办理最高额抵押权转移登记。

债权人转让部分债权,当事人约定最高额抵押权随同部分债权的转让而转移的,应当分别申请下列登记:

(一)当事人约定原抵押权人与受让人共同享有最高额抵押权的,应当申请最高额抵押权的转移登记;

(二)当事人约定受让人享有一般抵押权、原抵押权人就扣减已转移的债权数额后继续享有最高额抵押权的,应当申请一般抵押权的首次登记以及最高额抵押权的变更登记;

(三)当事人约定原抵押权人不再享有最高额抵押权的,应当一并申请最高额抵押权确定登记以及一般抵押权转移登记。

最高额抵押权担保的债权确定前,债权人转让部分债权的,除当事人另有约定外,不动产登记机构不得办理最高额抵押权转移登记。

※**法规解读:**本条款从登记的角度规定了在当事人约定的情形下,债权人转让部分债权的,如何申请最高额抵押权变动登记:

第一,当事人约定原抵押权人与受让人共同享有最高额抵押权的,应当申请最高额抵押权的转移登记。

第二,当事人约定受让人享有一般抵押权、原抵押权人就扣减已转移的债权数额后继续享有最高额抵押权的,应当申请一般抵押权的首次登记以及最高额抵押权的变更登记。

第三,当事人约定原抵押权人不再享有最高额抵押权的,应当一并申请最高额抵押权确定登记以及一般抵押权转移登记。

关联法规索引

《不动产登记暂行条例实施细则》第74条

第四百二十二条 【最高额抵押合同条款变更】最高额抵押担保的债权确定前，抵押权人与抵押人可以通过协议变更债权确定的期间、债权范围以及最高债权额。但是，变更的内容不得对其他抵押权人产生不利影响。

条文解读

本条是关于抵押人与抵押权人协议变更最高额抵押有关内容的规定。

根据意思自治原则，最高额抵押担保的债权确定前，抵押人与抵押权人可以通过协议变更最高额抵押的有关内容。当事人可以协议变更债权确定的期间、债权范围以及最高债权额这三项最高额抵押合同所独有的条款。但是变更的内容不得对其他抵押权人产生不利影响。因此，在抵押人与抵押权人就这三项内容进行变更后，不能对抗顺序在后的抵押权人，否则将会对顺序在后的抵押权人或者其他利害关系人的合法权益造成损害。如果当事人协议变更的后果产生对抗第三人的效果，不仅需要二者的合意，还需要办理变更登记，才能对抗顺序在后的抵押权人。

关联法规索引

《不动产登记暂行条例实施细则》第72条

典型案例

交通银行股份有限公司马鞍山分行与马鞍山市友邦花园大酒店有限公司等借款合同纠纷案[1]

※案例解读：最高额抵押担保的债权确定前，抵押权人与抵押人可以通过协议变更债权确定的期间、债权范围以及最高债权额。但是，变更的内容不得对其他抵押权人产生不利影响。具体到本案中，2013年2月7日，交通银行股份有限公司马鞍山分行与马鞍山市友邦花园大酒店有限公司签订《最高额抵押合同》，并就土地使用权证项下的国有土地使用权办理了抵押登记，交通银行股份有限公司马鞍山分行据此取得了抵押权。在最高额抵押合同约定的抵押期间内，抵押人马鞍山市友邦花园大酒店有限公司依法对该期间内连续发生的债权在最高额限度内承担抵押担保责任。因最高额抵押是对一定期间内将要连续发生的债权在最高债权额限度内提供财产担保，而非对期间内某一笔债权提供担保，所以在抵押期间内贷款的清偿，不影响抵押人责任的承担。

抵押人与抵押权人签订2014年3月19日《最高额抵押合同》，改变了2013年2月7日签订的《最高额抵押合同》，这一变更改降低了最高债权额和债权确定的期间，这一变更并没有影响到其他抵押权人的权益，对双方当事人均具有法律约束力，抵押权人应当根据变更后的2014年3月19日《最高额抵押合同》，在最高债权额1600万元限度内对马鞍山市友邦花园大酒店有限公司提供的抵押物享有优先受偿的权利。

第四百二十三条　【最高额抵押权所担保的债权确定】有下列情形之一的，抵押权人的债权确定：

（一）约定的债权确定期间届满；

---

〔1〕 参见安徽省高级人民法院民事判决书，(2016)皖民终584号。

（二）没有约定债权确定期间或者约定不明确，抵押权人或者抵押人自最高额抵押权设立之日起满二年后请求确定债权；

（三）新的债权不可能发生；

（四）抵押权人知道或者应当知道抵押财产被查封、扣押；

（五）债务人、抵押人被宣告破产或者解散；

（六）法律规定债权确定的其他情形。

条文解读

本条是关于最高额抵押权所担保债权的确定的规定。

最高额抵押权所担保的债权的确定，是指最高额抵押权所担保的一定范围内的不特定债权，因一定事由的发生而具体特定。法律规定最高额抵押权确定，不仅包括债务人不履行到期债务或者发生当事人约定的实现抵押权的情形，还必须具备其担保的债权额的确定。根据本条款，发生下列情形时，抵押权人的债权确定：(1)约定的债权确定期间届满；(2)没有约定债权确定期间或者约定不明确，抵押权人或者抵押人自最高额抵押权设立之日起满 2 年后请求确定债权；(3)新的债权不可能发生；(4)债务人、抵押人被宣告破产或者解散；(5)抵押权人知道或者应当知道抵押财产被查封、扣押；(6)法律规定债权确定的其他情形。

法律规定最高额抵押权所担保债权的确定不仅确定了优先受偿的债权及其金额，而且还有利于保护利害关系人的利益。一旦最高额抵押权所担保的债权确定，确定之后发生的债权即使依然来源于原有法律关系，也不属于担保的范围。而且一旦最高额抵押权担保的债权确定，该抵押权所担保的不特定债权变成特定债权，最高额抵押权变成一般抵押权。

关联法规索引

《不动产登记暂行条例实施细则》第 73 条

典型案例

刘某某、张某某抵押权纠纷案[1]

※案例解读：最高额抵押担保的不确定债权变为确定债权后，该主债权可以转让。具体到本案中，涉案债权转让协议签订时，最高额抵押合同所约定的被担保的债权已经确定，该主债权可以依法转让。债权转让的，担保该债权的抵押权一并转让。五莲农商行已将涉案借款主债权和抵押权全部转让给了张某某，故张某某取得了涉案最高额抵押权，在最高债权余额内对抵押财产享有抵押权。

第四百二十四条 【最高额抵押权的法律适用】最高额抵押权除适用本节规定外，适用本章第一节的有关规定。

条文解读

本条是关于最高额抵押权适用一般抵押权相关条款的规定。

最高额抵押权可以适用本章第一节一般抵押权的规定，主要适用的内容为：关于抵押权设立、抵押权登记与生效时间、抵押权与其他权利的关系、抵押财产的实现和抵押财产的保全等的规定。

〔1〕 参见山东省日照市中级人民法院民事判决书，(2017)鲁11民终1928号。

第十八章　质　　权

本章介绍

质权是指为担保债务的履行，债务人或者第三人将其动产出质给债权人占有，债务人不履行到期债务或者发生当事人约定的实现质权的情形时，债权人有权就该动产优先受偿的权利。与抵押权相比，债权人必须占有质物，质权自出质人交付质押财产时设立。设立质权，当事人应当采用书面形式订立质押合同。

因为质物由质权人占有，所以除质押合同另有约定外，质权人负有保管质物的责任，有权收取质押财产的孳息。但是质物的所有权属于出质人，所以质权人在质权存续期间，未经出质人同意，不得擅自使用、处分质押财产，不得再给他人设定质权，否则给出质人造成损害的，应当承担赔偿责任。

质权人享有质物价值的保全请求权，因不可归责于质权人的事由可能使质押财产毁损或者价值明显减少，足以危害质权人权利的，质权人有权请求出质人提供相应的担保；出质人不提供的，质权人可以拍卖、变卖质押财产，并与出质人协议将拍卖、变卖所得的价款提前清偿债务或者提存。债务人履行债务或者出质人提前清偿所担保的债权的，质权人应当返还质押财产。为防止质权悬而未决，出质人可以请求质权人在债务履行期限届满后及时行使质权；质权人不行使的，出质人可以请求人民法院拍卖、变卖质押财产。出质人请求质权人及时行使质权，因质权人怠于行使权利造成出质人损害的，由质权人承担赔偿责任。

因动产质权中，质权人负有保管质物的义务，而出质人则丧失了对质物使用、收益的可能，所以阻碍了动产质权的实效。随着债权在社会中地位的提升，权利质权得到了人们的热捧，我国法律规定了权利质权，根据法律规定，汇票、本票、支票，债券、存款单，仓单、提单，可以转让的基金份额、股权，可以转让的注册商标专用权、专利权、著作权等知识产权中的财产权，现有的以及将有的应收账款及法律、行政法规规定可以出质的其他财产权利都可以作为权利质权的标的物，除了权利质权特殊的实行规则外，其他方面均比照动产质权的规则运行。

第一节　动 产 质 权

第四百二十五条　【动产质权的定义】 为担保债务的履行，债务人或者第三人将其动产出质给债权人占有的，债务人不履行到期债务或者发生当事人约定的实现质权的情形，债权人有权就该动产优先受偿。

前款规定的债务人或者第三人为出质人，债权人为质权人，交付的动产为质押财产。

条文解读

本条是关于动产质权的规定。

动产质权是指债务人或者第三人将其动产出质给债权人占有，作为债权担保的，在债务人不履行到期债务或者发生当事人约定的实现质权的情形时，债权人有权就该动产折价或者拍卖、变卖该动产的价款优先受偿的权利。

质物可以是债务人本人所有，也可以是第三人所有，而提供动产转移给债权人占有的人为出质人，债权人为质权人，交付的动产为质押财产。

配套法规及解读

《最高人民法院关于适用〈中华人民共和国民法典〉有关担保制度的解释》（2020 年 12 月 31 日）

第五十五条　债权人、出质人与监管人订立三方协议，出质人以通过一定数量、品种等概括描述能够确定范围的货物为债务的履行提供担保，当事人有证据证明监管人系受债权人的委托监管并实际控制该货物的，人民法院应当认定质权于监管人实际控制货物之日起设立。监管人违反约定向出质人或者其他人放货、因保管不善导致货物毁损灭失，债权人请求监管人承担违约责任的，人民法院依法予以支持。

在前款规定情形下，当事人有证据证明监管人系受出质人委托监管该货物，或者虽然受债权人委托但是未实际履行监管职责，导致货物仍由出质人实际控制的，人民法院应当认定质权未设立。债权人可以基于质押合同的约定请求出质人承担违约责任,但是不得超过质权有效设立时出质人应当承担的责任范围。监管人未履行监管职责,债权人请求监管人承担责任的,人民法院依法予以支持。

※法规解读:质权以占有债务人或者第三人提供的动产作为必要条件,所以在现实中判断质物是不是由第三人占有就显得极为重要。在债权人、出质人与监管人订立三方协议来提供担保的情况下,要根据以下情形进行判断:

第一,如果监管人系受债权人的委托监管并实际控制该货物的,质权于监管人实际控制货物之日起设立。监管人违反约定向出质人或者其他人放货、因保管不善导致货物毁损灭失,债权人可以请求监管人承担违约责任。

第二,如果监管人系受出质人委托监管该货物,或者虽然受债权人委托但是未实际履行监管职责,导致货物仍由出质人实际控制的,质权未设立。债权人可以基于质押合同的约定请求出质人承担违约责任,但是不得超过质权有效设立时出质人应当承担的责任范围。监管人未履行监管职责,债权人可以请求监管人承担责任。

关联法规索引

《全国法院民商事审判工作会议纪要》第 63 条

第四百二十六条　【禁止质押的动产范围】法律、行政法规禁止转让的动产不得出质。

条文解读

本条是关于禁止出质的动产范围的规定。

出质的财产应当是依法可以转让的动产,此类财产均可以设定动产质权;法律、行政法规禁止转让的动产不得出质。但需要强调的是,此处禁止转让的动产的依据应当是全国人大及其常委会制定的法律和国务院制定的行政法规。

第四百二十七条 【质押合同】 设立质权，当事人应当采用书面形式订立质押合同。

质押合同一般包括下列条款：

（一）被担保债权的种类和数额；

（二）债务人履行债务的期限；

（三）质押财产的名称、数量等情况；

（四）担保的范围；

（五）质押财产交付的时间、方式。

条文解读

本条是关于质押合同的规定。

质权是依照当事人的真实意思而创设的权利，当事人设立质押的行为是一种双方的法律行为，对质押当事人双方的利益影响极大，因此采用书面形式较为合适。

关联法规索引

《最高人民法院关于适用〈中华人民共和国民法典〉有关担保制度的解释》第53条

典型案例

冯某某与任某、郭某某返还原物纠纷案[1]

※案例解读： 动产质押是指为担保债务的履行，债务人或者第三人将其动产出质给债权人占有的，债务人不履行到期债务或者发生当事人约定的实现质权的情形，债权人有权就该动产优先受偿。出质人对出质财产享有所有权和处分权，方可将其财产作为质押财产，本案中郭某某使用伪造的登记证书未经所有权人同意将

〔1〕 参见河南省辉县市人民法院民事判决书，(2014)辉民初字第3148号。

他人车辆质押，原所有权人对郭某某的质押行为未追认，属于无权出质。而任某在接受郭某某车辆出质时，未审查车辆的权利凭证以及登记事项，未确认出质人与质押物登记人是否一致，因重大过失而不知出质人郭某某为无处分权，故其无法善意取得质权，不享有质权。

第四百二十八条　【流质】质权人在债务履行期限届满前，与出质人约定债务人不履行到期债务时质押财产归债权人所有的，只能依法就质押财产优先受偿。

条文解读

本条是关于禁止流质的规定。

禁止流质契约，是指当事人不得在质权合同中约定，出质人在债务履行期届满时不履行债务的，质押财产归质权人所有。法律禁止流质契约主要是为了防止债权人利用债务人的窘迫处境和债权人的强势地位，迫使债务人与其签订流质契约，以价值过高的质押物担保数额较少的债权，从而损害债务人的利益。因此各国法律一般都禁止出质人与质权人约定流质契约来处分质物。

第四百二十九条　【质权生效时间】质权自出质人交付质押财产时设立。

条文解读

本条是关于动产质权设立的规定。

动产质权的标的为动产，而动产易于移动，为了保障动产质权的设立及保护善意第三人的合法权益，动产质权的设立以交付为生效要件。质权自出质人交付质押财产时设立，只有出质人转移对质物的占有，才能确保质权人的权利的实行。在此强调的是出质人交付质押财产，至于交付给质权人占有或者质权人指定的第三人占有，则法律并不干涉，但是必须将质物控制在质权人或者质权人指定的第三人手中，质权人不能以占有改定的方式由出质人占有质物。

第四百三十条 【质权人孳息收取权及孳息首要清偿用途】 质权人有权收取质押财产的孳息，但是合同另有约定的除外。

前款规定的孳息应当先充抵收取孳息的费用。

条文解读

本条是关于质权人孳息收取权的规定。

除当事人在质押合同中另有约定外，质权人有权收取质押财产的孳息。这一规则并没有区分孳息为天然孳息还是法定孳息，法律如此规定的原因是质权人或者质权人指定的第三人占有质物，由其收取孳息最为简便可行，如果法律规定将质物的孳息再交给出质人可能造成较多的麻烦。需要注意的是，法律规定的是孳息的收取权，并没有规定收取的孳息归质权人，所以孳息收取后应当先充抵收取孳息的费用，然后再冲抵债权的利息和主债权。

当事人在质押合同中另有约定分为两种情形：第一种是质权人无权收取质物的孳息，在这种情况下，质权不及于孳息；第二种是当事人对质物孳息的收取没有约定或者虽有约定但是约定不明，此种情况下，质权人依然享有质物孳息的收取权。

典型案例

谢某某、曾某某民间借贷纠纷案[1]

※案例解读： 质权人有权收取质押财产的孳息，但合同另有约定的除外。《物权法》第213条第1款[2]规定的孳息应当先充抵收取孳息的费用。质物经出质人同意出租，所产生的租金为质物的法定孳息，质权人有权收取，但质权人仅有孳息的收取权，并不享有孳息的所有权。质权人收取的孳息首先应冲抵收取孳息的费用，其次充抵原债权的利息，最后抵偿原债权。具体到本案中，产生的租金应先抵偿收取孳息的费用，再充抵原债权的利息及本金。质权人陈某某既已自认收取的

〔1〕 参见湖南省怀化市中级人民法院民事判决书，(2021)湘12民终51号。

〔2〕 现为《民法典》第430条第1款。

46000元当中有20000元系租金，则该租金应先充抵原债权利息，尚有余额再充抵本金。

第四百三十一条　【质权人擅自使用、处分质押财产的责任】质权人在质权存续期间，未经出质人同意，擅自使用、处分质押财产，造成出质人损害的，应当承担赔偿责任。

条文解读

本条是关于质权人对质物使用、处分的限制及法律责任的规定。

未经出质人同意，质权人在质权存续期间不得擅自使用、处分质押财产，否则由此造成出质人损害的，由质权人予以赔偿。质权是移转动产标的物的担保物权，质物由质权人占有，但是质权人仅仅享有在特定情形下优先受偿的权利，其并不能使用质物，因为其不是用益物权，所以法律规定，质权人未经出质人同意不得擅自使用、处分质物。当然，出质人同意质权人使用、处分质物的除外。

第四百三十二条　【质权人的保管义务和赔偿责任】质权人负有妥善保管质押财产的义务；因保管不善致使质押财产毁损、灭失的，应当承担赔偿责任。

质权人的行为可能使质押财产毁损、灭失的，出质人可以请求质权人将质押财产提存，或者请求提前清偿债务并返还质押财产。

条文解读

本条规定了质权人妥善保管质物的义务。

因为质权的设立需要将质物移转给质权人占有，在质物仍归出质人所有的情况下，质权人为自己利益而占有他人之物，所以需要履行善良管理人的注意义务加以保管。此种保管义务的标准是具有相当知识经验和诚意的人所具有的注意，对于应当注意的保管标准达不到的，即使质权人为轻微过失，导致质押财产毁损、灭失的情况下，也应当承担赔偿责任。

在因质权人的行为可能使质押财产毁损、灭失的情况下，出质人可以请求质权人将质押财产提存，或者请求提前清偿债务并返还质押财产等方法来保护自己的合法权益。

典型案例

赵某甲与赵某乙财产损害赔偿纠纷案[1]

※案例解读：质权人负有妥善保管质押财产的义务；因保管不善致使质押财产毁损、灭失的，应当承担赔偿责任。债务人履行债务或者出质人提前清偿所担保的债权的，质权人应当返还质押财产。本案中，债务人赵某甲履行完债务后，质权人赵某乙应当将本案的质物即机动车返还给出质人赵某甲。但是本案被告赵某乙在原告赵某甲起诉要求返还车辆，法院作出生效判决的情况下，仍然拒不返还涉案车辆，导致涉案车辆因未能按期年检而销户报废，其应当负有主要责任。原告赵某甲未处理车辆所涉及的多条违章信息，客观上给审验车辆造成障碍，应承担次要责任，法院按照三七分认定各自的责任份额，较为合适。

第四百三十三条　【质权的保护】因不可归责于质权人的事由可能使质押财产毁损或者价值明显减少，足以危害质权人权利的，质权人有权请求出质人提供相应的担保；出质人不提供的，质权人可以拍卖、变卖质押财产，并与出质人协议将拍卖、变卖所得的价款提前清偿债务或者提存。

条文解读

本条是关于质权保全权的规定。

质权保全权，是指质权人在质押财产有损坏或者价值减少的危险，导致足以危害质权人的权利时，有权要求出质人提供相应的担保。出质人不提供担保的，质权人可以通过处分质押财产，来保全自己的债权。根据本条规定，质权保全权主要包

[1] 参见宁夏回族自治区石嘴山市大武口区人民法院民事判决书，(2019)宁0202民初2821号。

括以下三个方面的内容：

第一，因不可归责于质权人的事由导致质物毁损或者价值减少。在此强调质物毁损或者价值减少的原因不是由于质权人，而是自然原因等非质权人行为；而且价值减少应当较为明显，如果质物因相应市场价值变化等而有减少的可能，则只要减少的幅度在一般人的预想范围之内，就不适用质权保全权。

第二，质权人在质物毁损或者质物价值减少，足以危害质权人权利时，才能要求出质人提供相应的担保。相应的担保应当与质物毁损或者价值明显减少的数额相当。

第三，如果质权人要求出质人提供相应的担保，出质人不予提供的，质权人可以不经出质人同意，自行拍卖或者变卖质押财产；但是对于拍卖、变卖所得的价款，应当与出质人协议，将该价款提前清偿债务，或者将该价款进行提存，债务履行期届满后再行使质权。

典型案例

袁某某与杨某某、蒋某某确认合同无效纠纷案[1]

※案例解读：因不能归责于质权人的事由可能使质押财产毁损或者价值明显减少，足以危害质权人权利的，质权人有权要求出质人提供相应的担保；出质人不提供的，质权人可以拍卖、变卖质押财产，并与出质人通过协议将拍卖、变卖所得的价款提前清偿债务或者提存。在本案中，出质人杨某某虽然没有转让出质股权，但出质人杨某某在未取得质权人袁某某同意的情况下，用永顺机动车公司的土地和资质入股其他公司进行经营活动，因质权的实现有赖于股权的拍卖、变卖或者折价时的价值，该价值是由公司资产状况和经营状况等综合因素决定的，故杨某某的行为将会在很大程度上影响原告实现其债权。因此质权人有权要求其提供担保来保护自己的质权，或者处分质物，本案的质权人要求确认危害自己权益的行为无效，也是一种救济方式。

〔1〕 参见贵州省天柱县人民法院民事判决书，(2016)黔 2627 民初 1217 号。

第四百三十四条 【转质】质权人在质权存续期间,未经出质人同意转质,造成质押财产毁损、灭失的,应当承担赔偿责任。

条文解读

本条是关于转质的规定。

转质是指质权人为了担保自己或者他人的债务,将质押财产向第三人再度设立新的质权。这种新成立的质权称为转质权。因转质而取得质权的人为转质权人。转质根据是否经出质人同意,分为承诺转质和责任转质。承诺转质是指经出质人同意的转质,而责任转质是未经过出质人同意,质权人以自己的责任将质物转质给第三人的行为。因为责任转质未经质物的所有权人同意,所以造成质押财产毁损灭失的,质权人应当向出质人承担赔偿责任。

第四百三十五条 【质权的放弃】质权人可以放弃质权。债务人以自己的财产出质,质权人放弃该质权的,其他担保人在质权人丧失优先受偿权益的范围内免除担保责任,但是其他担保人承诺仍然提供担保的除外。

条文解读

本条是关于质权放弃及其他担保人责任承担规则的规定。

质权本质上是一种财产权,质权人有权对自己的权利进行处分,其可以放弃质权。质权人一旦放弃质权,就丧失了就质物优先受偿的权利,从而实际上变为普通债权人。因为质权的放弃,不仅会影响质权人的利益,可能还会影响债务人和其他担保人的利益,因此质权人放弃质权,应当采用明示的方式,以此来确定法律关系。

质权人放弃质权时,不得损害其他利害关系人的利益。如果债务人以自己的财产出质,质权人放弃该质权的,其他担保人在质权人丧失优先受偿权益的范围内,不再承担担保责任;但是其他担保人承诺仍然提供担保的,法律尊重其意思表示,担保依然有效。

第四百三十六条 【质物返还及质权实现】 债务人履行债务或者出质人提前清偿所担保的债权的，质权人应当返还质押财产。

债务人不履行到期债务或者发生当事人约定的实现质权的情形，质权人可以与出质人协议以质押财产折价，也可以就拍卖、变卖质押财产所得的价款优先受偿。

质押财产折价或者变卖的，应当参照市场价格。

条文解读

本条是关于质物返还及质权实现的规定。

质权人依据质权合同占有属于出质人所有的质物，但是在质权消灭时，质权人就丧失了继续占有质物的依据，应当将质物返还给出质人。因此，在债务人履行债务或者出质人提前清偿所担保的债权，导致质物所担保的债权消灭时，质权作为担保物权也随之消灭。出质人可以要求质权人返还质物，质权人拒不返还的，应当承担责任。

如果债权已届清偿期，但是债务人不履行债务或者发生当事人约定的实现质权的情形时，质权人可以处分占有的质物，并用所得的价款优先受偿。质权实现的方式既可以是出质人与质权人协商折价处理质物，参考市场价格，把质物的所有权由出质人转移给质权人；也可以是拍卖、变卖质物，将拍卖、变卖质物的价款优先清偿质权人的债权。当然，折价或者变卖质物时，应当参照市场价格。

典型案例

贾某某与薛某某、陈某某质权纠纷案[1]

※案例解读：债务人履行债务或者出质人提前清偿所担保的债权的，质权人应当返还质押财产。具体到本案中，债务人贾某某已经于 2019 年 12 月 31 日按照调解协议约定将借款本金及利息如数交至法院账户，应视为债务履行完毕。质权人

〔1〕 参见河南省修武县人民法院民事判决书，(2020)豫 0821 民初 378 号。

应当将质物即本案的车辆在合理时间内返还给出质人，质权人未在合理期限内返还质物的，应当返还质物并赔偿出质人的损失。

第四百三十七条 【质权的及时行使】出质人可以请求质权人在债务履行期限届满后及时行使质权；质权人不行使的，出质人可以请求人民法院拍卖、变卖质押财产。

出质人请求质权人及时行使质权，因质权人怠于行使权利造成出质人损害的，由质权人承担赔偿责任。

条文解读

本条是关于及时行使质权及怠于行使质权的责任的规定。

质权人占有的质物属于出质人所有或者出质人有处分权的，在债务人不履行到期债务时，质权人有权处理质物来偿还自己的债权。在质物被质权人占有期间，质权人可能并不急于处理质物，在这种情形下，如果质物不及时处理可能给出质人的权利造成损害，所以法律规定，出质人可以请求质权人在债务履行期限届满后及时行使质权；如果质权人不及时行使质权，出质人可以请求法院拍卖、变卖质押财产，来清偿债务。

在市场经济条件下，质物作为一种商品，其价格可能处于变化状态。因此，在具备质权的实现条件时，质权人应当及时行使质权，防止因不及时行使质权给出质人造成损失；出质人也有权请求质权人及时行使质权。在出质人请求质权人行使质权，而质权人怠于行使权利造成出质人损害时，质权人应当承担赔偿责任。

典型案例

方某、黄某某民间借贷纠纷案[1]

※案例解读：出质人请求质权人及时行使质权，因质权人怠于行使权利造成损

〔1〕 参见湖南省长沙市中级人民法院民事判决书，(2020)湘01民终11499号。

害的,由质权人承担赔偿责任。本案中,借款到期后,质权人没有及时行使质权。出质人积极联系买方来处理质物。在买方廊桥公司已支付了部分款项,但因质权人方某要求出质人黄某某额外支付300000元损失费才交出木雕,导致方某与黄某某无法协商一致,无法实现质权的情形下,出质人无法及时清偿到期债务是因为质权人怠于行使质权,给出质人造成的利息扩大损失应由质权人承担,故2019年6月25日之后的利息不应继续计算。

第四百三十八条 【质押财产变价后的处理】质押财产折价或者拍卖、变卖后,其价款超过债权数额的部分归出质人所有,不足部分由债务人清偿。

条文解读

本条是关于质物变价后的处理的规定。

根据本条的规定,质权人实现质权时,应当将质押财产折价或者拍卖、变卖。在处理质押财产的价款超过债权数额时,因为质物的所有权人是出质人,所以超过部分的价款归出质人所有。如果处理质押财产的价款不足以清偿所担保的债权,质权人在得到其价款时,质权因质物已经用于清偿债权而消灭。但是对于担保债权未清偿的部分,仍因未履行而存在,这部分债权变成无质权担保的债权,由债务人承担清偿的义务。

典型案例

张某某与丁某某动产质权纠纷案[1]

※案例解读:债务人不履行到期债务或者发生当事人约定的实现质权的情形,质权人可以与出质人协议以质押财产折价,也可以就拍卖、变卖质押财产所得的价款优先受偿。质押财产折价或者变卖的,应当参照市场价格。具体到本案中,出质人张某某借款到期后,未及时偿还被告丁某某的借款,质权人丁某某有权将质押车

---

〔1〕 参见河南省通许县人民法院民事判决书,(2017)豫0222民初553号。

辆变卖优先受偿。质物的变卖应当参照市场价格，法院根据质物的市场价值确定了质物的价值。质物价值超过债权数额的部分归出质人所有。

第四百三十九条 【最高额质权】出质人与质权人可以协议设立最高额质权。

最高额质权除适用本节有关规定外，参照适用本编第十七章第二节的有关规定。

条文解读

本条是关于最高额质权的规定。

最高额质权，是指为了担保债务的履行，债务人或者第三人对一定期间内连续发生的债权提供质押担保，在债务人不履行债务或者发生当事人约定的实现质权的情形时，质权人有权在最高债权额度内就该质物优先受偿的权利。根据本条款，出质人与质权人可以约定设立最高额质权。

从法律适用的角度来看，最高额质权不仅适用本节有关一般质权的规则，而且可以参照适用最高额抵押权的相关规则。

需要强调的是，最高额担保中的最高债权额，除当事人另有约定外，其包括主债权及其利息、违约金、损害赔偿金、保管担保财产的费用、实现债权或者实现担保物权的费用等在内的全部债权。最高额担保中应当登记最高额质权，如果登记的最高债权额与当事人约定的最高债权额不一致，一般应当依据登记的最高债权额来确定债权人优先受偿的范围。

关联法规索引

《最高人民法院关于适用〈中华人民共和国民法典〉有关担保制度的解释》第15条；《动产和权利担保统一登记办法》第9条

第二节 权利质权

第四百四十条 【权利质权的范围】 债务人或者第三人有权处分的下列权利可以出质:

(一)汇票、本票、支票;

(二)债券、存款单;

(三)仓单、提单;

(四)可以转让的基金份额、股权;

(五)可以转让的注册商标专用权、专利权、著作权等知识产权中的财产权;

(六)现有的以及将有的应收账款;

(七)法律、行政法规规定可以出质的其他财产权利。

条文解读

本条是关于可以出质的权利范围的规定。

权利质权是指为担保债权的履行,出质人以权利出质。根据本条款的规定,债务人或第三人可以设定质权的权利范围较为广泛,基本上适合设定质权的具有让与性的财产权利都可作为质权的标的物。

从权利质权的范围来看,汇票、本票、支票、债券、存款单、仓单、提单等均可以作为权利质权的标的物。但是基金份额、股权、注册商标专用权、专利权、著作权等知识产权中的财产权等必须是可以转让的才可以出质,不能转让的不能作为质权的标的物;对于应收账款,不仅现有的应收账款可以设定质权,而且将来的应收账款也可以设定质权。最后一项是兜底性条款。

关联法规索引

《海商法》第 71 条;《票据法》第 35 条;《合伙企业法》第 25、72 条

典型案例

王某某与南阳市和谐房地产开发公司质权纠纷案[1]

※**案例解读：**法律、行政法规规定可以出质的其他财产权利可以设定质权。本案中，押金条据在项目未通过审批时，作为领取资金的权利凭证，其所有权属于出质人，所以出质人可以将其进行出质。当事人签订质押合同，并将其交给质权人占有。而且当事人还积极寻求质押登记，但是因为质押机关的原因未能登记，所以质权人对该质押物享有质权，有权就质押财产优先受偿。在债权转让的同时出质人同意继续提供质押的，质权由债权人的受让人享有，受让人可以主张质权人的权利。

第四百四十一条　【有价证券出质的质权的设立】以汇票、本票、支票、债券、存款单、仓单、提单出质的，质权自权利凭证交付质权人时设立；没有权利凭证的，质权自办理出质登记时设立。法律另有规定的，依照其规定。

条文解读

本条是关于以汇票、本票、支票、债券、存款单、仓单、提单出质的权利质权设立的规定。

根据本条，此类质权的设立分为两种情形。

第一，有权利凭证的，质权自权利凭证交付质权人时设立。权利凭证是指记载权利内容的有价证券，其通常为书面形式，汇票、本票、支票、债券、存款单、仓单、提单等均为有价证券，出质时可以将该有价证券交给质权人，质权自交付时起成立。

第二，没有权利凭证的，质权自办理出质登记时设立。随着网络的发展，数字经济的兴起，人们的支付方式也在发生着改变，如电子票据出现。电子票据没有权利凭证。对于没有权利凭证的汇票、本票、支票以及仓单等质物，出质人和质权人需要办理出质登记，质权自办理出质登记时设立。

---

[1] 参见河南省南阳市卧龙区人民法院民事判决书，(2016)豫1303民初418号。

配套法规及解读

《票据法》(2004 年 8 月 28 日修正)

第三十五条第二款　汇票可以设定质押;质押时应当以背书记载“质押”字样。被背书人依法实现其质权时,可以行使汇票权利。

《最高人民法院关于适用〈中华人民共和国民法典〉有关担保制度的解释》(2020 年 12 月 31 日)

第五十八条　以汇票出质,当事人以背书记载“质押”字样并在汇票上签章,汇票已经交付质权人的,人民法院应当认定质权自汇票交付质权人时设立。

第五十九条　存货人或者仓单持有人在仓单上以背书记载“质押”字样,并经保管人签章,仓单已经交付质权人的,人民法院应当认定质权自仓单交付质权人时设立。没有权利凭证的仓单,依法可以办理出质登记的,仓单质权自办理出质登记时设立。

出质人既以仓单出质,又以仓储物设立担保,按照公示的先后确定清偿顺序;难以确定先后的,按照债权比例清偿。

保管人为同一货物签发多份仓单,出质人在多份仓单上设立多个质权,按照公示的先后确定清偿顺序;难以确定先后的,按照债权比例受偿。

存在第二款、第三款规定的情形,债权人举证证明其损失系由出质人与保管人的共同行为所致,请求出质人与保管人承担连带赔偿责任的,人民法院应予支持。

《最高人民法院关于审理票据纠纷案件若干问题的规定》(2020 年 12 月 29 日修正)

第五十四条　依照票据法第三十五条第二款的规定,以汇票设定质押时,出质人在汇票上只记载了“质押”字样未在票据上签章的,或者出质人未在汇票、粘单上记载“质押”字样而另行签订质押合同、质押条款的,不构成票据质押。

《最高人民法院关于审理存单纠纷案件的若干规定》(2020 年 12 月 29 日修正)

第八条　对存单质押的认定和处理

存单可以质押。存单持有人以伪造、变造的虚假存单质押的,质押合同无效。接受虚假存单质押的当事人如以该存单质押为由起诉金融机构,要求兑付存款优先受偿的,人民法院应当判决驳回其诉讼请求,并告知其可另案起诉出质人。

存单持有人以金融机构开具的、未有实际存款或与实际存款不符的存单进行质押,以骗取或占用他人财产的,该质押关系无效。接受存单质押的人起诉的,该存单持有人与开具存单的金融机构为共同被告。利用存单骗取或占用他人财产的存单持有人对侵犯他人财产权承担赔偿责任,开具存单的金融机构因其过错致他人财产权受损,对所造成的损失承担连带赔偿责任。接受存单质押的人在审查存单的真实性上有重大过失的,开具存单的金融机构仅对所造成的损失承担补充赔偿责任。明知存单虚假而接受存单质押的,开具存单的金融机构不承担民事赔偿责任。

以金融机构核押的存单出质的,即便存单系伪造、变造、虚开,质押合同均为有效,金融机构应当依法向质权人兑付存单所记载的款项。

※法规解读:第一,票据及仓单质押的设立。当事人以背书记载"质押"字样并在汇票上签章,汇票及仓单已经交付质权人的,质权自汇票及仓单交付质权人时设立。

第二,存单可以质押。存单持有人以伪造、变造的虚假存单质押的,质押合同无效。

存单持有人以金融机构开具的、未有实际存款或与实际存款不符的存单进行质押,以骗取或占用他人财产的,该质押关系无效。利用存单骗取或占用他人财产的存单持有人对侵犯他人财产权承担赔偿责任,开具存单的金融机构因其过错致他人财产权受损,对所造成的损失承担连带赔偿责任。接受存单质押的人在审查存单的真实性上有重大过失的,开具存单的金融机构仅对所造成的损失承担补充赔偿责任。明知存单虚假而接受存单质押的,开具存单的金融机构不承担民事赔偿责任。

以金融机构核押的存单出质的,即便存单系伪造、变造、虚开,质押合同均为有效,金融机构应当依法向质权人兑付存单所记载的款项。

关联法规索引

《最高人民法院关于审理票据纠纷案件若干问题的规定》第7、33、46、50~53条;《电子商业汇票业务管理办法》第51、53~54条

典型案例

中国民生银行股份有限公司许昌分行执行异议之诉案[1]

※案例解读：当事人签订以存单作为质押财产，并将质押财产存单交给债权人的，其担保本质上属于权利质权。以汇票、支票、本票、债券、存款单、仓单、提单出质的，质权自权利凭证交付质权人时设立；没有权利凭证的，质权自有关部门办理出质登记时设立。本案中，出质人牛某将290万元存款单交付给中国民生银行股份有限公司许昌分行时，债权人中国民生银行股份有限公司许昌分行对该存款单的质权成立。在当事人约定的实现质权的情形出现时，质权人可以行使质权。

第四百四十二条 【有价证券出质的质权的特别实现方式】汇票、本票、支票、债券、存款单、仓单、提单的兑现日期或者提货日期先于主债权到期的，质权人可以兑现或者提货，并与出质人协议将兑现的价款或者提取的货物提前清偿债务或者提存。

条文解读

本条是关于以有价证券出质的质权的特别实现方式的规定。

本条款规定，汇票、本票、支票、债券、存款单、仓单、提单的兑现日期或者提货日期先于主债权到期的，质权人可以不经质权人同意，将汇票、本票、支票、债券、存款单兑现或者将仓单、提单所载的货物提货。但是兑现的款项或提出的货物，需要与出质人协议，或者将兑现的价款或提取的货物提前清偿债务或提存。提前清偿债权的，质权消灭；提存的，质权的效力及于提存物。

〔1〕 参见河南省高级人民法院民事判决书，(2018)豫民再835号。

配套法规及解读

《最高人民法院关于适用〈中华人民共和国民法典〉有关担保制度的解释》(2020年12月31日)

第六十条 在跟单信用证交易中,开证行与开证申请人之间约定以提单作为担保的,人民法院应当依照民法典关于质权的有关规定处理。

在跟单信用证交易中,开证行依据其与开证申请人之间的约定或者跟单信用证的惯例持有提单,开证申请人未按照约定付款赎单,开证行主张对提单项下货物优先受偿的,人民法院应予支持;开证行主张对提单项下货物享有所有权的,人民法院不予支持。

在跟单信用证交易中,开证行依据其与开证申请人之间的约定或者跟单信用证的惯例,通过转让提单或者提单项下货物取得价款,开证申请人请求返还超出债权部分的,人民法院应予支持。

前三款规定不影响合法持有提单的开证行以提单持有人身份主张运输合同项下的权利。

《电子商业汇票业务管理办法》(2009年10月16日)

第五十二条 主债务到期日先于票据到期日,且主债务已经履行完毕的,质权人应按约定解除质押。

主债务到期日先于票据到期日,且主债务到期未履行的,质权人可行使票据权利,但不得继续背书。

票据到期日先于主债务到期日的,质权人可在票据到期后行使票据权利,并与出质人协议将兑现的票款用于提前清偿所担保的债权或继续作为债权的担保。

《最高人民法院关于适用〈中华人民共和国民事诉讼法〉的解释》(2022年4月1日修正)

第三百六十条 实现票据、仓单、提单等有权利凭证的权利质权案件,可以由权利凭证持有人住所地人民法院管辖;无权利凭证的权利质权,由出质登记地人民法院管辖。

※法规解读:第一,提单担保属于权利质权。在跟单信用证交易中,开证行依据其与开证申请人之间的约定或者跟单信用证的惯例持有提单,开证申请人未按照约定付款赎单,开证行对提单项下货物享有优先受偿权。开证行通过转让提单

或者提单项下货物取得价款偿还自己的债权，剩余部分归还给开证申请人。合法持有提单的开证行以提单持有人身份主张运输合同项下的权利不受影响。

第二，电子汇票质押中，主债务到期日先于票据到期日，且主债务到期未履行的，质权人可行使票据权利，但不得继续背书。票据到期日先于主债务到期日的，质权人可在票据到期后行使票据权利，并与出质人协议将兑现的票款用于提前清偿所担保的债权或继续作为债权的担保。

第三，票据、仓单、提单等有权利凭证的权利质权案件，由权利凭证持有人住所地人民法院管辖；无权利凭证的权利质权，由出质登记地人民法院管辖。

第四百四十三条　【以基金份额、股权出质的质权设立及转让限制】以基金份额、股权出质的，质权自办理出质登记时设立。

基金份额、股权出质后，不得转让，但是出质人与质权人协商同意的除外。出质人转让基金份额、股权所得的价款，应当向质权人提前清偿债务或者提存。

条文解读

本条是关于以基金份额、股权出质的权利质权设立及转让限制的规定。

以基金份额、股权出质的，质权自办理出质登记时设立。需要注意的是，在我国现行制度下，以有限责任公司和股份有限公司股权出质的，需在股权所在公司登记的市场监督管理部门办理登记。

在中国证券登记结算有限责任公司开立的证券账户中的股票、债券和在证券交易所场内登记的基金份额、证券公司按照《证券公司股票质押贷款管理办法》以自营证券质押、债券质押式回购、交收担保品业务等涉及的证券质押在证券登记结算机构办理质权登记。目前证券登记结算机构是中国证券登记结算有限责任公司。从公司的类型上来看，上市公司的股权、公开发行股份的公司的股权、非公开发行但股东在200人以上的公司的股权等，均需要到证券登记结算机构办理出质登记才能设立。

基金份额、股权出质后，除经过出质人与质权人协商同意外，不得转让。转让基金份额、股权所得的价款，应当由出质人与质权人协商，向质权人提前清偿债务或者将价款提存。

配套法规及解读

《最高人民法院关于适用〈中华人民共和国公司法〉若干问题的规定(三)》(2020年12月29日修正)

第二十五条 名义股东将登记于其名下的股权转让、质押或者以其他方式处分,实际出资人以其对于股权享有实际权利为由,请求认定处分股权行为无效的,人民法院可以参照民法典第三百一十一条的规定处理。

名义股东处分股权造成实际出资人损失,实际出资人请求名义股东承担赔偿责任的,人民法院应予支持。

第二十七条 股权转让后尚未向公司登记机关办理变更登记,原股东将仍登记于其名下的股权转让、质押或者以其他方式处分,受让股东以其对于股权享有实际权利为由,请求认定处分股权行为无效的,人民法院可以参照民法典第三百一十一条的规定处理。

原股东处分股权造成受让股东损失,受让股东请求原股东承担赔偿责任、对于未及时办理变更登记有过错的董事、高级管理人员或者实际控制人承担相应责任的,人民法院应予支持;受让股东对于未及时办理变更登记也有过错的,可以适当减轻上述董事、高级管理人员或者实际控制人的责任。

《最高人民法院关于审理外商投资企业纠纷案件若干问题的规定(一)》(2020年12月29日修正)

第十三条 外商投资企业股东与债权人订立的股权质押合同,除法律、行政法规另有规定或者合同另有约定外,自成立时生效。未办理质权登记的,不影响股权质押合同的效力。

当事人仅以股权质押合同未经外商投资企业审批机关批准为由主张合同无效或未生效的,人民法院不予支持。

股权质押合同依照民法典的相关规定办理了出质登记的,股权质权自登记时设立。

※法规解读:第一,股权转让后尚未向公司登记机关办理变更登记,原股东将仍登记于其名下的股权质押的,参照《民法典》善意取得制度的规则。但是遭受损失的实际出资人或者受让股东可以分别向名义股东、原股东和有过错的董事、高级管理人员或者实际控制人进行求偿。

第二，外商投资企业股东与债权人订立的股权质押合同，除法律、行政法规另有规定或者合同另有约定外，自成立时生效。股权质权自登记时设立，但是未办理质权登记的，不影响股权质押合同的效力。

关联法规索引

《公司法》第 142 条第 5 款；《工商行政管理机关股权出质登记办法》第 2 ~ 16 条；《证券登记结算管理办法》第 29 条；《证券质押登记业务实施细则》第 2 ~ 20 条

第四百四十四条 【以知识产权中的财产权出质的质权的设立及转让限制】 以注册商标专用权、专利权、著作权等知识产权中的财产权出质的，质权自办理出质登记时设立。

知识产权中的财产权出质后，出质人不得转让或者许可他人使用，但是出质人与质权人协商同意的除外。出质人转让或者许可他人使用出质的知识产权中的财产权所得的价款，应当向质权人提前清偿债务或者提存。

条文解读

本条是关于注册商标专用权、专利权、著作权等知识产权中的财产权出质时，质权设立和出质人处分知识产权的限制的规定。

以注册商标专用权、专利权、著作权等知识产权中的财产权出质的，质权自办理出质登记时设立。本条款明确了知识产权中的财产权出质时，质权的成立时间为登记时间。登记的机关为注册商标专用权、专利权和著作权等知识产权的主管部门。

知识产权中的财产权出质后，除非出质人与质权人协商同意，出质人不得转让或者许可他人使用出质的知识产权。如果出质人转让出质的知识产权或者许可他人使用出质的知识产权，其所得的价款，应当提前清偿质权人的债权或者提存。

关联法规索引

《商标法实施条例》第 70 条；《注册商标专用权质押登记程序规定》第 1 ~ 16

条;《著作权法》第28条;《著作权质权登记办法》第2~23条;《专利权质押登记办法》第1~20条

第四百四十五条 【以应收账款出质的质权的设立及转让限制】以应收账款出质的,质权自办理出质登记时设立。

应收账款出质后,不得转让,但是出质人与质权人协商同意的除外。出质人转让应收账款所得的价款,应当向质权人提前清偿债务或者提存。

条文解读

本条是关于以应收账款出质的权利质权的设立和质权设立后应收账款转让的规则的规定。

根据本条的规定,应收账款的出质需要在中国人民银行征信中心办理登记,质权自登记时设立。

应收账款出质后,出质人不得转让应收账款,除非其得到质权人的同意。在出质人与质权人协商同意转让出质的应收账款的情形下,转让应收账款所得的价款,由出质人和质权人协商,可以提前清偿所担保的债权,也可以将该款项进行提存。

配套法规及解读

《民法典》(2020年5月28日)

第七百六十八条 应收账款债权人就同一应收账款订立多个保理合同,致使多个保理人主张权利的,已经登记的先于未登记的取得应收账款;均已经登记的,按照登记时间的先后顺序取得应收账款;均未登记的,由最先到达应收账款债务人的转让通知中载明的保理人取得应收账款;既未登记也未通知的,按照保理融资款或者服务报酬的比例取得应收账款。

《最高人民法院关于适用〈中华人民共和国民法典〉有关担保制度的解释》(2020年12月31日)

第六十一条 以现有的应收账款出质,应收账款债务人向质权人确认应收账款的真实性后,又以应收账款不存在或者已经消灭为由主张不承担责任的,人民法院不予支持。

以现有的应收账款出质，应收账款债务人未确认应收账款的真实性，质权人以应收账款债务人为被告，请求就应收账款优先受偿，能够举证证明办理出质登记时应收账款真实存在的，人民法院应予支持；质权人不能举证证明办理出质登记时应收账款真实存在，仅以已经办理出质登记为由，请求就应收账款优先受偿的，人民法院不予支持。

以现有的应收账款出质，应收账款债务人已经向应收账款债权人履行了债务，质权人请求应收账款债务人履行债务的，人民法院不予支持，但是应收账款债务人接到质权人要求向其履行的通知后，仍然向应收账款债权人履行的除外。

以基础设施和公用事业项目收益权、提供服务或者劳务产生的债权以及其他将有的应收账款出质，当事人为应收账款设立特定账户，发生法定或者约定的质权实现事由时，质权人请求就该特定账户内的款项优先受偿的，人民法院应予支持；特定账户内的款项不足以清偿债务或者未设立特定账户，质权人请求折价或者拍卖、变卖项目收益权等将有的应收账款，并以所得的价款优先受偿的，人民法院依法予以支持。

第六十六条 同一应收账款同时存在保理、应收账款质押和债权转让，当事人主张参照民法典第七百六十八条的规定确定优先顺序的，人民法院应予支持。

在有追索权的保理中，保理人以应收账款债权人或者应收账款债务人为被告提起诉讼，人民法院应予受理；保理人一并起诉应收账款债权人和应收账款债务人的，人民法院可以受理。

应收账款债权人向保理人返还保理融资款本息或者回购应收账款债权后，请求应收账款债务人向其履行应收账款债务的，人民法院应予支持。

※法规解读：第一，以现有的应收账款出质，应收账款债务人向质权人确认应收账款的真实性后，质权人可以就该应收账款享有优先受偿权；如果出质人未向质权人确认应收账款的真实性，但是质权人能够举证证明办理出质登记时应收账款真实存在，则可以主张优先受偿权。如果质权人不能举证证明办理出质登记时应收账款真实存在，仅根据应收账款登记主张优先受偿权，法院不予保护。

以现有的应收账款出质，质权人应当通知应收账款的债务人，在接到通知之前，应收账款债务人向应收账款债权人履行了债务，债权消灭；接到通知后，应收账款债务人应该向质权人履行。

第二，以基础设施和公用事业项目收益权、提供服务或者劳务产生的债权以及其他将有的应收账款出质，当事人为应收账款设立特定账户，发生法定或者约定的质权实现事由时，质权人可以就该特定账户内的款项优先受偿。特定账户内的款项不足以清偿债务或者未设立特定账户，质权人可以请求折价或者拍卖、变卖项目收益权等将有的应收账款，并以所得的价款优先受偿。

第三，同一应收账款同时存在保理、应收账款质押和债权转让，致使多个权利人主张权利的，已经登记的先于未登记的取得应收账款；均已经登记的，按照登记时间的先后顺序取得应收账款；均未登记的，由最先到达应收账款债务人的转让通知中载明的保理人取得应收账款；既未登记也未通知的，按照债权或者融资额或者服务报酬比例取得应收账款。

关联法规索引

《动产和权利担保统一登记办法》第 3 ~ 28 条

典型案例

福建海峡银行股份有限公司福州五一支行诉长乐亚新污水处理有限公司、福州市政工程有限公司金融借款合同纠纷案[1]

※案例解读：以应收账款进行质押的，质权自登记时设立。但是本案中，因为当时的法律并未明确特许经营权的收益权是否可以质押，所以引起了争议。依据现行法律，以基础设施和公用事业项目收益权、提供服务或者劳务产生的债权以及其他将有的应收账款出质已为法律所规范。但是此类标的物的质押，在质权的实施中具有特殊性，当事人为应收账款设立特定账户，质权人请求就该特定账户内的款项优先受偿；特定账户内的款项不足以清偿债务或者未设立特定账户，质权人可以请求折价或者拍卖、变卖项目收益权等将有的应收账款，并以所得的价款优先受偿。

---

〔1〕 参见福建省高级人民法院民事判决书，(2013)闽民终字第 870 号；最高人民法院指导案例 53 号。

第四百四十六条 【权利质权的法律适用】 权利质权除适用本节规定外,适用本章第一节的有关规定。

条文解读

本条是关于权利质权适用动产质权有关规定的规定。

本章的第一节主要对动产质权进行规范,但是本节仅仅对权利质权的特殊性进行规定,其他没有规定的内容适用动产质权的规定。

第十九章　留　置　权

本章介绍

留置权是指债务人不履行到期债务，债权人可以留置已经合法占有的债务人的动产，并有权就该动产优先受偿的权利。债权人留置的动产，应当与债权属于同一法律关系，但是企业之间留置的除外。

留置权人占有留置物，所以其负有收取留置财产的孳息并妥善保管留置财产的义务；因保管不善致使留置财产毁损、灭失的，应当承担赔偿责任。留置权人在留置财产后，其与债务人应当约定留置财产后的债务履行期限；没有约定或者约定不明确的，除鲜活易腐等不易保管的动产外，留置权人应当给债务人60日以上履行债务的期限。债务人逾期未履行的，留置权人可以与债务人协议将留置财产折价，也可以就拍卖、变卖留置财产所得的价款优先受偿。留置财产折价或者变卖的，应当参照市场价格。

第四百四十七条　【留置权的定义】债务人不履行到期债务，债权人可以留置已经合法占有的债务人的动产，并有权就该动产优先受偿。

前款规定的债权人为留置权人，占有的动产为留置财产。

条文解读

本条是关于留置权的一般规定。

根据本条款的规定，留置权是指债务人不履行到期债务，债权人可以留置已经合法占有的债务人的动产，并有权就该动产优先受偿的权利。已经合法占有债务人动产的债权人为留置权人，债权人占有的动产为留置财产。根据该定义，成立留置权必须具备以下条件：

第一，债权人已经合法占有债务人的动产。这里不仅强调留置权的标的物只能是动产,债权人占有的不动产上不成立留置权,而且强调债权人的占有为合法占有,如果债权人的占有不属于合法占有,如属于以侵权行为占有债务人的动产,则债权人不享有留置权。需要注意的是,这一要件还强调标的物是债务人的动产。至于债权人占有动产的类别是直接占有抑或间接占有,法律并没有进行规范。

第二,债务人不履行债务。债权人对已经合法占有的动产,并不当然享有留置权,只有在债务履行期限已届满,债务人不履行债务时,债权人才可以对其合法占有的债务人的动产享有留置权。

第三,债权人占有的动产,应当与债权属于同一法律关系,但是企业之间留置的除外。

第四,留置权是平等主体之间的债权担保方式,属于担保物权的一种。

配套法规及解读

《最高人民法院关于适用〈中华人民共和国民法典〉有关担保制度的解释》(2020 年 12 月 31 日)

第四十四条第二款　主债权诉讼时效期间届满后,财产被留置的债务人或者对留置财产享有所有权的第三人请求债权人返还留置财产的,人民法院不予支持;债务人或者第三人请求拍卖、变卖留置财产并以所得价款清偿债务的,人民法院应予支持。

※法规解读:主债权诉讼时效期间届满后,留置权人依然可以占有留置财产,但是债务人或者第三人可以请求留置权人拍卖、变卖留置财产并以所得价款清偿债务。

关联法规索引

《海商法》第 25 条;《最高人民法院关于适用〈中华人民共和国民事诉讼法〉的解释》第 361 条;《最高人民法院关于人民法院执行工作若干问题的规定(试行)》第 31 条;《最高人民法院关于人民法院民事执行中查封、扣押、冻结财产的规定》第 11 条

典型案例

长三角商品交易所有限公司诉卢某某返还原物纠纷案[1]

※**案例解读**：留置权作为担保物权，其调整对象是平等主体间的民事担保关系。劳动关系的一方为用人单位，另一方为劳动者，双方在履行劳动合同过程中是管理和被管理的不平等关系，劳动者不能基于劳动管理关系而对所占有的用人单位的财产适用留置权，否则将导致劳动管理秩序的紊乱。具体到本案中，劳动者以用人单位拖欠劳动报酬为由，主张对用人单位供其使用的工具、物品等动产行使留置权，此类动产不是劳动合同关系的标的物，与劳动债权不属于同一法律关系，故劳动者不能对其享有留置权。

第四百四十八条 【留置财产与债权的关系】 债权人留置的动产，应当与债权属于同一法律关系，但是企业之间留置的除外。

条文解读

本条是关于留置财产与债权的关系的规定。

债权的发生必须与该动产属于同一法律关系，这意味着债权是基于该动产而产生的。但是企业之间交易频繁，如果严格要求留置的财产必须与债权的发生属于同一法律关系，则无法有效地保护债权人的利益，所以各国法律大多规定商人之间留置权的范围较广，我国法律也规定企业之间留置不限于同一法律关系。

配套法规及解读

《最高人民法院关于适用〈中华人民共和国民法典〉有关担保制度的解释》(2020年12月31日)

第六十二条 债务人不履行到期债务，债权人因同一法律关系留置合法占有

[1] 参见江苏省无锡市中级人民法院民事判决书，(2014)锡民终字第1724号；长三角商品交易所有限公司诉卢某某返还原物纠纷案，载《最高人民法院公报》2017年第1期。

的第三人的动产,并主张就该留置财产优先受偿的,人民法院应予支持。第三人以该留置财产并非债务人的财产为由请求返还的,人民法院不予支持。

企业之间留置的动产与债权并非同一法律关系,债务人以该债权不属于企业持续经营中发生的债权为由请求债权人返还留置财产的,人民法院应予支持。

企业之间留置的动产与债权并非同一法律关系,债权人留置第三人的财产,第三人请求债权人返还留置财产的,人民法院应予支持。

※法规解读: 第一,债务人不履行到期债务,债权人因同一法律关系留置合法占有的第三人的动产的,其就该留置财产享有优先受偿权。这一规定扩大了留置权的适用范围。

第二,企业之间留置的动产与债权并非同一法律关系,其依然可以享有留置权。但是要求该债权属于企业持续经营中发生的债权,并且不能留置第三人的财产。

典型案例

李某某与王某某租赁合同纠纷案[1]

※案例解读: 债权人留置的动产,应当与债权属于同一法律关系,但企业之间留置的除外。本案中,原、被告作为自然人,当事人行使留置权,留置的动产应当与债权属于同一法律关系。本案王某某于 2020 年 4 月 27 日基于双方达成场地租赁使用的合意而停放车辆,李某某占有涉案车辆为非法占有,且案涉车辆的处置与场地租赁费的给付不是同一法律关系,故李某某对涉案车辆不享有留置权。

第四百四十九条　【留置权适用范围限制】法律规定或者当事人约定不得留置的动产,不得留置。

〔1〕 参见吉林省通化市中级人民法院民事判决书,(2021)吉 05 民终 126 号。

条文解读

根据本条的规定,不得行使留置权的情形主要有以下两种:

第一,法律规定不得留置的,依照规定。比如,法律基于公序良俗的原则,为了维护公共利益,规定对某些财产不得留置,则依照法律规定,不成立留置权。

第二,当事人约定不得留置的,应当按照当事人的约定,不得留置。留置权属于法定担保物权,但是法律允许当事人通过约定加以排除。比如,我国《民法典》承揽合同、货运合同、保管合同、行纪合同中分别规定了债权人的留置权,但也分别规定当事人另有约定的,从其约定。

关联法规索引

《民法典》第783、836、903、959条

第四百五十条 【留置财产为可分物的特殊规定】留置财产为可分物的,留置财产的价值应当相当于债务的金额。

条文解读

本条是关于留置财产为可分物的特殊规定。

可分物是指经分割而不损害其经济用途或者减损其价值的物。根据本条规定,留置财产为可分物的,留置财产的价值应当相当于债务的金额。但是对于不可分物,债权人可以将其全部予以留置。

配套法规及解读

《最高人民法院关于适用〈中华人民共和国民法典〉有关担保制度的解释》(2020年12月31日)

第三十八条 主债权未受全部清偿,担保物权人主张就担保财产的全部行使担保物权的,人民法院应予支持,但是留置权人行使留置权的,应当依照民法典第四百五十条的规定处理。

担保财产被分割或者部分转让，担保物权人主张就分割或者转让后的担保财产行使担保物权的，人民法院应予支持，但是法律或者司法解释另有规定的除外。

※法规解读：明确留置权人行使留置权应当考虑到留置财产的价值与债权额相匹配规则。

第四百五十一条　【留置权人的保管义务】留置权人负有妥善保管留置财产的义务；因保管不善致使留置财产毁损、灭失的，应当承担赔偿责任。

条文解读

本条是关于留置权人保管义务的规定。

留置权法律关系中，留置权人为了自己的利益而占有留置财产，但是留置财产在留置权消灭之前依然属于债务人所有，因此留置权人在占有留置财产时对留置的财产负有妥善保管的义务。留置权人对保管未尽善良管理人的注意义务的，属于保管不善，因此而导致留置财产毁损、灭失的，其应当承担赔偿责任。另外，留置权人的义务为保管留置财产，因此原则上未经债务人同意，其不得使用留置财产；但是出于保管的需要，为防止留置财产因闲置而发生损害，则其应当在必要的范围内使用留置财产，如防止留置的机动车损害而适当使用。

第四百五十二条　【留置权人收取孳息的权利】留置权人有权收取留置财产的孳息。

前款规定的孳息应当先充抵收取孳息的费用。

条文解读

本条是关于留置权人收取孳息的规定。

因留置权人占有留置财产并负有保管留置财产的义务，所以由其收取留置财产所产生的天然孳息和法定孳息较为妥当。需要说明的是，留置权人对于收取的孳息只享有留置权，并不享有所有权，收取的孳息应当先冲抵孳息的费用。

第四百五十三条 【留置权债务人的债务履行期】 留置权人与债务人应当约定留置财产后的债务履行期限;没有约定或者约定不明确的,留置权人应当给债务人六十日以上履行债务的期限,但是鲜活易腐等不易保管的动产除外。债务人逾期未履行的,留置权人可以与债务人协议以留置财产折价,也可以就拍卖、变卖留置财产所得的价款优先受偿。

留置财产折价或者变卖的,应当参照市场价格。

条文解读

本条是关于实行留置权的规定。

在债权没有清偿之前,留置权人留置债务人财产,对其心理产生压力,迫使其尽快履行债务。又因留置权人对留置财产负有妥善保管的义务,如果令其长久保管,不仅对留置权人不利,而且对于社会经济也有妨害。因此,法律规定了留置权实现的条件和方法。

对于留置权实现的条件,根据本条款,留置权人实现留置权,必须具备两个条件:一是留置权人须给予债务人以履行债务的宽限期。债权已届清偿期而债务人仍不履行债务时,留置权人并不能立即实现留置权,而必须经过一定的期间才能实现留置权。宽限期的时间由留置权人与债务人相互约定,如果二者没有进行约定或者约定不明确,留置权人可自行确定宽限期限,但是应当给债务人 60 日以上履行债务的期限。对于鲜活易腐等不易保管的动产,因其性质不易长久保存或者长久保存费用过高,则可以立即处理。二是在宽限期内债务人仍不履行债务的,债权人方可实现留置权。

留置权实现的方法与其他担保物权实现的方法基本相同。在债务人逾期未履行的债务时,留置权人可以与债务人协议以留置财产折价,也可以就拍卖、变卖留置财产所得的价款优先受偿。当然,留置财产折价或者变卖时,应当参照市场价格。

第四百五十四条 【留置权债务人的请求权】 债务人可以请求留置权人在债务履行期限届满后行使留置权;留置权人不行使的,债务人可以请求人民法院拍卖、变卖留置财产。

条文解读

本条是关于留置权债务人的请求权的规定。

因留置权作为担保物权，不受所担保的债权的诉讼时效的影响，因此，留置权人即使在债权的诉讼时效完成后，依然可以对所留置的财产行使留置权。留置权人长期占有留置财产而不实现，不仅不利于留置财产的所有权人——债务人的利益，而且留置权人自己也负有保管义务，对社会也不利。因此，法律规定，在债务履行期届满后，债务人也可以请求留置权人及时行使留置权；如果留置权人不行使，债务人可以请求人民法院拍卖、变卖留置财产，消灭留置权。

典型案例

卢某某、临沂市汽车营运有限公司修理合同纠纷案[1]

※案例解读：债务人不履行到期债务，债权人可以留置已经合法占有的债务人的动产，并有权就该动产优先受偿。修理合同为双务有偿合同，临沂市汽车营运有限公司的义务是支付修理费，卢某某的义务是交付修理车辆。车辆修理完毕后，因临沂市汽车营运有限公司未支付修理费，卢某某作为承揽人在双方没有另外约定的情况下，有权留置该车辆。

留置权人与债务人应当约定留置财产后的债务履行期间；没有约定或者约定不明确的，留置权人应当给债务人60日以上履行债务的期间。故卢某某作为留置权人至少应当给临沂市汽车营运有限公司60日的履行债务的期限，卢某某留出的期限只要不少于60日就是合法的。债务履行期间届满，如果债务人自知没有能力履行债务，可以请求留置权人及时实现留置权，如果留置权人不实现，则债务人有权请求人民法院拍卖或者变卖该留置财产，以消灭留置权。故在债务人不能履行债务、留置权人不实现留置权的情况下，为防止损失进一步扩大，债务人有权依法请求行使留置权，从而保护自己的利益。具体到本案中，2012年1月17日车辆修理完毕，2012年5月23日临沂市汽车营运有限公司起诉卢某某，因涉案纠纷发生诉讼，卢某某没有超过留置权期限怠于行使法定权利。即使存在卢某某长期不实

〔1〕参见山东省临沂市中级人民法院民事判决书，(2018)鲁13民终5035号。

现留置权的情况，债务人临沂市汽车营运有限公司可依法请求留置权人行使留置权，从而防止损失扩大，保护自己利益。临沂市汽车营运有限公司主张卢某某赔偿其营运损失，没有事实和法律依据。

第四百五十五条　【留置权的实现】留置财产折价或者拍卖、变卖后，其价款超过债权数额的部分归债务人所有，不足部分由债务人清偿。

条文解读

本条是关于留置权实现的规定。

留置财产折价或者拍卖、变卖后，所得价款与债权数额可能存在三种情形：第一种情形是所得价款恰好等于债权数额，债权消灭，留置权也消灭；第二种情形是处置留置财产的所得价款超过债权数额，超过部分归债务人所有；第三种情形是处置留置财产所得价款不足清偿债权，不足部分由债务人清偿。

关联法规索引

《最高人民法院关于适用〈中华人民共和国企业破产法〉若干问题的规定(二)》第 25 条；《最高人民法院关于审理无正本提单交付货物案件适用法律若干问题的规定》第 8 条

典型案例

马某某、大连弘鼎汽车销售服务有限公司留置权纠纷案〔1〕

※案例解读：马某某与大连弘鼎汽车销售服务有限公司系车辆维修关系，案涉车辆一直在大连弘鼎汽车销售服务有限公司处，马某某同意大连弘鼎汽车销售服务有限公司将案涉车辆出售以偿还维修费用，所以马某某与大连弘鼎汽车销售服务

〔1〕 参见辽宁省大连市中级人民法院民事判决书，(2020)辽 02 民终 5248 号。

务有限公司之间是留置权纠纷,大连弘鼎汽车销售服务有限公司为留置权人。留置财产折价或者拍卖、变卖后,其价款超过债权数额的部分归债务人所有,不足部分由债务人清偿。本案中留置财产为车辆,以交付作为所有权转移的方式,马某某作为车辆的所有权人没有将车辆交付给宁某某,故宁某某没有取得车辆所有权。后来宁某某与卢某某进行车辆买卖,车辆交给卢某某,车辆所有权转移。在扣除车辆维修费用后,多余的款项应该返还给债务人马某某。

第四百五十六条　【留置权、抵押权与质权竞合时的顺位原则】同一动产上已经设立抵押权或者质权,该动产又被留置的,留置权人优先受偿。

条文解读

在同一动产上,无论留置权的设定早于或者晚于抵押权或者质权的设定,也不论留置权人在留置该动产时,是否知道该动产上存在抵押权或者质权,就留置财产处置后所得的价款,留置权人都有优先受偿的权利。

配套法规及解读

《海商法》(1992 年 11 月 7 日)

第二十五条　船舶优先权先于船舶留置权受偿,船舶抵押权后于船舶留置权受偿。

前款所称船舶留置权,是指造船人、修船人在合同另一方未履行合同时,可以留置所占有的船舶,以保证造船费用或者修船费用得以偿还的权利。船舶留置权在造船人、修船人不再占有所造或者所修的船舶时消灭。

《税收征收管理法》(2015 年 4 月 24 日修正)

第四十五条第一款　税务机关征收税款,税收优先于无担保债权,法律另有规定的除外;纳税人欠缴的税款发生在纳税人以其财产设定抵押、质押或者纳税人的财产被留置之前的,税收应当先于抵押权、质权、留置权执行。

※法规解读:可以优先于留置权的情形有两种:一种是船舶优先权,另一种是纳税人欠缴的税款发生在纳税人的财产被留置之前的,税收应当先于留置权执行。

关联法规索引

《民法典》第416条;《最高人民法院关于适用〈中华人民共和国民事诉讼法〉的解释》第154、157条

第四百五十七条 【留置权消灭的特殊情形】 留置权人对留置财产丧失占有或者留置权人接受债务人另行提供担保的,留置权消灭。

条文解读

本条是关于留置权消灭原因的规定。

根据本条款,留置权消灭的特殊原因为:

第一,留置权人对留置财产丧失占有。因留置权的存在以占有债务人的动产为必要,如果留置权人丧失占有,则留置权当然归于消灭。丧失占有是否基于其自己的意思,并不重要。

第二,留置权人接受债务人另行提供的担保。债权人行使留置权的原因是债务人不清偿到期债务,如果债务人为清偿债务提出相应的担保,债权人的债权清偿已经得到了充分的保障,则留置权就没有存在的必要,留置权应当消灭。

第五分编　占　有

分编介绍

本章是物权编的第五分编，主要规定了占有制度和占有的具体规则。

第二十章　占　有

本章介绍

本章是物权编的第二十章，规定了占有制度和占有的具体规则。占有是占有人对物的控制与支配的一种事实。根据占有的原因和法律关系，可以将占有分为有权占有和无权占有。其中，在无权占有中，通常有善意占有与恶意占有的区分。恶意占有，是指明知或者因重大过失不知自己为无权占有而仍然进行的占有。无权占有是本章规定的重点。

第四百五十八条　【有权占有的法律适用】基于合同关系等产生的占有，有关不动产或者动产的使用、收益、违约责任等，按照合同约定；合同没有约定或者约定不明确的，依照有关法律规定。

条文解读

本条规定了有权占有的法律适用。

有权占有主要指基于合同等债的关系而产生的占有，如承租人基于租赁合同而对租赁物的占有、承运人基于运输合同对托运货物的占有、质权人基于质权而对质物的占有等。根据本条规定,基于合同关系等产生的占有,有关不动产或者动产的使用、收益、违约责任等,应按照合同约定;合同没有约定或者约定不明确的,依照《民法典》等有关法律的规定。

关联法规索引

《民法典》第 226～228、323、331、340、344、362、366、425、447、457、720、725、748、750、751、953 条

第四百五十九条 【无权占有造成占有物损害的赔偿责任】占有人因使用占有的不动产或者动产,致使该不动产或者动产受到损害的,恶意占有人应当承担赔偿责任。

条文解读

本条规定了无权占有造成占有物损害的赔偿责任。

占有人在占有过程中,可能对占有物造成损害。在有权占有的情况下,双方当事人多会对因使用占有的不动产或者动产而导致损害的责任进行约定,此时往往根据合同约定确定双方当事人之间的权利义务。但是,在无权占有的情况下,当事人无法作出提前约定。因此,法律规定无权占有人因使用占有的不动产或者动产,使该不动产或者动产受到损害的,恶意占有人应当承担赔偿责任。

配套法规及解读

《民法典》(2020 年 5 月 28 日)

第一千二百三十九条 占有或者使用易燃、易爆、剧毒、高放射性、强腐蚀性、高致病性等高度危险物造成他人损害的,占有人或者使用人应当承担侵权责任;但是,能够证明损害是因受害人故意或者不可抗力造成的,不承担责任。被侵权人对损害的发生有重大过失的,可以减轻占有人或者使用人的责任。

第一千二百四十二条 非法占有高度危险物造成他人损害的,由非法占有人承担侵权责任。所有人、管理人不能证明对防止非法占有尽到高度注意义务的,与

非法占有人承担连带责任。

※法规解读: 占有或者非法占有高度危险物造成他人损害的责任规范,在法律适用时,应该先适用《民法典》侵权责任编对这一问题的规范,侵权责任编没有规定的,适用《民法典》物权编的规定。

关联法规索引

《民法典》第 461 条

典型案例

张某某与王某某财产损害赔偿纠纷案[1]

※案例解读: 占有人因使用占有的不动产或者动产,使该不动产或者动产受到损害的,恶意占有人应当承担赔偿责任。本案中,张某某因经济纠纷强行占有王某某的车辆,属于无权占有中的恶意占有,其本应妥善保管,但王某某取车时发现车辆已无法正常行驶,张某某的占有、使用行为与损害结果之间存在因果关系,故张某某应当承担车辆损害的赔偿责任。

第四百六十条　【权利人的返还请求权和善意占有人的费用求偿权】不动产或者动产被占有人占有的,权利人可以请求返还原物及其孳息;但是,应当支付善意占有人因维护该不动产或者动产支出的必要费用。

条文解读

本条规定了权利人的返还请求权和善意占有人的费用求偿权。

根据本条规定,无论是善意占有人还是恶意占有人,对于权利人都负有返还原物及其孳息的义务,在返还原物及其孳息后,善意占有人对于因维护该不动产或者动产而支出的必要费用,还可以要求权利人返还,而恶意占有人无此项请求权。

---

〔1〕 参见陕西省咸阳市中级人民法院民事判决书,(2019)陕 04 民终 2763 号。

配套法规及解读

《民法典》(2020 年 5 月 28 日)

第二百三十五条 无权占有不动产或者动产的,权利人可以请求返还原物。

第三百一十七条 权利人领取遗失物时,应当向拾得人或者有关部门支付保管遗失物等支出的必要费用。

权利人悬赏寻找遗失物的,领取遗失物时应当按照承诺履行义务。

拾得人侵占遗失物的,无权请求保管遗失物等支出的费用,也无权请求权利人按照承诺履行义务。

第九百七十九条 管理人没有法定的或者约定的义务,为避免他人利益受损失而管理他人事务的,可以请求受益人偿还因管理事务而支出的必要费用;管理人因管理事务受到损失的,可以请求受益人给予适当补偿。

管理事务不符合受益人真实意思的,管理人不享有前款规定的权利;但是,受益人的真实意思违反法律或者违背公序良俗的除外。

※法规解读:第一,权利人可以要求无权占有不动产或者动产的返还原物。

第二,权利人领取遗失物时,应当向拾得人或者有关部门支付因保管遗失物等支出的必要费用。权利人悬赏寻找遗失物的,领取遗失物时应当按照承诺履行义务。

第三,管理人没有法定的或者约定的义务,为避免他人利益受损失而管理他人事务的,可以请求受益人偿还因管理事务而支出的必要费用;管理人因管理事务受到损失的,可以请求受益人给予适当补偿。

从法律适用的角度来看,应当先适用遗失物规则和无因管理规则,不符合这两类情形的,再适用《民法典》第 460 条的规定。

关联法规索引

《民法典》第 121 条

第四百六十一条 【权利人的损害赔偿请求权】占有的不动产或者动产毁损、灭失,该不动产或者动产的权利人请求赔偿的,占有人应当将因毁损、

灭失取得的保险金、赔偿金或者补偿金等返还给权利人；权利人的损害未得到足够弥补的，恶意占有人还应当赔偿损失。

条文解读

本条规定了权利人的损害赔偿请求权。

占有人和占有返还请求权人之间，如果有租赁等合法关系，标的物发生毁损、灭失的，按照其基础法律关系解决。但是，在合同无效或者被撤销时，因无法按照基础法律关系来处理，就必须由法律予以明确。本条规定，占有的不动产或者动产毁损、灭失，权利人有请求赔偿的权利。占有物的损害赔偿请求权从性质上看属损害赔偿请求权的范围，但是，本条规定的请求权不同于《民法典》侵权责任编的规定，其为独立于侵权责任编所规定的一般损害赔偿请求权的一种请求权类型。从法条适用的顺序而言，先适用本条款的规定，本条款没有规定的，才适用《民法典》侵权责任编的规定。

对于善意占有人，当善意占有人因物的毁损、灭失而受有利益时，应在所受利益范围内以其所得到保险金、赔偿金或者补偿金等对权利人承担责任；如果未受有利益，则不必赔偿。对于恶意占有人，无论物的毁损、灭失是否可归责于恶意占有人自身，恶意占有人都应对物的权利人承担赔偿全部损失的责任，即不仅应当将因毁损、灭失取得的保险金、赔偿金或者补偿金等返还给权利人，在权利人的损害未得到足够弥补时，还应当赔偿损失。

典型案例

万某某、王某甲等与王某乙占有物返还纠纷案[1]

※案例解读：占有的不动产或者动产毁损、灭失，该不动产或者动产的权利人请求赔偿的，占有人应当将因毁损、灭失获得的保险金、赔偿金或者补偿金等返还给权利人；权利人的损害未得到足够弥补的，恶意占有人还应当赔偿损失。本案中，王某乙占有原告的帝豪牌小型轿车属于恶意占有，原告购买该车花费97800

[1] 参见四川省达州市通川区人民法院民事判决书，(2019)川1702民初1405号。

元。现原告请求被告返还帝豪牌小型轿车,返还该车钥匙及车辆行驶证,或按该车购车款赔偿原告,请求被告退还找车费15000元。原告的诉讼请求,符合国家法律规定,应当予以支持。

第四百六十二条 【占有保护请求权】占有的不动产或者动产被侵占的,占有人有权请求返还原物;对妨害占有的行为,占有人有权请求排除妨害或者消除危险;因侵占或者妨害造成损害的,占有人有权依法请求损害赔偿。

占有人返还原物的请求权,自侵占发生之日起一年内未行使的,该请求权消灭。

条文解读

本条规定了对占有的保护。

占有制度的目的在于对占有这一事实状态的保护。根据本条规定,无论是有权占有还是无权占有,占有人对于他人侵害自己占有的行为,享有法律上的占有保护请求权,对他人可以行使返还原物请求权。对妨害占有的行为,占有人有权请求排除妨害或者消除危险。对因侵占或者妨害造成损害的,占有人有权依法请求损害赔偿。

本条第2款规定了占有保护请求权中的返还原物请求权,自侵占发生之日起1年内未行使该权利的,该权利消灭,其起算时间为受侵害人知道或者应当知道受侵害之时。这1年的时间为除斥期间,占有物返还请求权因除斥期间经过未行使而消灭。[1] 占有人如果对物享有其他实体权利,如所有权,其依然可以依照其实体权利提出返还请求。

配套法规及解读

《民法典》(2020年5月28日)

第一百九十六条 下列请求权不适用诉讼时效的规定:

---

〔1〕 参见杨立新:《物权法》(第2版),中国人民大学出版社2007年版,第378页。

（一）请求停止侵害、排除妨碍、消除危险；

（二）不动产物权和登记的动产物权的权利人请求返还财产；

（三）请求支付抚养费、赡养费或者扶养费；

（四）依法不适用诉讼时效的其他请求权。

※法规解读：不动产物权和登记的动产物权的权利人请求返还财产不适用诉讼时效的规定。

关联法规索引

《民法典》第188、194、195、199条